Ludwig Walter Regele

Meran und das Dritte Reich

Ludwig Walter Regele

Meran und das Dritte Reich

Ein Lesebuch

StudienVerlag
Innsbruck
Wien
Bozen

Deutsche Kultur und Familie

tirol Kultur

Die Drucklegung wurde durch die Südtiroler Landesregierung/Abteilung Deutsche Kultur und Familie und die Kulturabteilung des Landes Tirol ermöglicht.

© 2007 by Studienverlag Ges.m.b.H., Erlerstraße 10, A-6020 Innsbruck
E-Mail: order@studienverlag.at
Internet: www.studienverlag.at

Buchgestaltung nach Entwürfen von Kurt Höretzeder
Satz: Studienverlag/Chris Petschauer
Umschlag: Studienverlag/Vanessa Sonnewend

Gedruckt auf umweltfreundlichem, chlor- und säurefrei gebleichtem Papier.

Bibliografische Information Der Deutschen Bibliothek
Die Deutsche Bibliothek verzeichnet diese Publikation in der Deutschen Nationalbibliografie; detaillierte bibliografische Daten sind im Internet über <http://dnb.ddb.de> abrufbar.

ISBN 978-3-7065-4425-2

Alle Rechte vorbehalten. Kein Teil des Werkes darf in irgendeiner Form (Druck, Fotokopie, Mikrofilm oder in einem anderen Verfahren) ohne schriftliche Genehmigung des Verlages reproduziert oder unter Verwendung elektronischer Systeme verarbeitet, vervielfältigt oder verbreitet werden.

Inhaltsverzeichnis

Ehepaar Wagner in Meran – nach Kurzbesuch bei „Wolf" 7

Schriftsteller Malaparte als Sekretär des Meraner Fascio 10

Saarabstimmung 1935 und Folgen 13

Deutschunterricht auf Umwegen? 17

Ein Brief nach Berlin 20

Nach dem Anschluß 21

Deutscher Fremdenverkehr – ein Anstoß 24

NSDAP in Meran 26

Äußerste Zurückhaltung: Fall Rademacher 28

Statt Ö ein D: Die ersten deutsch-italienischen Grenzverhandlungen in Meran 29

Konsulate, Botschaften, Missionen 31

Die Bildungsanstalten 1939 in Meran 32

Die englische Politik entdeckt Südtirol. Ein englisches Vizekonsulat in Meran? 34

Der Fall Kaufmann: Gepäckmarsch Meran–Bozen mit diplomatischen Folgen 36

Unheilvolle Gerüchte und Bemühungen, das Unvermeidliche abzuwehren 39

Option 42

Vonier – Memorandum der Südtiroler Gemeinschaft 51

Ein argentinischer Militär beobachtet 52

Po-Linie 54

Vorläufiges Ergebnis der Option im Burggrafenamt zum 31. Dezember 1939 55

Die Lage der Reichsdeutschen und Ausländer nach dem Berliner Abkommen 57

Ein Angriff auf das Gaststättengewerbe 61

„Italienfeindliches" Fest auf der Fragsburg 62

Die Deutsche Kulturkommission 66

Ämter und Vertrauensleute 72

Die Ansiedlung in Hoch-Burgund (Franche-Comté) 74

Der deutsche Widerstand und Südtirol 76

Ein Musikstück für den japanischen Kaiser 81

Seekriegsleitung und Supermarina – der Marinegipfel in Meran 1941 83

Der Hitlers Zorn erregte 89

Der Blutordensträger 91

Hoher Polizeibesuch in Schloß Tirol 92

Der japanische Botschafter aus Berlin – „German Ambassador to Germany" 97

Staatssekretär stirbt in Meran 98

Zwischen Burgtheater und Burgund. Ein hochgefeierter Meraner Dichter 102

Gebhardt – der Leibarzt Himmlers 106

Der Fall des portugiesischen Konsuls Schmidhuber 110

Rudolf Hillebrand 114

Heldenehrungen und Vermißtenmeldungen 115

Die Ereignisse des 8. und 9. September 1943 116

Der erste Judentransport in Italien 123

St. Walburg und der Holocaust 125

Der in Meran einmarschierte: Alois Schintlholzer 126

Meran – Lazarettstadt oder „offene Stadt"? 128

Die Standortkommandantur Meran 130

Bernhard Paul Karl Lüdecke – der Platzkommandant von Meran 131

Claretta Petacci in Meran 132

Albert Speer auf Schloß Goyen 135

Schweres Wasser 139

Das Geheimnis um die Japaner 141

Französisches Flüchtlingsdrama 143

„Auf nach Meran" oder die Fluchtpläne des Duce 147

Ungarns Außenminister. Der Kronschatz 153

Der „Raketengeneral" 158

Schloß Labers und das Kriegsende 1945 in Meran 161

Ein mysteriöser Selbstmord 166

Der unbekannte deutsche Soldat 171

Der brave Soldat Finck und seine „Fieberkurve" 174

Ein KZ-Mörder versteckt sich 176

Der Tod der Gerda Bormann – Ehefrau oder Witwe? 181

Ehepaar Wagner in Meran – nach Kurzbesuch bei „Wolf"

Richards Wagners einziger Sohn Siegfried war 1888 erstmals mit seiner Mutter Cosima in Meran.

Cosima Wagner, geboren am 24. Dezember 1837 in Como, gestorben in Bayreuth am 1. April 1930, war die Tochter von Franz Liszt und der Marie Gräfin D'Agoult, heiratete 1857 den Dirigenten Hans von Bülow: Töchter Daniela, verheiratet mit dem Kunstwissenschaftler Henry Thode, und Blandine, verheiratet mit Biagio Graf Gravina.

Cosima heiratet im Jahre 1870 Richard Wagner. Den Sohn Siegfried und zwei Töchter haben sie: Isolde, verheiratete Beidler, und Eva, verheiratet mit dem englischen Schriftsteller Houston Stewart Chamberlain (seit 1916 deutscher Staatsbürger), dessen Hauptwerk, „Die Grundlagen des 19. Jahrhunderts", eine den Nationalsozialismus vorwegnehmende, germanisch-arische Rassenideologie entwickelte. Cosima prägte die Bayreuther Wagner'sche Welt, 1883-1906 war sie Künstlerische Leiterin in Bayreuth.

Die Schwiegertochter Winifred Williams, geboren am 23. Juni 1897 in Hastings, gestorben in Überlingen am 5. März 1980, war Tochter des englischen Schriftstellers John Williams und der Schauspielerin und Malerin Emily Florence, geborene Karop.

Da sie mit zwei Jahren schon Vollwaise war, kam sie in ein Waisenhaus („ein Ort des Schreckens") und wurde dann zu entfernten Karop-Verwandten nach Deutschland geschickt. Karl und Heinrich Klindworth nehmen sie schließlich in Berlin auf.

Bei Kriegsbeginn 1914 wurde sie, um keine Schwierigkeiten als Engländerin zu bekommen, von Karl Klindworth, einem Liszt-Schüler, adoptiert, der in Berlin ein Konservatorium führte. Er war eng mit der Familie Wagner verbunden. 1914, bei ihrem ersten Festspielbesuch, lernte sie Festspielchef Siegfried Wagner kennen, den sie 1915 heiratete. Die Söhne sind Wieland (1917-1966) und Wolfgang (geboren 1919), die Töchter Friedelind (1918-1991) und Verena (geboren 1920), verheiratete Lafferenz. Die Festspielleitung hatte sie 1931-1944 inne. Bald war sie eng mit dem Jungpolitiker Adolf Hitler befreundet, der 1923, kurz vor seinem Münchner Putschversuch, erstmals nach Bayreuth zu Richard Wagners Grab pilgerte. Es begann eine lebenslange Freundschaft zwischen „Winnie" und „Wolf", die die gesamte Familie Wagner, vor allem aber auch Winifreds vier Kinder einschließt.

Ab 1933 wird die Provinzstadt Bayreuth in der Festspielzeit durch Hitlers Anwesenheit zum Mittelpunkt europäischer Politik. Winifred nützte die Macht, die ihr durch Hitler zufällt, zugunsten der Festspiele, bemühte sich aber auch – anfangs mit viel Erfolg – Verfolgten und Gefährdeten zu helfen. Zwei ihrer Kinder gehen extrem unterschiedliche Wege. Friedelind emigrierte und kämpfte gegen Bayreuth und die Nazis, Wieland blieb Hitler bis 1945 treu ergeben. Winifred, nach 1945 „die einzige Nazi Deutschlands", wie Klaus Mann halb bewundernd, halb angewidert schrieb, verehrt „Wolf" bis zu ihrem Tod.

Der Interviewfilm mit dem Regisseur Hans Jürgen Syberberg 1975 erregt großes Aufsehen und ein kontrastierendes Echo. So verschweigt sie, daß Hitler nach 1940 nicht mehr nach Bayreuth kam und sie ihn auch nicht mehr sah. Dennoch bewirken die nostalgischen Passagen des Interviews, daß Wolfgang Wagner seiner Mutter den Zutritt zum Festspielhaus verwehrt. Erst 1977 wurde das Verbot widerrufen. Arno Breker hatte im gleichen Jahr eine große Büste von ihr angefertigt, die sehr realistisch wirkt.

Siegfried Wagner, geboren am 6. Juni 1869 in Tribschen (Schweiz), studierte bei Humperdinck, komponierte 13 Opern volkstümlich-märchenhaften Inhalts („Der Bärenhäuter", „An allem ist Hütchen schuld"), Kammermusik u.a. Als Kind erlebte er noch die letzten Italienreisen seines Vaters, sprach gut Italienisch und liebte Verdi, dessen Melodien er ständig pfiff. Ab 1906 übernahm er die Leitung der Festspiele, mit den bedeutendsten Dirigenten (Richard Strauss, Furtwängler, Toscanini), dirigierte auch selbst und unternahm mit Winifred eine USA-Tournee 1924, bei der er an der Metropolitan Opera in New York und an Wagners Todestag in der Carnegie Hall als Dirigent auftrat. Ein Riesenkonzert fand in Saint Louis mit 1.000 Sängern statt. Von Belang ist die private Einladung bei Henry Ford, der gleich finanziell einsprang, die Inflationszeit in Deutschland drückte auf die Bayreuther Finanzierung. Bei ihrer Rückkehr über Italien speisten Winifred und Siegfried mit Mussolini im Palazzo Venezia.

Nun zu Meran:

Die Osterferien 1888 verbrachte Siegfried Wagner mit Mutter und den Schwestern Eva und Isolde erstmals in Meran.

Von der Mailänder Scala kam Ende 1929 die Anfrage, ob Siegfried Wagner bereit sei, den „Ring" zu dirigieren. Als er zusätzlich noch die Regie fordert und ihm diese auch noch zugesagt wird, beschloß er, den Auftrag anzunehmen. Winifred erholte sich in Baden-Baden und kam zum 2. Ring-Zyklus nach Mailand nach. Ende März wollten sie nach Griechenland weiterreisen, für Siegfried die „Sehnsucht seines Lebens". Da langte plötzlich ein Telegramm ein, Cosima, die am 1. Weihnachtstag 1929 ihren 90. gefeiert hatte, sei besorgniserregend erkrankt. Bei der sofort angetretenen Rückkehr erfuhr Siegfried Wagner telefonisch am Bahnhof Ulm, daß Cosima am 1. April, am gleichen Tag, verstorben sei. Der Tod der Mutter nahm Siegfried stark mit. „Ich war recht matt in diesen Tagen. Die große Arbeit in Mailand, eine anschließende Grippe und dann noch die seelischen Erregungen waren die Ursache. Drum will ich mich jetzt mit Wini in Meran erholen, dann an den Lido."

Warum er die so sehnsüchtig erwünschte Griechenlandreise nun endgültig fallenläßt, erklärt sich mit einem am 2. Mai 1930 in Bologna geplanten Konzert.

Nach der Beerdigung startete das Ehepaar am 9. April Richtung Meran. Gegen Siegfrieds Willen, so scheint es jedenfalls, lenkte Winifred am 10. April stur den Mercedes nach München hinein und hielt vor Hitlers neuer Wohnung am Prinzregentenplatz Nr. 16, wobei sie Siegfried noch zwang, mit zu Hitler hinaufzugehen. Hitler hatte darauf bestanden, persönlich zu kondolieren („Wolf sah gut aus, voller Hoffnung und Herzlichkeit", steht in Siegfrieds Tagebuch). Über Innsbruck und Brenner („Die italienische Guardia wußte gleich, wer ich sei, sprach von Milano und dem „lutto") ging es nach Bozen, wo Siegfried im Stadttheater einer Probe der „Aida" beiwohnte. In Meran bezogen sie ein „hübsches Zimmer" im Savoy („Herrliche Vegetation, wohltuend nach der Dürre in Deutschland"). Abends waren sie mit Gilberto Gravina (1890-1972), Cosimas Enkel, zusammen. Siegfried notierte in seinem Tagebuch viele Kurgäste, hauptsächlich Deutsche, „sehr anständige, ruhige". Doch werde er „schrecklich viel angeglotzt". „Im Hotel ein österreichischer Portier, der mal Corvettenkapitän war. Arme Kerle!" Am 12. April nachmittags waren sie im Gilf-Cafè mit Clara und „Gil" Gravina und anderen, besuchten den kranken Guido Gravina, den jüngsten Neffen Siegfrieds in der Gravina-Linie, der Siegfried nur um ein Jahr überleben wird. Den Bildhauer Steiner, ein „liebes Original", besuchten sie auch, dazu noch zahlreiche Bekannte. In Schloß Tirol waren sie am 18. April. Am 25. April trafen sie Cosimas Tochter, Daniela von Bülow-Thode (1860-1940) in Trient, die sie animierte, am Gardasee den Vittoriale von Gabriele d'Annunzio zu besuchen, in dem die einstige Villa Thode einbezogen ist, das Refugium ihres Mannes, das nach dem Weltkrieg als deutsches Eigentum enteignet wurde. Siegfried fand das Anwesen des Dichters ziemlich „lächerlich". Die Reise führte weiter über Mantua nach Bologna. Nach dem Konzert wurden noch u.a. Camerino, Urbino, Pesaro, Modena, Parma und Piacenza besichtigt, über die Schweiz kehrten sie zurück. Der Aufenthalt in Meran war der letzte Erholungsurlaub Siegfrieds im Ausland. Er starb schon am 4. August 1930 in Bayreuth.

Schriftsteller Malaparte als Sekretär des Meraner Fascio

Am 22. November 1924 gab die faschistische Zeitung „Il Piccolo Posto" bekannt, daß eine neuer Sekretär des Meraner Fascio ernannt worden ist, von dem zu hoffen sei, er werde den arg reduzierten „fascismo atesino" zum alten Glanz zurückführen. Als Direktor der kampfbetonten faschistischen Zeitschrift „La conquista dello Stato" und rühriger Vertreter der toskanischen „fasci autonomi" habe er – dessen Name mit „Curzio Suchert" angegeben wurde – bereits von sich hören lassen.

Um die Jahreswende 1924/25 logierte der neue Sekretär im Hotel Bristol.

Eine seiner ersten Aktionen war eine Stellungnahme gegen die falsche Politik Italiens in Südtirol, die sich u.a. darin zeige, daß über die meisten enteigneten reichsdeutschen und österreichischen Besitzungen immer noch die ehemaligen Eigentümer verfügen.

Im „Brennero" vom 14. und 25. Dezember 1924 beklagte er sich, daß nur 20 von 130 Liegenschaften von der Auffanggesellschaft „Opera Nazionale Combattenti" übernommen wurden. Das Gerücht, das ehemals „feindliche Eigentum" werde gar an die deutschen Eigentümer zurückerstattet, kommentierte er mit der Frage: „un tradimento in più?" („ein weiterer Verrat?")

Schon im Jänner 1925 aber fand die Amtszeit des neuen Sekretärs ein vorzeitiges Ende. Der Meraner Fascio wurde mit Beschluß der Provinzialdirektion von Trient aufgelöst. Sekretär Curzio Suckert (so die richtige Schreibweise des Namens) forderte bei einem ihm zu Ehren gegebenen Bankett die Anwesenden auf, einig und geschlossen zusammenzustehen, damit die Stimme der italienischsprachigen Bürger einheitlich und stark nach Rom gelange. Wer war dieser Sekretär mit dem offensichtlich deutschen Namen?

Der am 9. Juni 1898 in Prato geborene Kurt Erich Suckert war Sohn des sächsischen Textilfachmanns Erwin Suckert und einer Mailänder Mutter. 1925 schien sich der Sohn endgültig von seiner ungeliebten deutschen Herkunft zu befreien, als er das „Manifest der faschistischen Intellektuellen" erstmals mit dem Pseudonym Curzio Malaparte unterzeichnete. In aristokratischem Habitus erzählte er schon 1918 nicht nur von der Furcht und dem Beinahe-Untergang der italienischen Armee in „Viva Caporetto". In einer Schilderung, die in ihrer Schonungslosigkeit weder Remarques „Im Westen nichts Neues" noch Henri Barbusses „Le feu" unterbietet, greift er die Feigheit der Kommandanten und den falschen Frieden an der italienischen Front an. Weder Todesangst noch das Leiden im Schützengraben führten zur Flucht der Soldaten, sondern die Abscheu vor ihrer Nation. Aus diesen Arbeiter- und Bauernsoldaten, aus den neuen Barbaren, möge der neue Italiener, ein neues, revolutionäres Italien hervorgehen.

Während seiner Meraner Zeit, die schon kurz bemessen war, mußte Curzio Sukkert mehrmals verreisen. Im Dezember begab er sich zu einem Prozeß nach Paris, den er gegen „Le Quotidien" durch eine Verleumdungsklage angestrebt hatte. Das

Blatt hatte ihn mit der Ermordung des Sekretärs des Pariser Fascio, Nicola Bonservizi, in Zusammenhang gebracht.

Für den 23. Dezember 1924 war er zu einer Audienz bei Mussolini geladen.

Da er zu jenen Kritikern aus den Reihen des Faschismus gehörte, die Mussolini damals ein zu behutsames Vorgehen gegen die Staatsbürokratie vorwarfen, war er nicht sehr beglückt über die Einladung in den Palazzo Chigi (zumal er Mussolini noch am 21. Dezember aufgefordert hatte, seinen revolutionären Auftrag zurückzugeben). Doch der Duce befand sich in diesen Wochen im Strudel der Aufregung um den Matteottimord, aus dem er sich erst durch die Rede vom darauffolgenden 2. Jänner 1925 herauszuziehen versuchte, in der er diktatorische Maßnahmen ankündigte. Über die Audienz sind keine Details bekannt. Hartnäckig hielt sich aber das Gerücht, daß der Besucher auf Mussolinis Frage „Come va, Suckert?" geantwortet haben soll: „Ai suoi ordini e ai suoi disordini, eccellenza."

Curzio Suckert kam jedenfalls ungeschoren davon. In den nächsten Jahren startete er eine Erfolgskarriere als brillanter Journalist, treuer Parteigänger Mussolinis, ständiger Gast feinster Gesellschaftskreise. 1929 wurde er bei einer Rußlandreise von Stalin empfangen. Im gleichen Jahr übernahm er auf Betreiben Giovanni Agnellis die Leitung der „Stampa" in Turin. Sein Abstieg hängt eng mit der Veröffentlichung eines Buches zusammen, das 1931 in französischer Sprache erschien. In „Technik des Staatsstreiches" (Technique de coup d'État) zog er sich die Kritik sowohl der demokratischen Regierungen zu, die darin einen Leitfaden zum Umsturz erblickten, als auch jener undemokratischen Kräfte, die sich darin verhöhnt sahen. Ein Adolf Hitler etwa, der damals noch im Vorhof der Regierungsmacht stand, wurde als „dicker, eingebildeter Österreicher" bezeichnet, dessen Idealbild „ein Julius Cäsar in Tiroler Tracht" sei. In der opportunistischen Taktik dieses Schwächlings, der sich in die Brutalität flüchte, sei etwas Zweideutiges, Schmutziges, sexuell Krankhaftes verborgen.

Im November 1933 wurde Malaparte auf Befehl Mussolinis verhaftet, aus der Partei ausgeschlossen und schließlich zu fünf Jahren Verbannung auf der Insel Lipari verurteilt. Als Faschist wurde er von den übrigen Verbannten gemieden.

Die einzige Freundschaft verband ihn in Lipari mit dem verbannten Südtiroler Geistlichen Michael Summerer, der als Kooperator von Lüsen 1934 verhaftet wurde, weil er die Bevölkerung gegen die italienische Schule aufgewiegelt haben soll.

Während Summerer 1935 nach Sardinien gebracht wurde, gelang es Malaparte, mit Hinweis auf seinen Gesundheitszustand in eine angenehmere Umgebung geschickt zu werden, zuerst nach Ischia, schließlich nach Forte dei Marmi. Graf Ciano, Mussolinis Schwiegersohn, half ihm nicht nur bei diesem Anlaß. Unter dem Vorwand einer schweren Krankheit seiner Mutter erhielt Malaparte von Ciano Geldsubventionen, die er zum Bau einer Villa auf Capri zweckentfremdete. Seinem Gönner, den er noch 1938 in Artikeln verherrlichte, dankte er mit einem denkbar ungünstigen Nachruf sechs Jahre später. In „Kaputt" widmete er 1944 ein ganzes Kapitel dem kurz vorher erschossenen Ciano, dem „jungen eitlen und launischen Fürsten", der sich einen jugendlichen Hofstaat hielt: „einen Markt des Lächelns, der Ehrungen und Pfründe". Außerdem malt er eine Begegnung mit dem

Gauleiter Hans Frank in Polen aus, dem er im Schloß der polnischen Könige in Krakau begegnet. Der Chef des Generalgouvernements, des besetzten Polen, war 1926 aus Protest gegen Hitlers Behandlung der Südtirolfrage aus der NSDAP ausgetreten, wenn auch nur vorübergehend.

Für seine Villa in Capri setzte Malaparte, der in der Nachkriegszeit zeitweise Kommunist gewesen war, die Volksrepublik China als Erbin ein. Als Malaparte 1957 starb, verbreitete sich desungeachtet das Gerücht, er habe sich auf dem Sterbebett zum katholischen Glauben bekehrt.

Saarabstimmung 1935 und Folgen

In Meran, wie überall im Lande, war schon Tage vor der Saarabstimmung das Hauptgespräch, wie dieses Plebiszit ausgehen werde. Die italienischen Behörden und Parteifunktionäre reagierten gereizt, spürten das Wahlfieber, das bei der Jugend herrschte und über das reine Mitfiebern hinausging. Die Behörden hatten Unruhen vorausgesehen und für den Tag der Abstimmung besondere Vorkehrungen zur Aufrechterhaltung von Sicherheit und Ordnung getroffen. Von dem gewaltigen Echo des Ausgangs der Abstimmung wurden sie aber völlig überrascht. Selbst Mussolini zeigte sich beunruhigt.

Zu den eigentlichen offenen Auseinandersetzungen kam es durch lokale faschistische Funktionäre, die im Verhalten der deutschen Bevölkerung nur Übermut und Dreistigkeit sahen. Der faschistische Parteisekretär der Provinz Bozen, Marcello Tallarigo, persönlich hatte – neben anderen Parteiorganen – Aktionen befohlen, die den Anordnungen des Präfekten Mastromattei zuwiderliefen. Für das Gelingen seiner eigenen Eindämmungspolitik wünschte sich dieser nur Ruhe und Ordnung. Gerade dies aber wurde von den erregten Parteikreisen abgelehnt. Für den Abstimmungstag waren durch Geheimerlässe Tallarigos besondere Vorkehrungen getroffen worden. Vor allem war die Südtiroler Jugend ins Augenmerk geraten. So wurden die von den jungen Leuten getragenen weißen Stutzen als provokantes antiitalienisches Zeichen ins Visier genommen.

Am 12. Jänner wurden zwei Meraner Bürger auf der Straße mit Knüppeln von Faschisten niedergeschlagen. Anführer dieser Truppe war der Leiter des Dopolavoro, ein gewisser Corradi, zugleich auch Fußballfunktionär, und eines der beiden Opfer war auch ein sportlicher Leiter, der für den Wintersport zuständige Karl Amort. Am Sonntag, den 13. Jänner, – dem Abstimmungstag – fuhren eigene Radpatrouillen von Schwarzhemden durch die Stadt und beobachteten, ob jemand weiße Stutzen trug.

Am Dienstag, den 15. Jänner, wurde das Ergebnis der Saarabstimmung bekannt: über 90% der Bevölkerung im Saargebiet hatte für die Rückkehr nach Deutschland gestimmt. Die Freude der Bevölkerung in ganz Südtirol war nicht zu übersehen. Überall im Lande wurden Freudenfeuer auf den Höhen angezündet, die Etsch hinunter schwammen Bretter in den reichsdeutschen Farben mit der Inschrift „Bis Salurn". „Die Saar ist frei, jetzt sind wir an der Reih", lautete die Parole. Der Anschluß an das Reich durch eine Volksabstimmung nach dem Vorbild der Saar rückte plötzlich in den Mittelpunkt der Wünsche und Gedanken und begeisterte ganz besonders die nur mehr in italienischen Schulen und faschistischen Freizeitorganisationen aufgewachsene Jugend.

Am Abend des nächsten Tages versammelte sich eine Gruppe von zwei Dutzend Männern im Fasciohaus und zog mit Knüppeln durch die Stadt. Wer weiße Strümpfe trug, wurde mit Schlägen bedacht. Am Eislaufplatz wurden alle Träger weißer Strümpfe gezwungen, sie auszuziehen. Aber auch andere, die sie nicht anhatten, wurden niedergeschlagen. Einem Bauern wurden die roten Aufschläge von seiner Tracht abgerissen. Ein schweizer Bürger, dessen Vater ein Geschäft in Meran hatte, saß in einem Gasthaus, als eine Gruppe Faschisten hereinkam und ihn erkannte. Angesichts der Drohung, daß das Geschäft seines Vaters demoliert würde, wurde er genötigt, „E viva Mussolini" auszurufen. Der Straßenmob ging in den nächsten Tagen weiter.

So verbreitete sich in Meran u. a. das Gerücht, daß ein Dr. Trevisani, Angestellter des Gaswerks und Hauptmann der faschistischen Miliz, sich mit italienischen Studenten in Falzeben bei Hafling befände und beabsichtige, die Skihütten nach deutschem Propagandamaterial zu untersuchen, „Hitler und Hindenburg"-Bildern und ähnlichem.

Am Sonntag, den 20. Jänner, tauchte tatsächlich ein Dutzend Faschisten, teilweise in Halbschuhen, in Falzeben auf. Anscheinend suchten sie den Treffpunkt der Skifahrer bei der Rotwandhütte, um ihnen die weißen Strümpfe und Kappen abzunehmen. Ein Dutzend ging zu Fuß, da sie keine Skifahrer waren, nach Kirchsteig und vier andere, Dr. Giuliani, Sekretär der Meraner Kurvorstehung, ein Angestellter der Kurvorstehung namens Zorzi, der Capo des Syndikats von Meran und ein Geheimagent aus Bozen, legten den Weg per Ski über das Naifjoch zurück, nahmen auf diesem Weg den Skifahrern weiße Strümpfe und Kappen ab. Gefordert wurde immer nur ein Strumpf.

Gegen Mittag erreichte die andere Gruppe die Kirchsteiger Alm, wo die Leute sich vor der Hütte sonnten. Der Anführer, ein gewisser Castelli, bestellte in der Gaststube Weißwein und machte sich daran, einen Tisch und Stühle vor die Hütte zu tragen, um in der Sonne zu speisen, wozu Knödel bestellt wurden.

Castelli rief einen ihm bekannten Meraner zu sich in die Stube, zeigte auf seine zwei Revolver und forderte ihn auf, den Leuten draußen zu sagen, sie sollen die Strümpfe ausziehen. Dieser verließ das Lokal und warnte alle.

Castelli traf inzwischen einen Meraner, der die weißen Stutzen trug, obwohl sie ihm von den Faschisten ein paar Tage zuvor abgenommen worden waren. Er hatte sich nach dem Überfall an die Polizei (P.S.) gewandt und dort die Auskunft eingeholt, daß kein Verbot des Tragens weißer Strümpfe bestehe. Diese Antwort gab er an Castelli weiter: laut Gesetz könne er die Strümpfe tragen. Des weiteren fragte er Castelli nach seinem Namen und seiner Berechtigung. Castelli antwortete ungefähr mit: „Die Gesetze für diese Provinz machen wir und nicht Rom" und versetzte ihm einen Fausthieb ins Gesicht. Plötzlich wurde ein Alarmschuß von einem der Faschisten abgegeben. Die restlichen elf erhoben sich und zogen die Revolver. Gerstgrasser und ein gewisser Georg Gamper, Metzgergehilfe, erhoben sich mit einem Holzscheit in der Hand und riefen „Es sind nur Schreckschüsse" und näherten sich den Italienern. Da wurde auf sie geschossen. Beide erhielten einen Streifschuß am Kopf, Heini Frasnelli einen Streifschuß am Arm. Gerstgrasser und Gamper, beide blutend, trieben mit einigen anderen, nur mit Holzscheiter und Schistöcken bewaffnet, das Dutzend revolverbewaffnete Faschisten in den Schnee hinaus und jagten sie mit Schimpfworten von Kirchsteig hinunter.

Mittlerweile war die andere Gruppe Richtung Kirchsteig abgefahren und versuchte ebenfalls, die Leute anzuhalten und die weißen Stutzen einzufordern. Erneut kam es zu einer Auseinandersetzung, wobei auch einer der Faschisten die Pistole zog, ohne aber einen Schuß abzufeuern. Schließlich ließen sie ab und verzogen sich in Richtung Seilbahn. In der Hütte in Falzeben wurde inzwischen fröhlich getrunken und das Südtiroler Trutzlied und andere vaterländische Lieder gesungen. Am Ende beschlossen sie, ohne Ski zu Fuß, aber mit Skistöcken versehen, abzusteigen. Auf dem Wege wurden sie von vier Carabinieri und einem Geheimagenten aufgehalten, die von dem Vorfall gehört hatten und auf dem Weg zur Bergstation waren. Als die ganze Menge in das Stationsgebäude eindrang, ordneten sie die Einstellung des Bahnverkehres mit der Begründung an, weitere Zwischenfälle beim Einzug in die Stadt verhindern zu wollen. Ein Teil der Ausflügler zog es vor, zu Fuß nach Meran zurückzukehren, der Rest wartete und konnte nach einstündiger Unterbrechung die Fahrt antreten. Bei Verlassen der Talstation wurde der Metzgergehilfe bei der Firma Abart, Georg Gamper, angehalten und verhaftet. Zwei Freunde folgten ihm zur Quästur. Nach längerem Verhör wurde Gamper in das Krankenhaus geschickt, um sich verbinden zu lassen. Beim Verlassen des Krankenhauses wurden dann alle drei festgenommen und in das Gefängnis gebracht. Dort wurde auch noch der ebenfalls verwundete Heini Frasnelli eingeliefert. Weitere Verhaftete folgten im Laufe des nächsten Tages. Insgesamt waren es dann zehn. Der letzte und zehnte am 24. Jänner: es war der Sohn des Gasthauses Siegler in Thurn, Paul Waldner, der ebenfalls mit weißen Strümpfen aufgefallen war. Am Freitag, den 25. Jänner, wurden die Häftlinge entlassen und beim Verlassen des Gerichtsgebäudes von jubelnden Mädchen empfangen. Die Mütter waren beim Herzog von Aosta in Bozen vorstellig geworden, der sich über das Verhalten der Faschisten empört zeigte und in Rom erfolgreich intervenierte.

Ministerialrat Dr. Karl August Fischer aus München berichtet über eine Reise nach Südtirol in den ersten Apriltagen 1935: „Die italienischen Behörden spüren sehr deutlich, wie der Widerstand gegen die italienische Herrschaft unter dem Eindruck der Saarabstimmung und der Einführung der Wehrpflicht einen ungeheuren Auftrieb genommen hat, zumal die in zahllosen Schulen von den Lehrern durchgeführten Abstimmungen, ob die Kinder für Deutschland oder Italien seien, trotz des Terrors der Lehrer ein eindeutiges Bekenntnis der weitaus meisten Kinder für Deutschland ergaben. Dazu stehen die Behörden offenbar selbst unter einem beängstigenden Eindruck der deutschen Aufrüstung, die für sie umso bedrohlicher ist, als die wirtschaftlichen Schwierigkeiten Italiens ständig weiter wachsen.

Die Unsicherheit der italienischen Behörden, die schon in dem brutalen Terror in Südtirol während der Wochen nach der Saarabstimmung ihren Ausdruck fand, hat inzwischen zu einer weiteren Verschärfung ihrer Entnationalisierungsmaßnahmen geführt. Es ist nicht nur das Walther-Denkmal beseitigt worden; ganz planmäßig wird Namensitalienisierung weitergetrieben, indem man nicht nur die Unterstützung aus der faschistischen Winterhilfe von der Namensitalienisierung der Empfänger abhängig macht. In Meran wurden auch die Gemeindeangestellten zur Verwelschung ihrer Namen gezwungen und allen Geschäftsleuten unter den Lauben mitgeteilt, daß sie ihre Namen vor dem Geschäft nur dann noch zeigen dürften, wenn sie statt der deutschen italienische Namen annähmen. Darüber hinaus wurde ihnen behördlicherseits sogar die Entziehung der Lizenz zum Betreiben ihres Geschäftes angedroht, wenn sie weiterhin eine Änderung ihrer Namen ablehnen würden. In sämtlichen Meraner Schulen wurden die Kinder schließlich gezwungen, den Text eines Antrages auf freiwillige Namensitalienisierung aufzuschreiben und ihren Eltern zur sofortigen Unterzeichnung vorzulegen, widrigenfalls sie von einer Versetzung in die nächste Schulklasse ausgeschlossen würden.

Ja, der Präfekturskommissar von Meran glaubte die Italienisierung der Bevölkerung auch dadurch fördern zu können, daß er die Gemeindeangestellten, die einen Vollbart trugen, am 1. April zwang, sich ihre Bärte abscheren zu lassen, um sie so ihres „gotischen" Charakters zu entkleiden. Schlimmer sind die zahlreichen Verhaftungen und Konfinierungen nicht nur junger Burschen, sondern auch Geistlicher und älterer Familienväter, zumeist ohne den geringsten ernsthaften Grund."

Der Gegensatz zwischen dem Sekretär des PNF, Marcello Tallarigo, und dem Präfekten Mastromattei schwelte seit dem Jänner 1935 weiter und verschärfte sich noch. Schien der Präfekt keineswegs Verfechter eines zimperlichen Kurses gegenüber der Bevölkerung zu sein, so mußte er doch, um seine eigentlichen langfristigen Ziele zu erreichen, an der rigorosen Überwachung der Südtiroler Bevölkerung festhalten, gleichzeitig aber verhindern, daß Übergriffe aus faschistischen Kreisen zu – wie er ahnte – heftigen Gegenreaktionen führten.

Doch die hitzigen, zu Gewaltaktionen stets bereiten Parteikreise ließen nicht ab. Am 12. Juni 1935 bekräftigte Tallarigo seinen einmal eingeschlagenen Kurs der Provokation in einer leidenschaftlichen Rede im Meraner Stadttheater. Nach der Veranstaltung griffen seine Leute wahllos Passanten mitten in Meran an, was wiederum Mastromatteis Zorn erregte.

Doch gerade Mastromatteis Politik der Entnationalisierung sollte als Reaktion in den nächsten Jahren zu einer Erstarkung des radikalen jugendlichen Elements, das sich an die NSDAP anlehnte, führen, während zugleich die gemäßigten Kreise in der Volksgruppe, die auf Gespräche mit den Machthabern und stiller Beharrung in der Volkstumsarbeit bauten, geschwächt wurden, und diese notgedrungen sich von Wien abwenden mußten, von wo kaum Hilfe mehr zu erwarten war, sich aber nicht an das NS-Regime wenden konnten. Die Chance mit den gemäßigten zaghaft nach Rom blickenden Kräften vertat sich Mastromattei lange vor dem ominösen Herbst 1939, als er endlich versuchte, gerade diese Kräfte gegen die Übermacht zu mobilisieren. Doch zu diesem Zeitpunkt war der Zug in Richtung Deutsches Reich längst abgefahren.

Tallarigo wurde immerhin noch im gleichen Jahr 1935 von Almo Vanelli als Parteisekretär abgelöst, der bis 1939 bleiben sollte.

Deutschunterricht auf Umwegen?

Ulrich von Hassell, der deutsche Botschafter in Rom, erhielt im Herbst 1936 vom Obmann des NS-Lehrerbundes Italien Dr. Lange die Anregung, doch den reichsdeutschen Schülern in Bozen und Meran einen zusätzlichen kostenfreien Deutschunterricht zu ermöglichen, wozu natürlich eine geeignete Lehrkraft gefunden werden müsse. Der Botschafter wandte sich an das Deutsche Generalkonsulat in Mailand. Dort erhielt er die Antwort, daß in Bozen die Unterrichtskurse des Lehrers Deluggi praktisch einen vollständigen Volksschullehrgang darstellen, der täglich in 5 Stunden, außer Donnerstag abgehalten werde. Diese Kurse würden vom Auswärtigen Amt in Höhe von 1500.- RM jährlich subventioniert. Hier wäre besser, nicht einzugreifen, da größte Vorsicht geboten sei. Lediglich das Trägheitsprinzip habe vielleicht verhindert, daß die Behörde einschritt. Die negative Auffassung des Präfekten sei bekannt. An eine Erweiterung der Schülerzahl in Bozen sei auf keinen Fall zu denken, die trostlosen Verhältnisse ließen sich für Bozen nicht ändern. Für Meran liegen – so das Konsulat – die Dinge grundsätzlich nicht anders; auch dort wäre die technische Möglichkeit vorhanden, weitere reichsdeutsche Kinder, die es wünschen sollten, zu unterrichten und zwar in Anlehnung an die Schule der evangelischen Gemeinde. Ein Unterschied besteht freilich insofern, als diese eine behördlich – von Jahr zu Jahr – genehmigte Schule ist, die jedoch für das laufende Jahr den deutschen Unterricht noch nicht genehmigt erhalten und daher, infolge der ausdrücklichen Drohung mit der Schließung der Schule, auch noch nicht aufgenommen hat. In Meran – das kürzlich einen neuen, anscheinend jüdischen Podestà Dr. Rava erhalten habe – sei noch mehr Vorsicht geboten als in Bozen. Die Zahl der wöchentlichen Deutsch-Stunden an der evangelischen Schule betrage 9, mehr als der Vorschlag Dr. Langes („2 mal wöchentlich") vorsieht; sie würden von einer geprüften Lehrerin italienischer Staatsangehörigkeit reichsdeutscher Herkunft erteilt. Im laufenden Schuljahr sei die von Jahr zu Jahr nachzusuchende Genehmigung für den Deutsch-Unterricht noch nicht eingegangen, da „neue Bestimmungen in Vorbereitung sind". Sollte demnächst die Genehmigung noch erteilt werden, so bestehe keinerlei Schwierigkeit, reichsdeutsche Schüler italienischer Schulen an den Deutsch-Unterricht der evangelischen Schule teilnehmen zu lassen, wobei das Schulgeld niedrig festzusetzen oder zu erlassen wäre, wenn statt dessen die Reichsunterstützung an die Schule von jährlich 500.- RM erhöht würde. Wird die Genehmigung nicht erteilt, so müßte versucht werden, unter Verzicht auf den Deutsch-Unterricht an die rund 60 Schüler italienischer Staatsangehörigkeit den Deutsch-Unterricht wenigstens für die nicht-italienischen Kinder aufrecht zu erhalten, das waren nach den letzten vorliegenden Ziffern 11 Reichsdeutsche, 4 Österreicher, 4 tschechoslowakische Kinder (wohl sudetendeutsche) und vereinzelte andere. Gegen die Einrichtung neuer besonderer Kurse neben denen der evangelischen Schule – deren Schüler übrigens stets zu etwa 2/5 katholisch seien – bestünden ähnliche Bedenken wie in Bozen. Laut Pfarrer Giese sei der evangelischen Schule in Meran die Genehmigung zur Erteilung deutschen

Unterrichts für das laufende Jahr bisher noch nicht erteilt worden, und auf Nachfrage bei der Schulbehörde ist der Bescheid ergangen, das Unterrichtsministerium habe die bisherigen Bestimmungen aufgehoben, neue Bestimmungen jedoch noch nicht erlassen. Pfarrer Giese hat sich darauf mit einem ihm bekannten Dr. Piacentini in Rom in Verbindung gesetzt, der ihm den Vorschlag gemacht hat, durch seine Vermittlung in Rom einen Antrag für die Genehmigung des deutschen Unterrichts entweder an alle Schüler der evangelischen Schule oder doch an die nicht-italienischen Schüler zu stellen. Dazu meinte Generalkonsul Windels: „Zunächst fürchte ich eine Verstimmung der Bozner Behörden, wenn ein Antrag wegen der evangelischen Schule unmittelbar nach Rom gerichtet wird. Sodann glaube ich nicht, daß Rom eine Entscheidung treffen würde, ohne Bozen vorher zu hören. Bozen würde aber, wird ein Eventualantrag – Unterricht nur an die nicht-italienischen Kinder – gestellt, diesen Eventualantrag höchstwahrscheinlich als willkommenen Anlaß benützen, den deutschen Unterricht an alle Schüler der Schule – die zu immerhin 75 v.H. italienische, d.h. Südtiroler, sind – endgültig zu unterbinden. Ich fürchte freilich, dies wird schließlich doch das Ergebnis sein; ich möchte aber den Ausweg in diese Richtung – Unterricht nur an Nicht-Italiener, nachdem bisher allgemeiner Deutsch-Unterricht erteilt wurde – nicht noch erleichtern und habe deshalb bisher davor abgesehen, beim Präfekten in Bozen wegen des Deutsch-Unterrichts an die nicht-italienischen Schüler der evangelischen Schule vorzusprechen."

Am 9. Oktober 1937 gelang es schließlich Pfarrer J. Giese, über Vermittlung von Hassells eine Audienz beim Minister für die nationale Erziehung, Giuseppe Bottai, zu erhalten. Als Folge des Gesprächs erhielt er zwar die Zusage, außer den evangelischen Schülern auch ausländische anderer Konfession behalten zu dürfen, doch das Gesuch vom 2. September für die Wiedererteilung des deutschen Sprachunterrichts wurde vom Provveditorato in Bozen nicht genehmigt. Er solle doch – so in einem Schreiben an die Botschaft vom 24. November – wenigstens für die 16 reichsdeutschen Schüler eine Genehmigung erhalten. Für die 4 Österreicher, 2 Holländer, 4 Tschechoslowaken sowie für je einen argentinischen, jugoslawischen, polnischen und schweizerischen Schüler möchten deren Eltern bei den jeweiligen Botschaften vorstellig werden. Obwohl der Botschafter sich an das Ministerium wandte, war bis Jänner 1938 noch keine Entscheidung getroffen worden. Der Schulinspektor verlangte im Gegenteil die Abgabe aller nichtevangelischen ausländischen Schüler an die staatliche Schule. Am 15. Jänner 1938 bekräftigte Minister Bottai schließlich das Verbot für katholische italienische Schüler, den evangelischen Volksschulunterricht in Meran zu besuchen. Er stützte sich auf das Gesetz (Art. 24 des Gesetzes vom 28. Februar 1930 Nr. 289), welches die Eröffnung von Volksschulen für Schüler einer nichtkatholischen Konfession an die Bedingung knüpft, daß diese nur von Angehörigen dieser Konfession besucht werden. Die Staatsangehörigkeit sei belanglos, nur die Konfession der Kinder zähle. Pfarrer Giese hoffte noch immer, angesichts der über 50jährigen Tradition der evangelischen Schule in Meran, auf eine, wie er sich ausdrückte, wohlwollende Duldung.

Am 1. März 1938 schaltete sich der neue Generalkonsul in Mailand, Otto Bene, ein und schrieb an die Botschaft, er habe die Nichtgenehmigung vorausgesehen. „Es wird auch wenig Erfolg versprechen, wenn man bei den italienischen Behörden gegen die Aufhebung dieser Bestimmung angehen würde, denn da es sich um eine „evangelische, also konfessionelle Schule" handelt, dürften die italienischen Gesetzesbestimmungen diesen Schritt rechtfertigen. Der Geist, der aus dieser Maßnahme spricht, ist allerdings nicht mit der „Achse Berlin-Rom" zu vereinbaren. Ich weiß nicht, ob es angebracht ist, bei den italienischen Behörden darauf hinzuweisen. Nach meiner Ansicht sollte man die evangelische Schule in Meran jetzt auf eine reichsdeutsche Schule abdrehen. In diese reichsdeutsche Schule dürften dann nichtitalienische Kinder, genau wie in Mailand, aufgenommen werden können". Bene glaubte wohl, die italienischen Behörden würden einlenken, zumal die evangelische Schule in Meran ein Gebäude habe, das sie an die Carabinieri vermietet habe.

Er bat um Mitteilung, ob die deutsche Botschaft die Möglichkeit sehe, die evangelische Schule in eine reichsdeutsche Meraner Schule umzuwidmen. Da die Anzahl der reichsdeutschen Kinder in Meran gering sei, sollten die etwa 25 reichsdeutschen Kinder aus Bozen in diese reichsdeutsche Schule nach Meran gebracht werden. Kämen noch die österreichischen Kinder dazu, wäre mit einem Schulbesuch von ungefähr 60 Kindern zu rechnen.

Otto Vonier, Leiter der NSDAP-Ortsgruppe Meran, besuchte im Februar 1938 mit anderen reichsdeutschen Eltern die evangelische Schule, wo ihnen der Leiter derselben eröffnete, daß nur noch evangelische Kinder laut ministerieller Entscheidung die evangelische Schule besuchen dürfen und daß deshalb auch die nichtevangelischen Ausländer ihre Kinder nicht mehr schicken können. Daran änderte sich auch in der Folge nichts.

Im September 1938 richtete die evangelische Gemeinde Meran erneut ein Gesuch auf Genehmigung zur Erteilung fakultativen Deutschunterrichts in ihrer fünfklassigen Volksschule und zwar je 4 Wochenstunden für jede Klasse außerhalb des gewöhnlichen Stundenplans. Diesen Unterricht würde wie bisher die Lehrerin Linda Schenk geb. Schöne erteilen. Hilfsweise möchte das Schulamt von Bozen zumindest den Unterricht für sämtliche Schüler deutscher Staatsangehörigkeit genehmigen. Auch dieses Gesuch wurde abschlägig beschieden.

Dem Deutschunterricht auf Umwegen war kein Erfolg beschieden.

Ein Brief nach Berlin

Am 20. November 1936 verbreitete der Deutsche Rundfunk im Kurzbericht um 20 Uhr die Nachricht, daß „in Meran in Oberitalien" ein Explosionsunglück geschehen sei.

Dazu ging am 21. November folgender Brief der nicht näher genannten „Deutschsüdtiroler Hörer" an die Reichssendeleitung in Berlin: „Wir Deutschsüdtiroler wissen den Deutschen Rundfunk sehr zu schätzen als ein vorzügliches Mittel, die schwer bedrohte Kultur- und Schicksalsgemeinschaft zwischen dem Reich und unserem Vorposten verteidigen zu helfen. Wir sind so unendlich dankbar für die Übertragungen der großen Augenblicke im Leben des Reichsvolkes, die wir durch den Rundfunk über alle Grenzen miterleben in unserer ganzen Not – wir sind ebenso dankbar für so manche Sendung, in der unsere Heimat erwähnt wird („Deutsches Heldentum im Südost", „Pasubio" u.a.m.). So bedeutet uns der Deutsche Rundfunk mehr, als Ihr im Reich es Euch vorstellen könnt.

Wir maßen uns auch keinerlei Kritik an über die außenpolitisch notwendige Freundschaft mit unserem Unterdrücker Italien und die daraus entspringende Zurückhaltung der Reichspresse und des Rundfunks uns Südtirolern gegenüber. Aber es ist durchaus nicht notwendig, daß der Deutsche Rundfunk Südtirol so ohne weiteres als „Oberitalien" bezeichnet. Das ist völkische Selbstverstümmelung! Südtirol ist und bleibt der südlichste Teil des Deutschen Lebensraumes und ist damit allenfalls Süddeutschland – wenn es jetzt auch klüger ist, davon nicht laut zu sprechen. Die Italienischen Behörden sorgen schon selbst genug dafür, daß so mancher kurzsichtige Reichsdeutsche über unsere Heimat falsch unterrichtet werde. Die Sudetenlande wurden im selben Kurzbericht auch nicht mit „Osttschechoslowakei" benannt, also haben auch wir ein Recht darauf, daß unsere Heimat mit ihrem rechten Namen benannt wird, dem Namen, der vor 20 Jahren 40.000 Männern Ursache genug war, als tapfere Deutschsüdtiroler den Tod auf sich zu nehmen."

Der Brief wurde durch Boten ins Reich befördert, doch Wirkung hatte er natürlich nicht.

Nach dem Anschluß

Durch die Eingliederung Österreichs in das Dritte Reich kam es zu einem sprunghaften Anstieg reichsdeutscher Bürger im Lande, da die bisher österreichischen Staatsbürger Deutsche wurden.

Auch die Stimmung im Lande hatte sich verändert. Der Führer – so Generalkonsul Bene – sei auf der Rückreise in Südtirol durch ein Land der Trauer gefahren, nicht nur äußerlich, da jeder Blumenschmuck und sämtliche Fahnen auf behördliche Anweisung verboten worden waren.

Bene, der im Sonderzug Staraces von Rom bis Verona mitfuhr, hörte den Parteisekretär zum Präfekten Mastromattei und dessen Begleitern sagen: Alea iacta est, und bezog dies auf Südtirol. Die Würfel waren gefallen, sie, die faschistischen Behörden, zweifelten nicht daran, und, um den Südtirolern auch noch den Rest der Hoffnung zu nehmen, griffen sie zu repressiven Maßnahmen, was auch den wenigen Touristen auffiel. So schrieb ein reichsdeutscher Gast namens Johanna Seeck wörtlich nach Berlin: „Ich habe mich den Monat April über aus Gesundheitsrücksichten in Meran aufgehalten und bin dort natürlich in Fühlung mit der deutschen Bevölkerung gekommen. Der Einblick in die traurigen Verhältnisse unserer durch das Versailler Diktat italienisch gewordenen deutschen Stammesbrüder hat mich tief erschüttert. Während meines Aufenthaltes wurden 21 Tiroler in Ketten abgeführt und auf 15 Jahre auf „die Insel" verbannt." Sie legte den Brief eines Hausdieners des Hotel Esplanade bei, der von einem „letzten Aufgebot" junger Vinschger spricht, die zu einem Aufstand gegen die Italiener bereit wären. Über Vorfälle in Meran am 17. Mai erhielt NS-Landesgruppenleiter Ettel in Rom einen Bericht von Heinrich Reitenberger, dem stellvertretenden Ortsgruppenleiter Meran, den er an die Botschaft weiterleitete. Mit Gästen aus Innsbruck saß das Ehepaar Reitberger im Garten des Café „Municipio". „Wir hatten uns kaum gesetzt, kamen zirka 30 bis 35 junge Burschen und Mädchen im Alter von 16 bis 25 Jahren in ihrer Bergausrüstung anmarschiert; voran 2 mit Besen auf den Schultern und zwei Türriegeln aus Holz, da dieselben die Schihütte abgeräumt hatten; ein Bild, das in früheren Jahren oft zu sehen war. Die jungen Leute nahmen gemeinsam Platz, waren lustig und tranken ihr Bier.

Nach Verlauf einer weiteren Viertelstunde kamen zirka 10-12 Faschisten und setzten sich an einen Tisch neben diese jungen Leute. Sofort ging ein Faschist zu zwei jungen Burschen hin und nahm ihnen die Besen ab, die dieselben ohne weiteres hergaben. Die Italiener stimmten nun ein Lied an; bald darauf zahlten die jungen Leute und verließen ruhig den Garten. Sofort eilten die Faschisten diesen jungen Burschen nach und schon hörte man Schreie.

Da ich nun gesehen hatte, daß fünf oder sechs junge reichsdeutsche Burschen in Gesellschaft dieser jungen Leute waren, fürchtete ich, daß dieselben auch geschlagen werden könnten und eilte diesen nach, um sie zu mir zu rufen. Noch bevor ich etwas unternehmen konnte, wurde ich mit Faustschlägen und Fußtritten empfangen und auf meinen Anruf hin „io sono tedesco" wurde mir von einem

Faschisten ein Schlag mit dem Revolver auf den Kopf versetzt. Ich entging nur durch das sofortige Bücken einer größeren Verletzung (ärztliches Zeugnis ist in meinen Händen).

Herr Larcher von der PS., der zufällig daherkam und den ich sofort erkannte, und um Hilfe anrief, gebot Ruhe und ich eilte unseren jungen Reichsdeutschen nach und holte dieselben mit dem Ruf „die Reichsdeutschen alle mir nach" aus dem Gewirr heraus. Ich begab mich dann sofort zum Kommandanten der Stadtpolizei, der auch anwesend war, stellte mich als Ortsgruppenleiterstellvertreter vor und ersuchte ihn, sowie Herrn Larcher sofort Ruhe zu stiften, da vielleicht noch Reichsdeutsche im Gedränge seien und ich mich für diese verantwortlich fühlte. Es wurde sofort Ruhe geboten und wir konnten das Lokal unbehindert verlassen.

Unterdessen traf der Ortsgruppenleiter P. Vonier ein, der zufällig diesen Tag in Meran war und von Bekannten von dem Vorfall verständigt wurde. Wir begaben uns dann mit Herrn Larcher von der PS. zur Tatbestandsaufnahme in unser Parteilokal und später zu Herrn Barbieri, den politischen Sekretär des Fascio in Meran.

Wir erzählten ihm den ganzen Sachverhalt, worauf wir zur Antwort erhielten, daß heute die Situation unter den Faschisten sehr gespannt sei, da in der Stadt eine Menge Flugzettel gefunden worden wären, die einen Aufruf an die hiesige Bevölkerung enthielten und von dieser verbreitet worden wären."

Am 3. Juni kam es erneut zu Verhaftungen, die – weil zwei Reichsdeutsche verwickelt waren – auf diplomatischer Ebene landeten. Jedenfalls berichtete das deutsche Generalkonsulat in Mailand an die Botschaft in Rom, daß etwa 15 junge Männer ins Gefängnis kamen, weil sie Flugzettel verteilt haben sollen. „Um nun die Verhafteten geständig zu machen oder besser um ihnen Geständnisse zu erpressen, werden von die Behörden die kulturwidrigsten, ja geradezu mittelalterlichen Foltersysteme angewendet. So wurde z.B. einigen Burschen nach vorhergehendem bestialischen Verprügeln heißes Wasser über die Füße oder auch über das entblößte Gesäß geworfen. Von privater Seite wurde mir bekanntgegeben, daß es einem der Burschen gelungen sei, aus dem Gefängnis einen Brief herauszuschmuggeln zu lassen, dessen Inhalt erschütternd ist; er schreibt darin u.a. daß er fast bis zur Bewußtlosigkeit geschlagen wurde und die kulturpredigenden Lynchbrüder gegen Schluß ihrer Prozedur die Ruten, zur Erhöhung der Qualen, noch in Salzwasser tauchten. Es ist noch nicht bekannt, wieweit die einzelnen Burschen diesen unmenschlichen Lublyankamethoden standgehalten haben. Soviel ist jedoch sicher, daß einer Teilgeständnisse gemacht hat, ein anderer junger Bursche im Alter von ca. 18 Jahren in strammster Haltung und kameradschaftlicher Selbstaufopferung die ganze Schuld auf sich genommen hat, um den Verdacht von den übrigen Mitgefangenen abzulenken. Bei einem der Gefangenen wurde eine Vervielfältigungsmaschine beschlagnahmt, mit der die verteilten Flugzettel angeblich angefertigt worden seien."

Das Konsulat berichtet dann noch von einem weiteren Geschehnis, vom Tag darauf und das typisch für die derzeitige Stimmung in Südtirol sei: „Ein junger Südtiroler Bursche ging, mit einem weißen Sarner Janker bekleidet, durch die Meraner Laubengasse. Diese volkstümliche Bekleidung war einer des Weges kommenden großen Gruppe von lärmenden Italienern Anlaß genug, um den Burschen zu umringen und ihn jämmerlich zu verprügeln. Laut Bericht von reichsdeutschen

Augenzeugen wurde zu guter Letzt der blutüberströmte und wehrunfähige Bursche von 3 Italienern gepackt und unter brüllendem Gelächter und Abringen von Liedern von der Stelle abgeschleppt. Wie man später erfuhr, in die Bar Milano am Rennweg, wo er sodann noch eine weitere große Tracht von Prügel einer liebreich spendenden Horde von ital. Pöbel hinnehmen mußte. Zu diesem krassen Fall, der ja nicht vereinzelt darsteht, erübrigt sich wohl jedwelcher Kommentar, soviel glauben wir aber mit ruhigem Gewissen erklären zu dürfen, daß die berüchtigten Tschechen in Bezug auf Mißhandlung von Deutschen bei uns in Südtirol gar Manches hinzulernen könnten."

Am 5. August 1938 sandte Generalkonsul Bene an die Botschaft in Rom einen längeren Stimmungsbericht aus dem „ehemaligen Südtirol": „Seit dem letzten Berichte vom 30. Juni hat sich die Lage und Stimmung bei den Volksdeutschen nicht geändert. Die Verhandlungen mit dem Präfekten sind nicht weitergeführt worden. Die verschiedenen Führer der Volksdeutschen sind zurzeit damit beschäftigt, ein Exposé auszuarbeiten, das dem Präfekten die Ansichten und Wünsche betr. kultureller Erleichterungen, Schulunterricht etc. vermitteln soll. Abschrift davon wird dem Generalkonsulat und dem AA zur gegebenen Zeit zugehen. Herr Amonn, der mich deswegen aufsuchte, bittet darum, daß geprüft werden möge, ob die darin geäußerten Wünsche mit dem, was in Rom während des Führerbesuches besprochen worden ist, in Einklang zu bringen ist. Diese Vorarbeiten werden in engster Zusammenarbeit mit dem Fürstbischof in Brixen und dem Bischof von Trient geleistet.

Herr Hofer ist wieder unbehelligt zurückgekehrt. Es ist daher zu hoffen, daß bei den Vernehmungen der in Meran Verhafteten sich keine konkreten Verdachtsmomente gegen ihn ergeben haben. Allerdings ist sein Bild den Verhafteten vorgelegt worden, sie kannten ihn aber nicht. Während des Amtstages wurden etwa 12 der in Meran Verhafteten freigelassen, darunter die drei Reichsdeutschen HJ, denen eine Ausweisungsfrist von 24 Stunden gestellt war. Sie sind abgereist und wurden an eine Arbeitsstelle in Nauders bei Innsbruck verwiesen.

Die Urteile, die gegen verschiedene Beteiligten an der Meraner Gruppe gefällt wurden, sind milder als die Urteile in früheren Fällen. Hoffentlich sind die immer noch im Gange befindlichen weiteren Nachforschungen auf Grund der in Meran gefundenen Papiere bald abgeschlossen, damit wieder Ruhe einkehrt und die angebahnten Verständigungsmaßnahmen gefördert werden können. Die Bevölkerung ist nach wie vor skeptisch, eine Gefahr für einen unüberlegten Schritt scheint zurzeit nicht zu bestehen.

Die beiden Bürgermeister von Meran und Bozen sind durch andere Männer ersetzt und auf andere Posten gestellt worden. Von Bedeutung ist diese Umgruppierung für das Volksdeutschtum aber nicht, da beide Bürgermeister doch nach der Pfeife des Präfekten tanzen mußten und die Nachfolger das Gleiche werden tun müssen.

Der bisherige Bürgermeister von Meran ist Jude. Seine Abberufung hat mit der jetzt aufgerollten Rassenfrage nichts zu tun."

Abschriften aus: Polit. Archiv A. A. (Auswärtiges Amt) Dt. Botschaft Rom (Qu.) Pol. 8c Bd. 20.

Deutscher Fremdenverkehr – ein Anstoß

Am 25. April 1938 richtete der Geschäftsträger der italienischen Botschaft in Berlin, Conte Massimo Magistrati (nach dem Kriege Botschafter in Ankara und Kairo), ein Schreiben an Außenminister Ciano über die negativen Auswirkungen des deutschen Tourismus in Südtirol, die sich vor allem in so entscheidenden Tagen wie diesen bemerkbar machten. Wer das Land kenne, wisse, daß nach 20 Jahren die für den Wohlstand desselben so essentielle Fremdenverkehrswirtschaft fast ausschließlich in Händen der Einheimischen („allogeni"), wenn nicht sogar der reichsdeutschen Bürger liege. Keine der großen italienischen Hotelgesellschaften sei imstande gewesen, in dieser Berggegend Fuß zu fassen. Dies habe den ständigen Zufluß von „sangue tedesco", deutschen Blutes, durch Touristenbesuche ermöglicht, der nichts anderes zur Folge habe, als in der Bevölkerung dort ständig die Erinnerung an ihre deutsche Abstammung wachzuhalten. Alle diese Gäste tragen auf ihren Autos Hitlerwimpel, sprechen nicht nur deutsch, sondern essen und verhalten sich auch sonst auf deutsche Art. Wenngleich den meisten dies nicht bewußt und ihnen der gute Glaube nicht abzusprechen sei, so trügen sie doch mit ihrem Verhalten zur irredentistischen Propaganda bei. Die zahlreichen an die Botschaft gelangten Berichte von Carabinieri und Amtsbürgermeistern (Podestà) zeigen klar, wie sehr diese deutschen Autokolonnen in der derzeitigen aufgehitzten Lage gleichsam irredentische Kundgebungen sind.

Hinzu komme die Tatsache, daß bis zum Anschluß Österreichs die deutschen Touristen wegen der österreichisch-deutschen Valutabeschränkungen nach Südtirol ausgewichen sind, während dieser Grund jetzt wegfalle und ihnen jetzt die Tiroler Berge ungehindert offen stehen. Dies könnte zu einer vorübergehenden Krise des Fremdenverkehrs in der Provinz Bozen führen, doch sei dies nicht unbedingt als Schaden anzusehen. Vielmehr eröffne sich die Möglichkeit, die deutschen vermehrt durch englische und amerikanische Gäste abzulösen und zu ersetzen.

Lieber unter sich, ohne deutsche Gäste: Tolomei und Präfekt Ricci besuchen Schloß Tirol (Gästebucheintrag 1927) (Landesmuseum Schloß Tirol).

Hotel Excelsior/Kaiserhof in Meran (Sixt, Bozen).

Dazu müßten zumindest teilweise die Hotels der Einheimischen durch Auswärtige („non allogeni") übernommen werden. In der Tat waren bis dahin nicht nur in Meran und Umgebung die meisten Hotels, Pensionen und Gaststätten in einheimischem Südtiroler oder reichsdeutschem Besitz, jedenfalls bis zur Optionszeit. Der politische Druck auf die einheimische Fremdenverkehrswirtschaft nahm zwar zu, doch zu einer echten Krise kam es erst im Optionsjahr, beginnend mit der Ausweisung der Ausländer und dann vor allem im August 1939, als ganz gezielt die Anordnung des Fachverbandes kam, weibliche Arbeitskräfte durch männliche zu ersetzen, wobei nur Bewerber aus Oberitalien (Ligurien, Piemont, Lombardei, Venetien) in Frage kamen. Der Beginn des Zweiten Weltkriegs am 1. September leitete endgültig schwere Zeiten für Hoteliers und deren Angestellte ein. Deutsche Gäste blieben vermehrt aus, italienische Gäste nach dem 10. Juni 1940, dem Tage des Kriegseintritts Italiens. Inzwischen waren eine Reihe von Hotels und Gaststätten nach Option ihrer Inhaber auf das Ente Nazionale Tre Venezie übergegangen, unter ihnen auch das Grand Hotel Meraner Hof.

NSDAP in Meran

In dem Bericht des deutschen Generalkonsulats in Mailand vom 21. Mai 1938 über die Reichsdeutschen in Südtirol heißt es:

„Ernst Schulz (Uhrmacher), Reichsdeutscher, Meran, wurde am 25.04.1938 verhaftet und in Schutzhaft genommen. Die nötigen Schritte bei der Präfektur unternommen. Der Präfekt sagte mir auf der Rückfahrt vom Brenner, daß die Sicherheitsverwahrung erfolgt sei, da Schulz der Leiter der ‚Schwarzen Front' sei.

Der OGL (Ortsgruppenleiter) ist entsprechend unterrichtet. – Der Fall ist, soweit die Präfektur in Frage kommt, erledigt."

Der 1875 in Berlin geborene Goldschmiedemeister Ernst Schulz, NSDAP-Mitglied im Gau Berlin seit 1929, hatte sich in Meran in der Laubengasse 69 niedergelassen und wurde Ortsleiter der zwar schon länger in Meran existierenden, aber erst im November 1931 offiziell gegründeten NSDAP-Ortsgruppe. Zu Weihnachten 1931 feierte die neue Ortsgruppe im Hotel Bavaria. Bei der Feier waren auch der Meraner Amtsbürgermeister (Podestà) Markart, der Carabinieri-Kommandant, der evangelische Pastor und der Polizeikommandant anwesend. Im Februar 1933 konnte die NSDAP-Ortsgruppe die „Machtergreifung" Adolf Hitlers bei einer Versammlung feiern, der etwa 200 Personen beiwohnten und die Rede Hitlers im Reichstag am Radio abhorchten. Eine Abordnung der NSDAP-Mitglieder fuhr mit einigen Autos eigens nach Mittenwald, um dort ihre Stimme abzugeben. Im Februar 1933 befand sich auch die Schwester Adolf Hitlers, Clara Hitler, in Meran. Ihr zu Ehren gab die NSDAP-Ortsgruppe einen Empfang.

Die Ortsgruppe mußte sich dann allerdings etwas aus der Öffentlichkeit zurückziehen, obwohl sie über 100 Mitglieder hatte. Die Ortsgruppe wurde zeitweise sogar aufgelöst, weil man die Beziehungen mit dem italienischen Behörden angeblich nicht belasten wollte.

Am 24. Juni 1938 gab sich Präfekt Mastromattei in einem Gespräch mit Dr. Willy von Walter entrüstet über „Vorfälle wie in Meran, wo eine komplette Organisation mit Führern, Unterführern usw. aufgedeckt wurde". Dies zu dulden sei nicht seine Aufgabe. Die größte nationalsozialistische Parteigruppe in der Provinz Bozen befand sich demnach heimlich in Meran. Ernst Schulz wanderte übrigens laut Mitgliedkarte 1940 nach Altitalien ab.

Die Akte des deutschen Generalkonsulats Mailand enthält weiters einen Bericht aus Koblenz vom 4. Juni 1938, aus der Feder einer Frau Gretl Auhuber über die Verhaftungen in Tscherms, wegen Tragens von Trachten, Hüten und weißen Strümpfen:

„Am Donnerstag den 26. Mai früh ging Wartbichler Fritz bekleidet mit graugrünem Sportanzug, ebensolchen Strümpfen und Hut mit färbigen Schnüren zur Kirche, wo er von den Carabinieri (Polizei) angehalten wurde, er solle sich sofort umziehen. Auf den Hinweis, daß er nach dem Gottesdienst mit seinem Freunde Garber Hans aufs Vigiljoch fahre und deshalb im Sportanzug sei, auch gar nichts Gesetzwidriges trage, sagten sie ihm, falls er noch einmal mit dem beschnürten

Hut gesehen werde, er sofort in die Kaserne befördert würde. Auf die Bemerkung daß es kein Gesetz gäbe das das Tragen von beschnürten Hüten und dergleichen verbiete, bekam er die Antwort: ‚Da ist kein Gesetz notwendig, wir sind Italiener und dulden diese Bekleidung nicht.' Wartbichler hat nach dem Gottesdienst den Hut nach Hause geschickt, und für ihn war das Kapitel erledigt. Inzwischen wurde aber sein Freund Garber Hans, der ebenfalls auf dem Weg zur Kirche war, in die Kaserne befördert, weil er überdies noch weiße Stutzen (Strümpfe) trug. Nun gingen circa 60 Bauern, an der Spitze der Pfarrer Alois Rottensteiner und der Vater des Garber Hans zur Kaserne und ersuchten um die Freilassung des Gefangenen, mit dem Hinweis, daß derselbe ja nichts verbrochen habe, im Gegenteil, 2 Jahre in Abessinien gekämpft habe und erst kürzlich mit Auszeichnungen geehrt wurde. Das war nur der Auftakt zu weiteren Verhaftungen. Burschen, die an der Demonstration gar nicht beteiligt, aber als echte Deutsche bekannt waren wurden einfach aus den Häusern geholt und verhaftet. N. Marth wurde zur Gemeindekanzlei gelockt und dort so verprügelt, daß seine Schreie bis zum Wirt über der Straße gehört wurden. Nach Meran eingekehrt wurden folgende: der Pfarrer Alois Rottensteiner, Hans Garber, Luis Garber, Hans Unterrainer, Josef Marth, Josef Bauer, Mathias Kröss, Franz Vetter. Letztgenannter ist der Einzige, der keine Schläge bekommen hat, und seine Bemerkung: rührts mi nit an, sonst garantier i für nichts hat ihn davor verschont. Sämtliche sitzen nun in Meran und warten der Folgen, die kaum milde sein werden. Die Protokolle liegen alle noch in Tscherms. Der Gemeindesekretär und die Lehrer haben den Bauern vor der Kaserne Fußtritte und Ohrfeigen gegeben, während die Eingekerkerten Schläge mit faustdicken Gummiknitteln abbekamen. Dem alten Vater Garber wurde klar gemacht, falls er sich noch einmal in Tracht erwischen läßt, würde er sofort eingesperrt. (Ein Mann der sein Lebtag nur in der Tracht gekleidet ging.) Auch 2 Reichsdeutsche, Kurgäste, bekamen Schläge ab, weil sie gerade des Weges kamen, doch ist mir der Name dieser Beiden nicht bekannt."

Äußerste Zurückhaltung: Fall Rademacher

Wie heikel die Lage für die Reichsdeutschen allmählich wurde, geht aus einem Brief des deutschen Botschafters am Quirinal, von Mackensen, nach Meran vom 27. Mai 1938 hervor: „Ich sage Ihnen nichts Neues, wenn ich darauf hinweise, daß nach der Rede des Führers vom 7. d. M. im Palazzo Venezia für alle in Norditalien lebenden Reichsdeutschen äußerste Zurückhaltung in der Behandlung gewisser Fragen, die wir nunmehr als endgültig erledigt betrachten müssen, geboten ist."

Der Brief war gerichtet an einen Herrn Rademacher von Unna, der seit 1930 als außenpolitischer Schriftleiter für verschiedene Blätter in Wien und Budapest tätig war. Wegen den Folgen einer Kriegsverletzung verbrachte er 1937/38 einige Monate zur Genesung in Meran, wollte nicht mehr nach Wien zurück und gedachte, ganz nach Meran zu übersiedeln, wo zum milden Klima noch das billigere Leben mit italienischer Währung hinzukomme. Nach dem Anschluß Österreichs war zudem die Auslandstätigkeit in Wien weggefallen.

Mackensen schrieb schließlich dem militärischen Abwehrchef Vizeadmiral Canaris nach Berlin, der frühere Vertreter des „Völkischen Beobachters" in Budapest, Hauptmann a. D. Rademacher von Unna, habe ihm mitgeteilt, daß von Seiten des Wehrbezirkskommandos Ausland seine Verwendung im Geschäftsbereich von Canaris ins Auge gefaßt sei. Er möchte es daher nicht unterlassen, Herrn von Rademacher seinem besonderen Wohlwollen zu empfehlen und würde es begrüßen, wenn sich die Möglichkeit ergäbe, ihm beim Wiederaufbau seiner Existenz behilflich zu sein. „Das Gesuch des Schriftleiters, Herrn Wolfgang Rademacher von Unna, derzeit Meran, via Petrarca 5, seinen Wohnsitz auf italienischem Staatsgebiet zu nehmen, wird von hier aus befürwortet."

Canaris antwortete auf diesen Brief nicht, jedenfalls nicht bis Anfang 1939. Offensichtlich bestand kein sofortiges Interesse an einer Verwendung Rademachers als Abwehrvertreter bzw. Agent in Meran oder in der Schweiz. Dies änderte sich dann vielleicht durch die neue politische Lage, denn am 26. Juni 1939 fügte Rademacher einem Schreiben an Mackensen hinzu, er arbeite nun doch mit „Admiral C." zusammen, und „offenbar mit einigem Erfolg", wie er meinte. Rademacher hatte sich wegen seiner Paßverlängerung an den Botschafter gewandt. Dabei berichtete er, daß er wohl die Chance gehabt hätte, von Berlin aus für die „Börsenzeitung" als Korrespondent nach Ungarn geschickt zu werden, daß dies aber Franz H. Riedl (Dolomitenredakteur nach dem Kriege) übernommen habe. Er wolle nun auf den Balkan fahren und sich in den dortigen Hauptstädten bei den Gesandtschaften empfehlen. Am 1. Juli 1939 erfüllte ihm Botschafter von Mackensen den Wunsch und empfahl Rademacher als Berichterstatter den Deutschen Gesandtschaften in Bukarest, Sofia, Belgrad und Athen.

Statt Ö ein D:
Die ersten deutsch-italienischen Grenzverhandlungen in Meran

Vom 24.-28. Mai 1938 fanden in Meran erstmals deutsch-italienische Verhandlungen über die Wiederherstellung von Grenzzeichen statt.

Nach dem Anschluß Österreichs vom März desselben Jahres hatte sich die Lage verändert. An die Stelle der ständigen österreichischen Verhandlungsdelegation mußte eine deutsche treten. Nach Maßgabe des Abkommens von Wien vom 22. Februar 1929 über die Grenzziehung war es in der Vergangenheit zu verschiedenen Verhandlungen über die Grenzunterhaltung zwischen Österreich und Italien am 17. Juli 1929 in Cortina d'Ampezzo, am 4. November 1929 in Innsbruck und am 6. Mai 1930 in Padua gekommen.

Der Vorsitzende der deutschen Delegation – ein Ministerialrat aus Berlin – meinte einleitend, daß die deutsche Regierung mit den Nachbarstaaten Verträge abgeschlossen hatte, in denen u.a. die Frage der Grenzunterhaltung geregelt worden ist, und es daher vorteilhaft erscheine, auch mit Italien diese Fragen vertraglich zu regeln.

Die von einem General des Heeres geführte italienische Delegation hatte allerdings überhaupt keine Vollmacht, über die Wiederherstellung der Grenzzeichen zu verhandeln, weshalb nur einstweilige Richtlinien und ein Arbeitsprogramm beschlossen werden konnten. Diese Richtlinien traten an die Stelle der mit der österreichischen Delegation vereinbarten Protokolle.

Zwei Arbeitspläne wurden aufgestellt, der eine für den Grenzteil Piz Lat = Helm – Monte Elmo, der andere für den Grenzteil Helm – Monte Elmo = Ofen – Monte Forno. Hierbei sind die Wünsche der deutschen Delegation berücksichtigt worden, zunächst die Wiederherstellungsarbeiten dort auszuführen, wo stärker benutzte Straßen und Wege über die Grenze führen.

Man einigte sich u.a. auf die Abänderung in den Vermessungsangaben der Worte „Flußstrich der Drau" in „gegenwärtige Mittellinie des Flußbettes".

Die deutsche Delegation wies darauf hin, daß es häufig notwendig sei, die bei der Grenzziehung gefertigten Originalurkunden bei den Feldarbeiten zu verwenden, wo sie leider den Unbilden der Witterung ausgesetzt seien. Daher beabsichtige sie, künftig Fotokopien der Urkunden zu verwenden. Die italienische Delegation kündigte an, diese Frage ihrer Regierung zu unterbreiten. Sogar um diese Nebensache zu entscheiden, reichte ihr Verhandlungsspielraum offensichtlich nicht aus. Am Ende der fünftägigen Verhandlungen kamen die sogenannten „Meraner Richtlinien" heraus, deren genauer komplizierter Titel „für die Beseitigung von Mängeln in der Grenzvermarkung zur Durchführung des Wiener Abkommens vom 22.02.1929 über die Instandhaltung der Grenzzeichen an der österreichisch-italienischen Grenze" lautete und die neue deutsch-italienische Grenze in 2 Teile zerlegte:

Abschnitt I Piz Lat bis Helm, Abschnitt II Helm bis Ofen.

Auf deutscher Seite sollte künftig ein Beauftragter der Landeshauptmannschaft Innsbruck zuständig sein für den Grenzteil I, für den Abschnitt II jener der Landeshauptmannschaft Klagenfurt, auf italienischer Seite je ein eigens bevollmächtigter Oberstleutnant des Heeres in Sterzing bzw. in Udine. Diese Beauftragten können ihrerseits Vermessungsbeamte zuziehen. Grenzzeichen müßten auf jeden Fall ersetzt werden, wenn die Hoheitszeichen I bzw. D oder Ö beschädigt seien. Lediglich bei neu zu setzenden Grenzsteinen sei anstelle des Hoheitsbuchstabens Ö ein D einzumeißeln. Grundsätzlich blieb also der Buchstabe Ö auf den Grenzzeichen aufrecht. Andererseits gab es zahlreiche Ausfälle und Beschädigungen, wie eine gegenseitige Bestandsaufnahme ergab.

Für den Grenzabschnitt Piz Lat – Helm stellten nämlich die beiden Delegationen 175 als fehlend oder beschädigt gemeldete Grenzzeichen fest, 66 von Piz Lat bis zur Schwarzwandspitze und 109 von dort bis zum Helm. Vom Helm bis Ofen wurden 124 fehlende oder beschädigte Grenzsteine gemeldet. Hier sollte auf all diesen Grenzzeichen der Buchstabe Ö getilgt werden. Die Begehung der einzelnen Abschnitte, auf die man sich einigte (z.B. Timmelsjoch von Grenzstein c-6 bis d-22) sollte als Gruppe von 10 Mann unter Kommando eines Offiziers, mit einem Automobil, 2 Maultieren und in Begleitung eines Vermessungsoffiziers und eines Dolmetschers erfolgen. Diese deutsch-italienischen Karawanen zogen in den darauffolgenden Monaten Richtung Grenze.

P.S.
Anwesend waren von deutscher Seite:
Ministerialrat Dr. Walter Conrad als Vorsitzender
Direktor Otto Krause
Obervermessungsrat Ing. Rudolf Wruss
Ministerialsekretär Dr. Erich Höfenmayer

von italienischer Seite:
Generale di Divisione Nasci Comm. Gabriele als Vorsitzender
Tenente Colonello Cobelli Cav. Bortolo – Delegierter für den Grenzteil
    Helm – Monte Elmo = Ofen – Monte Forno
Tenente Colonello Ceruti Cav. Leone – Delegierter für den Grenzteil
    Piz Lat = Helm – Monte Elmo.

(Protokoll im Bundesarchiv-Militärarchiv Freiburg i. B.)

Konsulate, Botschaften, Missionen

In Meran gab es 1939 noch kein Konsulat. Für die Reichsdeutschen war das Generalkonsulat in Mailand zuständig, das nach dem Anschluß Österreichs auch zwei Amtstage monatlich in Meran abhielt. Generalkonsul war Otto Bene. Auch für tschechoslowakische Bürger befand sich das nächste Konsulat in Mailand, während sich die Schweizer Bürger an ihr Konsulat in Venedig wenden mußten.

Reine Parteistelle war die Ortsgruppe Meran der NSDAP im Gasthaus Marchetti in der Laubengasse 80, mit Otto Vonier als Ortsgruppenleiter. Im Zuge der Option wurde in Bozen eine Konsulatsstelle eingerichtet (im Sommer 1939) und, nach Verabschiedung der Richtlinien zur Südtiroler Umsiedlung im Oktober 1939, wurde Generalkonsul Bene Beauftragter der Reichsregierung mit Sitz in Bozen, ab 30. Jänner 1940 im Rang eines Gesandten. In den letzten Kriegswochen wurde die deutsche Botschaft vom Gardasee schrittweise nach Meran verlegt, auch Botschafter Rudolf Rahn nahm seinen Amtssitz in der sicheren Passerstadt ein und, gleichsam in seinem Gefolge, auch die Missionen anderer, mit der Mussoliniregierung verbündeten Nationen wie Japan und Ungarn.

Die Bildungsanstalten 1939 in Meran

Der Kurort besaß Volks-, Bürger- und Mittelschulen, sämtliche – wie in ganz Südtirol – mit italienischer Unterrichtssprache. An den Mittelschulen wurde nebst den klassischen Sprachen auch deutscher und englischer Sprachunterricht geboten. Ferner gab es Haushaltungsschulen, eine Sprachschule (ex-Berlitz) und Kindergärten. An Instituten diente das Rediff'sche Konvikt der Benediktiner für Knaben, welche die Mittelschulen besuchen, und das Pensionat der Damen der hl. Jungfrau Maria für Mädchen. Dieses Institut enthielt eine dreiklassige kaufmännische Vorbildungsschule (Scuola d'avviamento professionale), eine zweitklassige Handelsschule und eine Frauenschule mit 3 Abteilungen und zwar: a) Haushaltungskurs; b) Handwerkskurs; c) Fortbildung- und Sprachkurse. Sommer-Pensionat des Institutes: Marlinger Berg auf 1280 Meereshöhe. Das Töchterpensionat Auer in Obermais, Via Dante 34, Villa „Imperiale" mit Internat, Halbinternat, Externat und Privatlyzeum, Fortbildungs- und Sprachenkursen, Musik, Kunst, Tanz, Sport und alljährlichen Studienreisen.

Die Hotelfachschule der Azienda Autonoma di Soggiorno (Kurverwaltung), Via Claudia Augusta war die einzige Schule dieser Art in ganz Italien.

Denkmäler 1939 in Meran

Arnaldo Mussolini-Gedenkstein auf der Piazza Savoia; Andreas Hofer-Denkmal auf dem Bahnhofsplatz; Mariensäule auf der Piazza della Rena (Sandplatz); Elisabeth-Denkmal in der Passeggiata d'estate (Sommeranlage); Andreas Hofer-Gedenktafel am Hotel „Città di Merano" (Originaltafel im Museum), Corso Druso 26 und am Hause Corso Druso 30; Redwitz-Denkmal in Obermais, nördlich des Hotels „Austria", Via San Giorgio (Georgenstraße); Schiller-Denkmal von Prof. Zumbusch im Garten des Schillerhofes, II, Via Cavour 10; Büste des berühmten Augenarztes (und Bruders der Kaiserin Elisabeth) Herzogs Karl Theodor in Bayern in der Passeggiata d'estate (Sommeranlage); das Dr. Tappeiner-Denkmal auf der Principessa di Piemonte-Promenade (am Tappeinerweg); Prünsterplakette in der Passeggiata Lungo Passirio (Gilfpromenade); Alpini-Denkmal auf der Piazza Savoia (Schillerplatz).

Verboten und beanstandet

Beanstandet werden in Italien ungestempelte Feuerzeuge, weiters Messer mit feststehendem Griff oder über 4 cm Klingenlänge. Dieses Verbot wird laut Fremdenführer Poetzelberger des Kurorts Meran von 1939 in der jüngsten Zeit Fremden gegenüber nicht mehr sonderlich streng gehandhabt; doch empfiehlt der Führer immerhin diesbezüglich Vorsicht. Verboten ist das Tragen jeglicher Waffen ohne entsprechende behördliche Erlaubnis.

Für Gebirgswanderungen nahe der Grenze muß jeder Tourist mit der sog. „Carta del Turismo Alpino" versehen sein. Ein Antreffen von Bergsteigern, die sich auf italienischer Seite in unmittelbarer Nähe der Grenzlinie ohne diesen wichtigen Ausweis ertappen lassen, kann es unangenehme Folgen mit sich bringen. Die „Carta del Turismo" ist bei der Sektion Meran des Centro Alpinistico erhältlich.

Ohne besondere Bewilligung dürfen auch keine Foto-Apparate ins unmittelbare Grenzgebiet (d.h. im Abstand von 3 km von der Grenzlinie, kenntlich an den großen Tafeln „Divieto rilevare fotografie", die dort an allen Wegen stehen) mitgenommen werden. Bergsteiger erhalten die hierzu notwendige Erlaubnis ebenfalls beim Centro Alpinistico Italiano ausgestellt. Foto-Apparate, die ohne Erlaubnis auf Partien und Ausflügen in das nahe Grenzgebiet mitgenommen werden, verfallen der Beschlagnahme.

Die englische Politik entdeckt Südtirol.
Ein englisches Vizekonsulat in Meran?

Der britische Generalkonsul in Mailand, W. S. Edmonds, weilte während der Ostertage 1939 mit seiner Frau in Meran, sah sich im Lande um und traf sich auch mit Präfekt Mastromattei, um sich über die Lage in Südtirol aus dieser Quelle zu unterrichten. Sein deutscher Kollege Bene spürte dem Besucher nach und hatte über einen Bekannten herausgefunden, welche Fragen er dem Präfekten ungefähr gestellt hatte:

Wie ist die Stimmung der hiesigen Bevölkerung? Wie ist die Stimmung bei der deutschen Bevölkerung? Wie ist die Stimmung bei den einrückenden Deutschen? Wie stellt sich die Bevölkerung zum Marxismus? Stellen sich die älteren Menschen auch auf den Boden des Nationalsozialismus? Oder nur die Jugend? Was denkt die Bevölkerung über die abweisenden Reden des Führers, in welchen immer wieder betont wird, daß eine Abtretung Südtirols an das Reich nicht erfolgen kann? Ist bemerkt worden, daß politische Flüchtlinge nach dem März 1938 aus der Ostmark in das hiesige Gebiet abgewandert sind?

Dabei soll ihm die Bemerkung entfallen sein, daß er nicht verstehen könne, daß sich die deutschen Südtiroler in Disziplin vor dem Entschluß des Führers beugen und bereit sind, diese Opfer auf sich zu nehmen, ferner, daß es unverständlich sei, daß die Bevölkerung doch noch Hoffnung auf Befreiung habe.

In einem Schreiben vom 13. April an den Botschafter in Rom, Sir Eric Perth Drummond, berichtete Edmonds dann detailliert von Auseinandersetzungen zwischen der NSDAP-Auslandsorganisation in Meran und den italienischen Behörden und wie aufgrund der Erfolge in Deutschland bei der Bevölkerung eine allgemeine Sympathiewelle für den Nationalsozialismus festzustellen sei. Edmonds schloß seinen Bericht mit einem Spruch, den er in Meran irgendwo aufgepinselt gesehen hatte und den er kennzeichnend für die Lage in Südtirol ansah. In englischer Version lautete er so: „Mussolini dreams, but Hitler acts" (Mussolini träumt, Hitler handelt).

Er war nicht der einzige offizielle englische Besucher gewesen. Auch der Unterhausabgeordnete Lord Douglas-Hamilton hatte kurz zuvor die Provinz Bozen bereist und sich mit Südtiroler Vertretern getroffen. Auch er war nicht das erste Mal im Lande gewesen. Bereits im Sommer 1936 war er mit seinem Kollegen Marquess of Clydessdale auf Informationstour hier.

Seit der Saarabstimmung, vor allem aber seit Italien gegen Abessinien den letzten Kolonialkrieg entfesselt hatte und sich die Beziehungen Londons zu Rom verschlechterten, nahm die englische auswärtige Politik Anteil an der Südtirolfrage. Zumal Hitler, wie die gut unterrichteten englischen Kreise längst wußten, zu Südtirol ungewöhnlicherweise ein ausgesprochenes Desinteresse, sogar eine Verzichtshaltung anmerken ließ. Dennoch schaue die Mehrheit der Südtiroler nicht mehr nach Wien, sondern immer mehr nach Berlin, stellte der englische Konsul in Innsbruck, Ian L. Henderson, bereits 1935 fest. Ganze zwei Monate – während der Abessinienkrieg zu einem Tiefpunkt der englisch-italienischen Beziehungen beitrug – hatte er sich in Südtirol aufgehalten, um im Auftrag seiner Regierung die Lage im Lande zu erkunden. Henderson lieferte einen detaillierten Bericht zur politischen und kulturellen Lage in Südtirol, besonders über die Stimmung in der Bevölkerung. An den britischen Botschafter in Wien, Walford Selby, berichtete Henderson über die Radikalisierung der Lage in Südtirol. Vor allem die Saarabstimmung, die unter den Südtirolern neue Hoffnungen geweckt habe, aber auch der Abessinienkrieg, von dem die Südtiroler erwarteten, er werde zu einem italienischen Debakel führen, trugen dazu bei. Zu einem Interessenkonflikt zwischen Italien und Deutschland könnte es auch kommen, wenn weiterhin deutsche Propaganda in Südtirol besonders durch Touristen aus dem Reich betrieben werde. Andererseits bestehe, so Henderson, bei den Nationalsozialisten der Wunsch, alle „Personen deutschen Blutes" im Deutschen Reich zu vereinen.

Als das englische Konsulat in Innsbruck nach dem Anschluß Österreichs am 1. August 1938 aufgelöst worden war, schlug Ian Henderson als letzter Konsul vor, in der Tiroler Landeshauptstadt zumindest einen konsularischen Vertreter zu belassen, damit dieser zwei- bis dreimal jährlich in Südtirol an Ort und Stelle sich über die dortige Situation Informationen einholen könne.

Der zuständige Beamte im englischen Außenministerium griff im Auftrag des Außenministers den Vorschlag Ian Hendersons auf, unterstrich die Wichtigkeit ständiger Informationen aus Südtirol, schlug aber als Alternative ein Wahl- oder Vizekonsulat in Meran vor, zumal es dort eine anglikanische Kirche und eine englische Gemeinde gäbe, ein Umstand, der geeignet erschien, den wahren politischen Hintergrund einer konsularischen Vertretung in Meran etwas zu kaschieren. Allerdings bezweifelte das Southern Department, ob für ein Wahl- oder Vizekonsulat in Meran überhaupt „der richtige Mann" gefunden werden könne, da es sich hier um einen heiklen Aufgabenbereich handle. Diesem Zweifel schloß sich schließlich auch der englische Botschafter in Berlin, Nevile Henderson an, sodaß es doch nicht zu einem englischen Vizekonsulat in Meran kam. Das starke englische Interesse an Südtirol aber hielt an.

Am 19. Juli 1939 wurde z. B. eine Unterhausanfrage in Sachen South Tyrol vom Marquess of Clydessdale wegen der angeblichen Entfernung der angestammten Bevölkerung eingereicht.

Der Fall Kaufmann:
Gepäckmarsch Meran–Bozen
mit diplomatischen Folgen

Am 16. Juni 1939 – einem unheilverkündenden Tag für das weitere Schicksal der Südtiroler – beauftragte Hitler den Reichsführer SS und Chef der deutschen Polizei, Heinrich Himmler, mit der „Behandlung" aller mit dem Südtirolproblem zusammenhängenden Fragen, die nötigen Anordnungen in Deutschland zu erteilen und mit den italienischen Behörden zu verhandeln. Sein Etat wurde mit vorläufig 10 Millionen Reichsmark festgelegt. Himmler besprach sich sofort mit Staatssekretär von Weizsäcker vom Auswärtigen Amt und SS-Oberführer Behrends von der Volksdeutschen Mittelstelle. Die Zeit drängte. Eine italienische Delegation war bereits in Berlin eingetroffen, arbeitete an einem Aktionsplan. Die Atmosphäre, ohnehin hektisch, wurde durch eine Nachricht aus Südtirol zu zwischenstaatlicher Glut erhitzt.

Die SA-Sportgemeinschaft der Ortsgruppe Bozen hatte bis 11. Juni alle Disziplinen für das Deutsche Wehrsportabzeichen bis auf Gepäckmarsch und Schießen absolviert. Der Ortsgruppenleiter der NSDAP von Bozen, Adolf Kaufmann, hatte diesen Gepäckmarsch in der Nacht vom 15. auf den 16. Juni von Meran nach Bozen organisiert, versäumte es aber, die erforderliche Genehmigung des Präfekten abzuwarten, vertraute anscheinend auf die mündliche Zusage der Behörde.

Die ca. 20 Teilnehmer, sämtlich reichsdeutsche Parteimitglieder – Südtiroler durften nicht der Partei beitreten –, waren in Sinich in Zivilkleidung gestartet und wurden in Dreiergruppen mit Zeitabstand losgeschickt. Die Carabinieri hielten einige an, untersuchten die Rucksäcke, die Ziegelsteine im Gewicht von 12 kg enthielten. Bei Siebeneich hielt der Quästor mit 30 Carabinieri die Gruppe an. Kaufmann wurde festgehalten und verhört, seine Wohnung mittags durchsucht und er selbst verhaftet, ein Ausweisungsverfahren wurde eingeleitet. Das Problem war, daß ein Hoheitsträger der NSDAP von einer italienischen Behörde festgenommen wurde. Doch Präfekt Mastromattei ließ sich nicht bremsen, glaubte er doch, einen willkommenen Vorwand zu haben. Interventionen von Generalkonsulat und Botschaft wurden ignoriert. Der Fall wurde so aufgebauscht, daß er den Druck auf die Umsiedlungsgespräche erhöhen sollte. Das war anscheinend das Kalkül Mastromatteis. Das Echo war tatsächlich gewaltig; von Hassell in seinen Tagebüchern glaubte, nun sei für Südtirol „alles verschüttet". Am 17. Juni sprach Botschafter von Mackensen Außenminister Ciano auf den Fall an. Der Duce höchstpersönlich war bereits mit dem Fall befaßt worden. Ciano zeigte dem Botschafter ein ihm vom Duce übersandtes Flugblatt in deutscher Sprache, das gegen Italien unflätig hetze und in Südtirol verbreitet werde. Mackensen konnte ihm an der Hand einiger völlig undeutscher Ausdrücke und Wendungen im Text nachweisen, daß es sich um eine schlechte Übersetzung durch einen Nichtdeutschen handle. Ciano zeigte sich hierüber sichtlich beruhigt, meinte, diese Feststellung werde auch für den Duce wichtig sein, zumal sie beide wüßten, wie stark englische und französische Propaganda gerade in der Provinz Bozen arbeite. Leider habe er infolge seiner gestrigen Abwesenheit auf den Duce nicht beruhigend einwirken können. Ciano stimmte völlig darin überein, daß das Bekanntwerden der Verhaftung im höchsten Grade unerwünscht sei und betonte nochmals, der ganze Vorfall zeige, wie empfehlenswert die Durchführung der Umsiedlungspläne sei.

Ciano telefonierte schließlich mit Mussolini, der die sofortige Freilassung des Verhafteten anordnete. In seinem Tagebuch notierte Ciano am 17. Juni: „Mi interesso subito per liberarlo e il Duce autorizza. Si é agito con troppa impetuosità. Se fossi stato presente le cose sarebbero andate in modo diverso. Che impressione farà all'Estero l'arresto in Italia di un fiduciario nazista? E in Germania? Che diremmo noi se ci arrestassero il segretario del Fascio di Berlino o di Monaco?"

Nun war die deutsche Seite am Zug. Erzürnt über die Wogen, die dieser Fall schlug, befahl Hitler die Bestrafung des NS-Funktionärs. Staatssekretär von Weizsäcker richtete am 22. Juni einen Privatbrief an von Mackensen: „Lieber Freund! Der Fall des Ortsgruppenleiters Kaufmann, Bozen, hat hier großes Aufsehen erregt. Sie wissen, daß der Führer persönlich die Bestrafung sich vorbehalten hat. Es wird noch immer davon gesprochen, daß er auf eine sehr lange Zeit in das Konzentrationslager kommen soll. Kaufmann ist heute hier vernommen worden. Das Verhandlungsprotokoll geht dann auf dem Wege über den Herrn Reichsaußenminister wahrscheinlich nach dem Obersalzberg. Ich teile Ihnen dieses mit, weil Sie vielleicht den Wunsch haben können, über die jetzige Auffassung der Sache in Rom noch drahtlich zu berichten, ehe die letzte Entscheidung über das Schicksal Kaufmanns gefallen sein wird."

SS-Gruppenführer Wolff wurde vom Büro Staatssekretär Weizsäcker verständigt, daß Kaufmann aus Bozen abreisen und am Abend des 21. Juni um 21 Uhr in Berlin eintreffen werde. Die Gestapo wartete am Bahnhof, der Ortsgruppenleiter wurde ohne Federlesen in ein KZ gebracht. Himmler erwähnte am 23. Juni bei der Berliner Konferenz ausdrücklich die Verhaftung Kaufmanns gegenüber den italienischen Vertretern. Ciano selbst berichtete Botschafter von Mackensen am 24. Juni, wie dankbar es der Duce empfinde, daß der Führer sich der Behandlung des Falles persönlich angenommen und rasch und energisch durchgegriffen habe. Er habe bereits gestern abend die Mitteilung erhalten, daß Kaufmann in ein Konzentrationslager überführt worden sei. Am 20. Juni notierte Ciano im Tagebuch: „Hitler chiede di avere in Germania il Capo sezione nazista di Bolzano perché intende punirlo esemplarmente. È un gesto chic, anche perché vale a provare pubblicamente qual'é l'importanza che egli attribuisce all'amicizia italiana." Mit der Bereinigung der aufgebauschten Affäre war allerdings ein Tauschgeschäft verbunden.

In Berlin erklärte Botschafter Attolico am 24. Juni, daß der Federale in Bozen von seinem Posten abgelöst sei. Das war das Tauschgeschäft. Nachfolger als neuer Provinzchef der Faschistischen Partei wurde Mario Macola, der mit unrühmlichen Auftritten in Meran und Brixen bald von sich hören lassen wird.

Der Meraner Ortsgruppenleiter Vonier wurde beschuldigt, den anstößigen Gepäckmarsch mitverschuldet zu haben, weshalb eine Untersuchung gegen ihn eingeleitet wurde. Am 6. Oktober erst berichtete Generalkonsul Bene nach Berlin, daß Vonier aus der Sache unbelastet hervorgehe. Der Bericht wurde Außenminister von Ribbentrop vorgelegt; die Affäre, die schon längst niemand mehr interessierte, war nun endgültig vom Tisch. Kaufmann selbst war am 9. September aus der KZ-Haft entlassen worden.

Unheilvolle Gerüchte und Bemühungen, das Unvermeidliche abzuwehren

Der Meraner Rechtsanwalt Dr. Josef Prünster, Jg. 1900, Direktor des Meraner Museums, hatte als Vertrauensmann des VDA (Verein für das Deutschtum im Ausland) engen Kontakt zu dessen Präsidenten, Prof. Karl Haushofer, und dem Münchner VDA-Vertreter Ministerialdirektor Karl August Fischer, welch letzterer trotz des [im Reich geltenden] amtlichen Verbots, sich mit Südtirol zu beschäftigen, zu helfen versuchte. Nicht zuletzt auf Grund von Fischers damaligen Aufzeichnungen, die von Prünster im nachhinein bestätigt wurden, läßt sich das verzweifelte Bemühen der Südtiroler Vertreter nachvollziehen, die in den allerletzten Tagen vor dem Umsiedlungsbeschluß vom 23. Juni 1939 in Berlin und Bayern vorsprachen. So wie heute in den USA bei einer bevorstehenden Hinrichtung fieberhafte Bemühungen auf rechtlicher und politischer Ebene zumeist vergeblich vorausgehen, so ist bei der Südtiroler Umsiedlung – von derem endgültigen Beschluß bloß gerüchteweise die Rede war – von einigen wenigen Eingeweihten der Versuch gemacht worden, dies alles im letzten Augenblick nicht bloß aufzuschieben, sondern sogar zu verhindern. Nur wer in das Innerste dieser paar unentwegten Südtiroler hätte blicken können, bei dieser ihrer so schmerzhaften Begegnung mit den Abgründen politischen Geschäfts, vermöchte vielleicht zu beurteilen, ob sie ihr Bemühen als im vornherein aussichtslos oder zumindest als nicht ganz vergeblich eingeschätzt hatten. Das Gefühl tiefer Ohnmacht gegenüber einem über alle Betroffenen hinweg kaltschnäuzig und bürokratisch durchgezogenen Verfahren, das kein Zurück mehr kennt, kann jedenfalls für diese wenigen Personen angenommen werden, die überhaupt davon ahnen konnten oder wissen durften. Dazu noch jene ernüchternde Einsicht, daß der Entscheidungsprozeß keineswegs einer bestimmten Logik folgte, sondern schwer zu begreifen war, weil er sich dem Leitfaden entzog, den gerade auch diese Eingeweihten selbst als unabdingbar, als vorgegeben, ansahen: eine deutsche Volksgruppe in ihrem Bestand zu erhalten und ihre Zukunft zu sichern. Statt dessen sollte sie irgendwelchen, als höher bezeichneten Interessen geopfert werden. Gerade dieser Opfergedanke war für die, denen das Opfer zugedacht war, nicht nur schwer nachzuvollziehen, wie zu sehen sein wird. Sie entzogen sich vielmehr aus verständlichen Gründen überhaupt einer solchen unerbittlichen, ja grausamen Logik.

Der in Wien lebende Bozner Kaufmann Josef Franceschini preschte kraft seiner freundschaftlichen Beziehungen zu Göring am weitesten vor. Am 20. Juni fuhr er, aus Berlin kommend, wo er ein Telefongespräch Görings mit Bormann am Obersalzberg zustandegebracht hatte, nach Berchtesgaden, um, wie er hoffte, Hitler persönlich über die Schicksalsschwere einer solchen Entscheidung vorzutragen. Im Hotel in Berchtesgaden angekommen, wurde er von einem Adjutanten Bormanns aufgehalten. Es gebe eine neue Situation: Mussolini hat sich beim Führer beschwert. Ein Gepäckmarsch der Auslandsorganisation habe stattgefunden, der Führer sei völlig verstimmt. Ein Empfang bei Bormann oder gar beim Führer sei nunmehr ausgeschlossen.

Am darauffolgenden 21. Juni fuhr Franceschini erneut nach Berlin, diesmal zusammen mit Dr. Karl Tinzl und Peter Hofer, um Göring noch einmal und durch Vermittlung des Ministerialdirigenten Hans Fabricius vom Reichsinnenministerium persönlich den Reichsführer SS erstmals zu sprechen. Doch Fabricius brachte das Gespräch nicht zustande, und Göring ließ sich verleugnen.

Am 22. Juni gelang es Tinzl, zu Behrends, dem Adjutanten von SS-Gruppenführer Lorenz, Chef der Volksdeutschen Mittelstelle, vorzustoßen. Dieser hatte sich am 16. Juni bei Himmler zu einer Besprechung über Südtirol gemeinsam mit Staatssekretär von Weizsäcker eingefunden, was er Tinzl wohl verschwieg. SS-Oberführer Hermann Behrends, der am nächsten Tag selbst an der Berliner Südtirol-Konferenz teilnahm, wartete gegenüber Tinzl ziemlich offen mit Neuigkeiten auf, die die schlimmsten Befürchtungen bestätigten: Der Führer sei der Ansicht, Südtirol gehöre zum Mittelmeerraum, also zum italienischen Lebensraum und man müsse reinlich scheiden und Südtirol endgültig „liquidieren". Die deutsche Stelle für die Abwanderung solle von einem Dr. Luig geleitet werden. Die Reichsdeutschen sollen in diesem Jahr heraus, die Südtiroler im Laufe der nächsten 3 Jahre. Die Italiener drängen jedenfalls dauernd.

Behrends, ein Freund Heydrichs aus gemeinsamer Marinezeit, war dann selbst von Berlin aus in Himmlers Behörde maßgeblich an der Durchführung der Südtiroler Umsiedlung beteiligt, bevor er 1943 SS- und Polizeichef in Serbien wurde. 1946 endete er in Belgrad am Galgen.

Am 23. Juni abends – die Südtirolkonferenz in Berlin war gerade zu Ende gegangen – besuchte Josef Prünster Ministerialdirektor Fischer in München, nachdem er vorher Prof. Karl Haushofer getroffen hatte. Der General – so Prünster – sei vollkommen ahnungslos, er glaube seinem ehemaligen Schüler, dem Führerstellvertreter Rudolf Hess, der ihm versichert hatte, daß kein Wort wahr sei. Eine Umsiedlung sei nie vorgesehen. Nun wollte Prünster von Fischer etwas erfahren, der von diesem „hirnrissigen Plan" zwar schon seit Monaten munkeln hörte, ihn aber nie so richtig ernst nehmen wollte. Prünster erzählte ihm, daß schon seit Mai, neuerdings verstärkt seit etwa 14 Tagen, in Südtirol das Gerücht über die Umsiedlungspläne umgehe. Der VKS habe aber strengen Befehl gegeben, solchen Gerüchten entgegenzutreten, es sei ganz ausgeschlossen, daß der Führer Südtirol preisgeben werde. Er, Prünster, habe aber auch von einem Beamten der Präfektur gehört, daß solche Pläne bearbeitet würden und deswegen sei der Bozner Präfekt selbst ins Reich gefahren. Die Südtiroler würden aber nicht hinausgehen, vor allem nicht die Bauern, sondern Widerstand leisten und wohl nur der Gewalt weichen.

Spätestens am 26. Juni erfuhren Peter Hofer und andere von der beschlossenen Umsiedlung. Eine Denkschrift an Hitler wurde eiligst verfaßt. Am 28. Juni fand in Bozen im Marieninternat, bei Kanonikus Gamper, eine gemeinsame Sitzung von Vertretern des Deutschen Verbandes und des VKS statt. Es wurde einstimmig beschlossen, daß die Heimat auf keinen Fall verlassen wird. Dableiben war die Parole.

Und Zusammenhalten! Am 29. Juni teilte Peter Hofer die in Berlin beschlossene Umsiedlung wie auch den Südtiroler Beharrungsbeschluß den leitenden Mitgliedern seiner Organisation in Bozen mit. Danach traf Prünster einen niedergeschlagenen Peter Hofer im Zug nach München. Wahrscheinlich hatte dieser die Denkschrift vom 27. Juni der Volksgruppe Südtirol an den „Führer aller Deutschen" mit, die in Abschrift an General Haushofer erging, damit sie auch sicher über Rudolf Hess Hitler erreichte.

Alle waren sich auch einig, die üble Neuigkeit solle nicht verbreitet werden, doch nach dem Vortrag Benes in Meran vom 29. Juni, begann das Gerücht im ganzen Land zu zirkulieren. Schon am 30. Juni – stellt Min.-Direktor Fischer fest – war die Nachricht bis zum letzten Bauernhof bekannt: „Die Wirkung war vernichtend: Völlige Erschütterung, Verwirrung, Lähmung, Ratlosigkeit aller Gemüter. Diese Rat- und Hilflosigkeit, dieses Gefühl des Verlassen- und Verratenseins dauert nun seit 6 Wochen im Lande an. Klare Richtlinien sind weder von deutscher noch von italienischer Seite ausgegeben worden. Alles wartet auf irgend eine amtliche Verlautbarung, alles wartet auf die Kommission, die im Auftrag der Reichsregierung die Dinge betreiben soll. Der Dienstantritt dieser Kommission ist immer und immer wieder verschoben worden. Die vollkommene Lähmung der Gemüter hat auch eine völlige Lähmung des Wirtschaftslebens, einen völligen Stillstand der Geschäfte mit sich gebracht. Keine Mensch läßt mehr etwas bauen oder richten oder anschaffen, jeder besorgt nur das, was unbedingt für den Tag nötig ist. Und diese Lähmung des Wirtschaftslebens wird besiegelt durch die deutsche Einreisesperre, durch die Vernichtung des Fremdenverkehrs, auf die ich noch zu sprechen komme. Der drohende Verlust des Heimatbodens, des Hofes, des Hauses, des Geschäftes, der Anstellung legt jedem einzelnen die schwersten und verantwortungsvollsten Überlegungen für sich und seine Familienangehörigen auf. Die Frage stellt sich ja für jeden einzelnen je nach seinen Wirtschafts- und Familienverhältnissen, je nach Alter und Gesundheit und Spannkraft ganz verschieden. Sie ist verschieden für die Arbeiter, die von ihrem Lohn von der Hand in den Mund leben, für die Angestellten, für die Geschäftsleute, für die freien Berufe, für die Pensionisten, für die Bauern. Sie ist verschieden für die Reichsdeutschen und für die Volksdeutschen. Sie ist vor allem verschieden für die Leute mit Grundbesitz."

Am 7. Juli soll Prünster als Vertreter des Deutschen Verbandes in Meran vom VKS mitgeteilt worden sein, daß beschlossen worden sei, alle sollten zusammen auswandern. Der Umschwung war aber noch nicht ganz vollzogen. Die Parole „alle bleiben", wurde erst nach einer Versammlung der Kreisführer des VKS am 22. Juli in Bozen, in die entgegengesetzte Losung umgewandelt: „Wir gehen, möglichst alle!"

Option

Drei Episoden, die das Optionsgeschehen des Jahres 1939 unterschiedlich beeinflußten, wobei jede auf ihre Weise Spuren hinterließ, spielen sich in Meran ab. Zufällig handelte es sich jeweils um Vorträge vor einer ausgewählten Schar von Zuhörern: der des Generalkonsuls des Deutschen Reichs Otto Bene am 29. Juni vor den Reichsdeutschen, des faschistischen Provinzsekretärs Mario Macola vor Parteifunktionären am 12. August sowie des Meraner Faschistenchefs Carlo Barbieri vor den Meraner Schülern und Studenten am 16. Oktober 1939. Unbestritten ist die Wirkung dieser Ansprachen auf die gesamte Volksgruppe, strittig aber, ob die Akteure dieser rednerischen Schauübungen über ihre unmittelbaren Zuhörer hinweg Zeichen nach draußen setzen wollten, und was sie der Bevölkerung durch Anspielungen, Mahnungen und Drohungen zu verstehen gaben.

Dies gilt insbesondere für die zeitlich erste Rede, jene des deutschen Reichsvertreters am 29. Juni. Dem Generalkonsul Bene fiel schon kraft seines Amtes eine herausragende Rolle im Optionsjahr zu. Am 20. September 1884 in Kloster Altenberg/Wetzlar geboren war Otto Bene ursprünglich Kaufmann geworden und hatte sich von 1907 bis 1909 in Kanton (China) aufgehalten. Ab 1927 befand er sich für zehn Jahre aus beruflichen Gründen in London, wo er als Blutordensträger – dem Orden für die Beteiligung am Hitlerputsch – vom Ortsgruppenleiter der NSDAP London zum Landesgruppenleiter für Großbritannien und Irland aufstieg, bis er im Sommer 1937 das Amt des deutschen Generalkonsuls in Mailand antrat. Dieses Konsulat war – und ist es bis heute noch – gebietsmäßig für Südtirol zuständig. In Bozen hielt er einmal monatlich Sprechstunde, die er nach der Annexion Österreichs auf eine ganze Woche im Monat ausdehnen mußte, wovon er drei Tage in Bozen, zwei Tage in Meran und einen Tag im Verkehr mit italienischen Behörden verbrachte.

Von Anfang an war Otto Bene bei den meisten und wichtigsten Verhandlungen zur Option und Umsiedlung anwesend. Als Teilnehmer verschiedener Vorbesprechungen im Auswärtigen Amt nahm er auch an der Berliner Konferenz vom 23. Juni 1939 teil, und es blieb ihm vorbehalten – am 29. Juni – als erster auf Befehl Heinrich Himmlers bei einer geschlossenen Versammlung der NSDAP-Funktionäre der Auslandsorganisation in Meran über die Umsiedlungsvereinbarung zu Südtirol zu berichten. Etwa 200 Reichsdeutsche waren gekommen, hörten betreten zu, was das Berliner Abkommen für sie vorsah. Innerhalb kürzester Zeit sollten sie Italien verlassen. Jeder – so erinnert sich Bene an seine Worte – möge zunächst versuchen, durch Verwandte und Bekannte in einem Ort Deutschlands Unterkommen und Existenzmöglichkeit zu finden, da nicht geplant sei, die Reichsdeutschen geschlossen im Deutschen Reich anzusiedeln und es auch noch nicht bestimmt sei, wo einmal die Südtiroler Umsiedler nachher geschlossen angesiedelt werden würden. Damit hatte niemand gerechnet, Bene selbst bemerkte später: „Für jeden Einzelnen bedeutete dieser Beschluß, oder soll ich lieber Führerbefehl sagen, eine tief einschneidende Entschließung. Ich bat die Anwesenden, sich in aller Ruhe alles zu überlegen und zu mir zu kommen, wenn einer später Rat und Hilfe brauche. Auf eine Frage, ob diese meine Mitteilungen als geheim zu betrachten seien, antwortete ich, daß dies nicht der Fall sei, daß ich auch nicht erwarten könne, daß Äußerungen, die ich vor 200 Menschen gemacht habe, überhaupt geheim bleiben könnten. Ich bäte aber darum, nicht sofort nach Schluß der Versammlung, jedem, der einem begegnen würde, sofort mit dieser Neuigkeit zu überschütten, sondern sich selbst erst einmal über alles klar zu werden." So jedenfalls die Version Benes über den hauptsächlichen Inhalt seiner Rede.

Noch am gleichen Tag verbreitete sich das Umsiedlungsgerücht, mit einer nicht vorhersehbaren Geschwindigkeit, bis in die Seitentäler des Landes. Die Boznerin Marianne Wehinger erfuhr es z.B. noch am Abend im Schnalstal. Während Bene mit Anrufen von überall her, auch aus Riva und Arco, eingedeckt wurde, tagten in Bozen am Abend die Kreisführer des VKS mit anderen, ohne sich vorerst auf eine Stellungnahme festlegen zu wollen. Am 1. Juli fand in Bozen die erste Unterredung zwischen Präfekt Mastromattei und Bene statt. Anschließend fuhr der Präfekt nach Rom und nahm am 3. Juli an einer Interministeriellen Sitzung unter Vorsitz von Ciano teil. Bei dieser Sitzung ist neben Parteisekretär Starace, Finanzminister Thaon di Revel, und Innenstaatssekretär Buffarini-Guido auch der Commissario per le Migrazioni e la Colonizzazione, Sergio Nannini, anwesend. Auf die Frage Cianos, ob der Vorschlag Mastromatteis, Abwanderungsämter nicht nur in Bozen, sondern auch in Meran, Brixen, Sterzing und Bruneck zu errichten, durchführbar sei, antwortet Nannini bejahend. Seine Behörde sei bereit, den Anordnungen des Außenministers zur Errichtung dieser Ämter Folge zu leisten. Am gleichen Tag, einem Montag, brachten erste ausländische Blätter wie die Neue Zürcher Zeitung Berichte über Umsiedlungspläne, am 5. Juli meldeten Radio Beromünster und Radio Straßburg, am 6. Juli der Londoner Rundfunk über Ausbürgerungs- und Umsiedlungsvorhaben. Aus Meran und Bozen kommende Reisende berichten über eine gewisse Erregung der dortigen einheimischen Bevölkerung, wissen aber über die Ursachen keine Angaben zu machen. Die Vermutung liegt nahe, daß die Erregung mit zeitlich nicht sehr weit zurückliegenden italienisch-deutschen Abmachungen über die Zukunft der deutsch- und gemischtsprachigen Gebiete südlich der Brennergrenze zusammenhängt. Einzelheiten über die getroffenen Abmachungen sind nicht bekannt, aber die Erregung der Südtiroler erklärt sich zur Genüge aus der für sie kaum noch fraglichen Notwendigkeit, in absehbarer Zeit entweder nach Deutschland oder nach einer entfernten Landesgegend Italiens auswandern zu müssen. Mastromattei ging am 6. Juli gleich zur Sache und erklärte vor dem neuernannten Federale Macola und den faschistischen Funktionären der Provinz in Bozen, daß 20.000 Südtiroler sich auf schwarzen Listen befänden, und gab entsprechende Weisungen und Informationen, die auf Parteiversammlungen in den einzelnen Gemeinden weitergereicht wurden. So z.B. bezeichnete Almo Vanelli (der am 29. Juni von Macola abgelöste Ex-Federale) in Meran die Auswanderung jener italienischer Staatsbürger deutscher Zunge als obligatorisch, deren Anwesenheit in Südtirol der Regierung unerwünscht sei, bei Weigerung sei für sie schon ein Platz „südlich des Po" bereit; in Sterzing erklärte der Podestà dem Pfarrer, es könnten nur jene wenigen Südtiroler im Lande bleiben, die unbedingte

Gewähr für italienische Gesinnung böten. Wie zum Beweis fanden am gleichen Tag, dem 6. Juli, in der Früh in Schlanders Hausdurchsuchungen bei Dr. Tinzl und anderswo bei Südtiroler Honoratioren statt. Doch vorerst waren die vielen Ausländer, von denen die meisten im Meraner Gebiet wohnten, ein Problem. Im englischen Unterhaus richtete am 10. Juli Lord Halifax schon eine Anfrage wegen Südtirol. Schließlich verfügte Mussolini am gleichen Tag die Ausweisung aller Ausländer aus der Provinz Bozen, wogegen prompt der holländische Gesandte sich in Rom sogar beim deutschen Botschafter beschwerte. Während die Ausländer vor die Tür gesetzt wurden und der Reiseverkehr aus dem Reich nach Südtirol von der deutschen Polizei gesperrt wurde, veröffentlichten die italienischen Zeitungen endlich eine erste halbamtliche Note zur Abwanderungsfrage.

Nach mehreren Treffen in Bozen kam es innerhalb der Volksgruppe noch nicht zu einer endgültigen Haltung des VKS zugunsten der Umsiedlung, doch bröckelte die bei einer gemeinsamen Besprechung am 28. Juni zwischen Vertretern des VKS und des Deutschen Verbandes um Kanonikus Gamper beschlossene einmütige Ablehnung der erzwungenen Umsiedlung allmählich ab, bis zum 2. August. An diesem Tag empfing der Reichsführer SS eine Südtiroler Abordnung, angeführt von Peter Hofer, auf seinem Jagdhaus bei Tegernsee. Zwar hieß er die Südtiroler ihre Einwände erst einmal vorbringen, um diese dann unmißverständlich vom Tisch zu wischen. Der Führer erwarte, daß für das größere Deutschland, für den künftigen Schicksalskampf des Reiches ein Opfer gebracht werde. Die Opferrolle sei Südtirol zugedacht, wie bei einem Staudammbau müßten wertvolle Gründe weichen. Den Männern vom VKS um Peter Hofer schien es nun klar, daß es keinen Weg zurück mehr gebe. Kanonikus Gamper reagierte schon am nächsten Tag im Namen der Optionsgegner erstmals öffentlich, wenn auch in vorsichtiger Art. In einem Artikel vom 3. August im „Volksboten", der die Überschrift „Portiunkula" trägt, ist eine deutliche Mahnung an die Bauern herauszulesen, in der Heimat ihrer Väter die Geschlechterreihe nicht abklingen zu lassen: So mancher Bauer, der in Gefahr gewesen sei, Haus und Hof zu „vertun", ist zurückgehalten worden durch den Gedanken, daß es das Erbe seiner Väter ist, geheiligt durch den Schweiß, den der Boden getrunken, der ihm nun als teures Vermächtnis anvertraut ist und als eine heilige Verpflichtung, ihn an Kinder und Kindeskinder weiterzugeben.

Das in Berlin geschlossene Abkommen, begann Präfekt Mastromattei seine Aufklärung in dem August-Heft der „Athesia Augusta", löst endgültig die sog. Oberetscher Frage und liefert einen neuen Beweis für die Innigkeit und Wirksamkeit der Zusammenarbeit, der die Kräfte des faschistischen Imperiums und des nationalsozialistischen Dritten Reichs zu einem einzigen Willensblock zusammenschweißt. Es handelt sich nicht um einen zwangsweisen Auszug, sondern um die Zurückberufung der deutschen Staatsbürger sowie um freie Umsiedlung jener Oberetscher deutschen Ursprungs, welche dieselbe aus freien Stücken wünschen. Im Oberetsch ist die Zeit der Unruhestiftungen, der ränkvolle Umtriebe endgültig zu Ende.

„Alle jene, welche stets Treue zu Italien und den Einrichtungen des Regimes bewiesen haben, bleiben, um im angestammten Lande ihr Tagwerk fruchtbringender Arbeit ruhig fortzusetzen. Das väterliche Wohlwollen des Duce wird ihnen beistehen wie früher."

Der Duce legte am 7. August indes der Kammer den Gesetzentwurf für den Verlust der Staatsbürgerschaft vor, wonach die Verzichtserklärung des Umsiedlungswilligen dem Präfekten zugeleitet wird, der ihm eine Bestätigung darüber ausstellt, nachdem er die Voraussetzungen der Optionsberechtigung geprüft hat. Sobald die Zustimmung von der Zuerkennung der deutschen Staatsbürgerschaft eingetroffen ist, wird die Streichung von den Listen der italienischen Staatsbürger vorgenommen. Am nächsten Tag berichteten die Zeitungen über diesen Gesetzentwurf, der die rechtliche Grundlage für die Umsiedlung darstellte. Nun schlug die Stunde für faschistische Würdenträger wie den Segretario Federale Macola, der in einer Rede in Meran am 12. August seine Amtsleiter einwies. Zunächst mahnte er zur Geduld. Die deutschen Staatsbürger müßten binnen drei Monaten, die übrigen Umsiedler innerhalb eines Jahres das Königreich verlassen. Man dürfe nicht vergessen, daß die Leute ein Paradies aufgeben müßten, in dem ihre Vorfahren tausend Jahre gelebt hätten, aber so wie bei Adam sei das die Folge einer Sünde, nämlich der, auf die italienische Staatsbürgerschaft zu verzichten. Niemand solle sich über billige Grundkäufe Illusionen machen. Jeder Grundverkehr sei blockiert, um das Eindringen von politisch unerwünschten Elementen zu verhindern. Die Eigentumsübertragungen würden nur über die ERA erfolgen, und zwar nur an Leute aus den Regionen Piemont, Lombardei, Ligurien und Venetien (was geharnischte Proteste der „Legione Trentina" hervorrief). Hauptbedingung sei, daß sie zu 100 Prozent Faschisten seien oder sich um die Nation verdient gemacht hätten. Wenn die 50.000 oder 100.000 eingewandert seien und auf dem entferntesten Hof die Trikolore wehen werde, würde auch die Aufgabe der politischen Leiter leichter werden. Wörtlich stellte er klar: „Es werden viele sein, die aus gewissen Gründen nicht die deutsche Staatsbürgerschaft anstreben können und die sich unseren Bewegungen indifferent gezeigt haben. Für diese besteht die Möglichkeit, sich in den alten Provinzen anzusiedeln, und es ist auch hier eine genaue Grenze festgelegt: Diese ist südlich des Po. Dort können sie sich niederlassen und ihre Existenz aufbauen und werden keinen Belästigungen ausgesetzt sein, soferne sie sich ruhig verhalten." Am 20. August wiederholte er dies in Brixen. Zusätzlich zum Verhalten des Präfekten, dessen sog. Klarstellung das genaue Gegenteil erreichte, trug vor allem die Meraner Rede Macolas, die in Übersetzungen verbreitet wurde, zur völligen Verunsicherung der hin- und hergerissenen Bevölkerung entscheidend bei. Daß der Begriff „deutsche Staatsbürger" (welche angeblich vor der Alternative Abwanderung südlich des Po oder Heimkehr ins Reich standen) von der deutschen Seite auf die Volksdeutschen insgesamt als angewendet verstanden wurde, machte Mastromattei dann Bene zwar zum Vorwurf, gab aber selbst keine klärende Auslegung von sich. Stimmungsberichte vom August/September an die Schweizer Gesandtschaft zeigen die Wirkung auf die Bevölkerung, die glaubt „man wird sie >nolens volens< südlich des Po abschieben. Die Art und Weise der italienischen Aktion lasse keinen anderen Schluß zu: es hätte keinen Sinn gehabt, halbe Arbeit zu leisten. Die Italiener lassen sich diese Frage nicht gern stellen: verschiedene Anzeichen lassen darauf schließen, daß man sich den Zurückgebliebenen gegenüber völlige Aktionsfreiheit vorbehält". Bei den Verhandlungen zu den Richtlinien, – die am 22. August fertiggestellt waren – wurde ebenfalls auf keine klare Lösung hingearbeitet, was vielleicht auch zusätzlich darauf zurückzuführen ist, daß Bene keine Erfahrung mit ethnischen Problemen hatte. Die italienische Seite setzte ihr unklares Verhalten fort, im großen und ganzen zeichnete sich in der Bevölkerung bereits eine leichte Tendenz zugunsten der Option ab. Mastromattei beurteilte am 20. August die Lage wie folgt:

1. Die Deutschen möchten möglichst viele Abwanderer, die dem Ruf des Führers und des Vaterlandes Folge leisten;
2. Der Klerus stemmt sich gegen jede Abwanderung;
3. Alle Besitzer warten ab und ziehen nur Erkundigungen ein;
4. Die Besitzlosen und von polizeilichen Maßnahmen Betroffenen tendieren zur Abwanderung. Er hoffe, schrieb Mastromattei nach Rom, auf sofortige Abwanderung von 30.000 und auf Erhöhung „durch geeignete Maßnahmen" in der nächsten Zeit.

Am 15. September wurden die Amtlichen Deutschen Ein- und Rückwanderungsstellen (ADERSt) mit Hauptstelle in Bozen und Zweigstellen in Bozen, Meran, Brixen, Sterzing und Bruneck eröffnet (sowie Tarvis im Kanaltal, das auch zum sog. Vertragsgebiet gehörte).

Die Zweigstelle Meran befand sich im Hotel Bristol und wurde vom NSDAP-Mitglied Otto Vonier geleitet. Die Tatsache, daß man sich nach so langer Zeit wieder an eine deutschsprachige Behörde wenden konnte, hatte eine psychologisch nicht zu unterschätzende Wirkung. Es blieb natürlich nicht aus, daß Tausende von Fragen sofort an diese Stellen und deren Beamte gerichtet wurden. Am 30. August war bereits die Hauptkommission für die Wertfestsetzung feierlich eingesetzt worden.

Inzwischen war am 1. September mit dem Angriff auf Polen der Krieg ausgebrochen. Die Umsiedlungsfrage erhielt plötzlich eine andere Gewichtung. War bis dahin, in Friedenszeiten vereinbart, die Volksgruppe nach der durch den Stahlpakt vom Mai 1939 erfolgten engen Bindung zweier Staaten vordergründig die Lösung eines bilateralen Problems gewesen, so stellte nunmehr das einseitige Vorgehen Hitlers, das sich auch im Pakt mit Stalin widerspiegelte, den von allem nicht zuvor informierten italienischen Diktator vor ein Dilemma, auf das er vorerst durch die Erklärung der „non belligeranza" reagierte. Prompt wirkt sich das auf die deutsch-italienischen Umsiedlungsgespräche aus, als etwa bei den zwischenstaatlichen Verhandlungen am 11.-13. September der Gesandte Clodius seinem italienischen Kollegen Giannini andeutete, man möchte deutscherseits die Aussiedlung der Südtiroler bis Kriegsende vertagen. Ciano erinnerte sich sogleich an eine beachtenswerte Bemerkung, die Hitler auf dem Obersalzberg am 12. August ihm gegenüber zweimal gemacht hatte, nämlich: der Verzicht auf Südtirol habe sein Prestige berührt. Himmlers Freund und Kollege, Polizeichef Arturo Bocchini beklagte sich ebenfalls in einem Schreiben vom 18. September, daß von der vereinbarten Abwanderung praktisch noch nichts verwirklicht sei und auch die Übernahme der 2000 volksdeutschen Soldaten, die vom italienischen Kriegsministerium bereits entlassen waren, noch nicht erfolgt sei. Der Reichsführer SS, der gerade in Polen überaus beschäftigt war, ließ durch seinen römischen Vertreter, den SS-Sturmbannführer Eugen Dollmann, mitteilen, er würde gerne sobald als möglich mit Bocchini persönlich verhandeln.

Die Bewegung Peter Hofers hatte nach längerer Vorbereitung und durch Bildung von Ortsräten eine Art Vorentscheidung in die Wege geleitet. Am 24. September trafen sich in geheimen Versammlungen in allen Teilen des Landes etwa 9.000 Südtiroler und beschlossen, die deutschen Stellen von ihrer Opferbereitschaft zur Option und Auswanderung zwecks Rettung ihres Volkstums zu verständigen. Am 26. und 27. September überreichten Abordnungen aller Südtiroler Gemeinden bei den ADEuRSt-Stellen eine diesbezügliche Denkschrift, welche auf das Unrecht von St. Germain hinwies und mit den Worten schloß: „Unser höchstes Gebot ist immer die Treue zum deutschen Volk."

Die italienischen Behörden, welche seit dem 23. Juni wieder 150 Südtiroler aus politischen Gründen verhaftet hatten und weiteren Druck ausübten, merkten lange nicht, daß inzwischen eine Optionslawine langsam aber sicher in Position gebracht war. Eine neue Vorschrift, daß das weibliche Personal der Gasthäuser und Hotels sofort zu entlassen und durch männliches aus Oberitalien zu ersetzen sei, bestärkte den Verdacht, man werde nun der einheimischen Bevölkerung die Existenzmöglichkeit nehmen und sie hinausdrängen.

Der Präfekt erklärte dann selbst in einem Artikel im Oktoberheft der „Athesia Augusta": „Den Hiesigen wird also der Wechsel der Staatsbürgerschaft nicht geboten, noch auch wird einer von ihnen gezwungen, das Alto Adige zu verlassen, wie auch jene, die treue italienische Staatsbürger bleiben wollen, nicht nach anderen Provinzen oder nach den Überseeprovinzen abgeschoben werden." Dennoch war die italienische Linie nicht einheitlich. Etwa wenn der politische Sekretär Carlo Barbieri in Meran am 16. Oktober vor den Meraner Studenten sagte, jeder könne zwar freiwillig die Staatsbürgerschaft wechseln, wer aber in Italien bleibe, der muß seine Liebe zu Italien beweisen und mit ganzem Herzen Faschist sein. Ist er das nicht, wird er in jene Gebiete geschickt werden, wo die Malaria herrscht.

Auch diese Rede schlug ein. Der Text wurde mitgeschrieben und vervielfältigt; die Verunsicherung der Bevölkerung hatte einen neuen Höhepunkt erreicht, wozu vor allem auch der fehlende Konsens über den Optionstermin beitrug, denn niemand wußte noch bis dahin, ob und zu welchem Zeitpunkt eine Optionserklärung für die Ablegung der italienischen Staatsangehörigkeit und die Erlangung der deutschen abzugeben sei. Schließlich fand das nun als dringender denn je erscheinende Treffen zwischen den beiden befreundeten Polizeichefs vom 11. bis zum 13. Oktober in Tremezzo am Comer See statt. Der mit neuen Vollmachten im Zuge der Baltendeutschen-Umsiedlung ausgestattete, am 7. Oktober zum Reichskommissar für die Festigung deutschen Volkstums ernannte Reichsführer SS wurde von Generalkonsul Bene begleitet. Bocchini erschien in Begleitung des Bozner Präfekten. Wie es hieß, sei „eingehend und kameradschaftlich" über alle Schwierigkeiten gesprochen worden. Am Ende erklärten sich die Polizeichefs in folgenden Punkten einig, denen am Ende auch der Präfekt von Bozen zustimmte:

1. Die Berliner Vereinbarung beinhaltet nicht eine augenblickliche politische, sondern eine dauernde ethnische Lösung;
2. Um den italienischen Drängen auf Verkürzung der ursprünglich auf 31.12.1941 festgesetzten Erklärungsfrist entgegenzukommen, gestand Himmler zunächst eine Verkürzung auf 30.06.1940, dann auf 31.12.1939 zu. Mastromattei schlug

dafür vor, die Option listenmäßig und von deutschen und italienischen Beamten gemeinsam durchführen zu lassen, und Himmler sah dies als wesentlich für die Fristenverkürzung an.
3. Verhaftungen sollten aus politischen Gründen nicht mehr erfolgen, auch die Propaganda für oder gegen die Umsiedlung sollte unterbleiben.

Bei seiner Rückkehr vom Comer See empfing Himmler einige Vertreter der Optantenbewegung, die in seinem Sonderwaggon von Verona bis Bozen mitfahren durften und sagte ihnen wiederum, wie schon in Falepp beim Tegernsee, das geschlossene Ansiedlungsgebiet zu. Tatsächlich schickte er nach seiner Rückkehr in Deutschland eine schriftliche Zusage an Luig, daß die Südtiroler in einer geschlossenen Landschaft angesiedelt werden. Bei der Auswahl der Landschaft wird keine Entscheidung getroffen, ohne daß die Führung der Deutschen in Südtirol Gelegenheit bekommt, das Gebiet zu bereisen und ihre Meinung kund zutun. Dafür, fügte er hinzu, habe er gegenüber Exz. Bocchini klar zum Ausdruck gebracht, daß mit der vollzogenen Abwanderung der Südtiroler die Frage des deutschen Volkstums in Südtirol für das Deutsche Reich ein für alle Mal abgeschlossen sei. Am 26. Oktober wurden dann die in Rom unterzeichneten Richtlinien in den Tageszeitungen veröffentlicht. Am Tag vorher hatte Mastromattei den überraschten Bene und Luig berichtet, daß er die Optionsvordrucke mit Weisungen an die Podestàs schon verteilt hatte. Dies war ein deutlicher Bruch der Abmachungen und deutete an, daß das Geplänkel auch nach Tremezzo weiterging. Inzwischen war das Beskidengebiet in Galizien für die geschlossene Ansiedlung zum Vorschlag gekommen, und am 29. Oktober wurden die Teilnehmer für die Besichtigung schon ausgewählt. Aber auch Gauleiter Franz Hofer meldete sich und schlug – wie schon in Falepp – die Ansiedlung der Südtiroler im Gau Tirol vor. Und am 26. November berieten sich in Breslau die SS-Gruppenführer Pancke (Rasse- und Siedlungshauptamt) und von dem Bach über die Ansiedlung von Südtirolern im Kreis Saybusch.

General Wolffs Reise über Passeier nach Rom

Wolff sollte sich in Südtirol wohl möglichst nicht sehen lassen, nahm vielleicht deswegen den Weg über den Jaufenpaß. Jedenfalls war er mit Dr. Luig im Passeiertal, beide trugen sich am 12. November 1939 in das Gästebuch des Sandhofes von Andreas Hofer ein: „Karl Wolff" ohne jeden Titel. Am nächsten Tag, dem 13. November, befand sich der SS-General bereits in Rom und überreichte Himmlers persönliches Schreiben an Bocchini. Gleichzeitig startete am selben Tag eine Südtiroler Delegation von zum Bleiben Entschlossenen nach Rom, um ein klärendes Wort möglichst von Mussolini selbst zu erreichen. Die zeitliche Koinzidenz ist auffallend und führte nachträglich zu Mutmaßungen und Verdächtigungen. Vor allem glaubten die Bleiber, und bis heute wird die These noch vertreten, der in Rom befindliche Adjutant Himmlers hätte die geplante Audienz beim Duce zu verhindern versucht, und dies sei ihm schließlich auch gelungen. Tatsächlich tagte am 14. November, dem Ankunftstag der Delegation aus Südtirol, General Wolff in Begleitung von Dr. Luig und Generalkonsul Bene mit dem Innenstaatssekretär

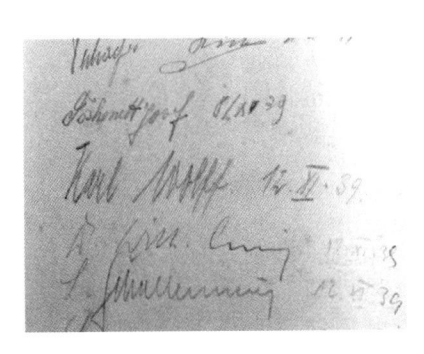

Gästebuch Sandwirt/Passeier: Eintrag General Wolff und ADERSt-Leiter Luig (Tiroler Matrikelstiftung).

Guido Buffarini-Guidi und mit Mastromattei, wobei letzterer ausgerechnet für die Südtiroler eine Audienz beim Duce vermittelt haben wollte, bei der sie die feierliche Erklärung entgegennehmen sollten, daß die Italienoptanten bzw. Bleiber in ihrer Heimat verbleiben könnten. Unter den zur Audienz Geladenen befanden sich neben Baron Sternbach aus Bruneck, dem ehemaligen Parlamentarier in Rom, Graf Toggenburg auch der Bischof von Brixen. Einige befanden sich am 14. November schon in Rom, unter ihnen der spätere Bürgermeister Josef Gamper von St. Pankraz/Ulten und Kanonikus Gamper selbst, als Baron Sternbach ihnen nur die enttäuschende Nachricht geben konnte, die Audienz finde nicht statt. Ob dies auf Betreiben Himmlers geschehen ist, läßt sich nicht klären, ist aber fraglich. Auf keinen Fall hätte das etwas geändert. Denn hatte Mussolini wirklich vor, den zum Bleiben Entschlossenen eine Zusicherung, ein klärendes Wort zu gewähren? Wie sehr dies, jedenfalls aus der Sicht des Duce, zu diesem Zeitpunkt noch verfrüht gewesen wäre, zeigt der Verlauf der Gespräche vom 14./15. November. Während die Südtiroler Delegation bereits heimfahren mußte, führte Gruppenführer Wolff im Innenministerium eine gemeinsame Aussprache mit Staatssekretär Buffarini-Guidi und Bocchini. Auch Bene, Luig und Mastromattei waren zugegen. Himmler hatte in seinem Schreiben, das Wolff am Vortag überreicht hatte, gegen die Optionssabotage durch Mastromattei protestiert. Es kam zu einem scharf geführten Gespräch, das nach mehreren Zusammenstößen zwischen Wolff und Mastromattei abzubrechen drohte. Dazwischen rief Wolff bei Himmler in Berlin an, der ihm die Abreise noch für denselben Abend befahl; der SS-General war schon beim Kofferpacken, als es doch zu einem Einlenken der italienischen Seite kam und zu vertraulichen Abmachungen, in erster Linie über die Freilassung sämtlicher, seit Tremezzo verhafteten Südtiroler. Um die freie Entscheidung zu ermöglichen, solle zudem jede Art von Propaganda, gleich welcher Seite, unterbleiben. Neben diesem sog. „gentlemen's agreement" wurden die inzwischen dringend notwendig gewordenen „Erläuterungen zu den Richtlinien" vereinbart. Nachdem sich die von Bene ausgearbeiteten und von der italienischen Seite mehr oder weniger übernommenen Richtlinien als unklar und lückenhaft herausgestellt hatten, gab es nun durch die Erläuterungen erst die klare Aussage über die Tragweite der Optionsentscheidung: es wird keine Frage der ethnischen Minderheit in Südtirol mehr geben! Weder für das Reich noch für Italien, wo mit Datum 27. November ein Gesetz zur Umwandlung des ERA in ein Ente Nazionale per le Tre Venezie mit erweiterten Enteignungsvollmachten herauskam! Die einzige ernst zu nehmende Klärung über die Zukunft der Bleiber hätte vom Duce selbst ausgehen müssen. Statt dessen wurde nur eine von Bene-Luig und Mastromattei-Marzano unterfertigte Erklärung am 17. November 1939 herausgegeben: Wer sich für die Beibehaltung der italienischen Staatsbürgerschaft entschließt und dadurch beweist, daß er sich als Italiener fühlt und für immer ein treuer Bürger des Regno sein will, wird in seinem Geburts- und Wohnort bleiben können. Der vielleicht wichtigste Beweggrund für das Bleiben im Lande, die Garantieerklärung des italienischen Diktators für das bedingungsfreie Verbleiben der Nichtoptanten in ihren Häusern und auf ihren Höfen, war damit weggefallen. Galt es für die Bleiber, diesen Rückschlag zu verkraften, so wurden inzwischen zwei weitere Motive für die Option hervorgebracht, die beide auf dem Pfeiler der Hoffnung auf eine a priori undurchführbare, nicht vollziehbare Umsiedlung beruhten:

1. Als der günstige Umrechnungskurs von 4,50 Lire für 1 Reichsmark zwischen den Vertragspartnern zur Ablöse des Südtiroler Vermögens vereinbart wurde, schien bei genauerem Hinsehen eine Übernahme des gesamten Optantenbesitzes bei (allerdings geschlossener) Option für Deutschland nicht mehr denkbar. Selbst im römischen Finanzministerium ergaben die internen Berechnungen zum Wert des Südtiroler Volksvermögens einen unvorstellbaren Betrag. Dies wiederum schien ein Grund mehr zu sein, zu optieren. Wenn möglichst alle Besitzer im Lande sich anschlössen, sei de facto die Umsiedlung an diesem schwer zu überwindenden Hindernis der Liquidierung der Vermögen zu Fall zu bringen.

2. Die lückenlose Option für Deutschland, propagierten Peter Hofer und seine Leute, sei aber auch die Voraussetzung für die Abwanderung in ein von Himmler zugesagtes geschlossenes Ansiedlungsgebiet. Wann dieses Ansiedlungsgebiet gefunden werde, sei nicht klar. Solange es nicht ausgewiesen sei, sei an eine Abwanderung der Volksgruppe in geregelten Bahnen nicht zu denken. Außerdem sei es für die Südtiroler ja wichtig, als Stamm zusammenzubleiben.

Vonier – Memorandum der Südtiroler Gemeinschaft

In seinem in den 1960er Jahren erschienenen „Memorandum der Südtiroler Gemeinschaft der Umsiedlungsgeschädigten" schrieb Vonier zum Umsiedlungsabkommen aus seiner Sicht:

„Die Vereinbarung in Berlin vom 23. Juni 1939 und das darauf folgende Abkommen zwischen der deutschen und italienischen Regierung, gefertigt in Rom am 21. Oktober 1939, hatte zum Ziel, eine endgültige und vollständige völkische Lösung der Frage des Alto Adige zu erreichen, sodaß es nach der Durchführung der Abwanderung, auf Grund dieser Vereinbarungen eine Frage der ethnischen Minderheit im Alto Adige nicht mehr hätte geben sollen.

Wer in den Vertragsgebieten lebte und daher stammte und zur Zeit die italienische Staatsbürgerschaft besaß, sich aber zum deutschen Volk gehörig betrachtete, mußte sich bis zum 31. Dezember 1939 entscheiden ob er italienischer Staatsbürger bleiben, oder die deutsche Staatsbürgerschaft erwerben und mithin in das deutsche Reich abwandern wollte.

Wer sich für die Beibehaltung der italienischen Staatsbürgerschaft entschloß und dadurch bewies, daß er ein treuer Bürger des damaligen Königreichs bleiben wolle, sollte in seinem Geburts- und Wohnort bleiben und ohne jede Einschränkung die vollen Rechte der italienischen Staatsbürgerschaft genießen können.

Es wurde bestätigt, daß alle, die italienische Staatsbürger bleiben wollten, weiterhin im Alto Adige verbleiben können. Die Abwanderung der Volksdeutschen war somit freiwillig. Nach erfolgter Option und Einbürgerung sollte die Abwanderung bis 31. Dezember 1942 vollzogen sein. Eine geschlossene Ansiedlung im Reich war versprochen worden, um den Abwandernden das Verlassen ihrer Heimat leichter zu machen. Die s.Zt. im Alto Adige lebenden Reichsdeutschen und Österreicher hatten keine Wahl. Die Abwanderung derselben war Pflicht, sie hatten nach Ablösung ihrer Vermögenswerte binnen 3 Monaten ins Reich abzuwandern."

Damit hielt er sich noch lange nach dem Krieg mehr oder weniger an die offizielle Version der deutschen und italienischen Behörden. Sicher war dies kein gangbarer Weg, um an eine Umsiedlungsentschädigung heranzukommen.

Ein argentinischer Militär beobachtet

Am 1. Juli 1939, zwei Tage nach Bekanntwerden des Umsiedlungsabkommens, stellt sich ein argentinischer Oberstleutnant bei der II. Divisione Alpina Tridentina vor. Sein geplantes Erscheinen hat allerdings keinen Zusammenhang mit dem Optionsgeschehen, der Name des Offiziers, der von Rom aus als Militärattachè an die 1935 in Meran gegründete Alpinidivision entsandt wurde, war Juan Domingo Peron, der vor seiner Ankunft in Italien Militärattaché in Chile war, wo er in einen ungeklärten Spionagefall verwickelt war. Nach Italien wurde der argentinische Offizier angeblich geschickt, um die Verhältnisse in den beiden Achsenmächten auszuloten, da ein kriegerischer Konflikt, jedenfalls von argentinischer Militärseite aus, als wahrscheinlich, ja sicher angesehen wurde. Von 1937 bis 1939 hielt sich Peron in Italien auf, bis er dann Militärattaché in Berlin wurde.

Seinen Kollegen der Tridentina soll er es nicht verschwiegen haben: er werde eines Tages Präsident Argentiniens sein. In Meran hielt er sich bis Anfang Oktober 1939 auf. Unterkunft fand er in einer Wohnung mit 3 Zimmern und Blick auf den Pfarrplatz. Am 24. Juli war er im Pflerschtal bei Sommer-Manövern des Battaillons Tirano mit der 32. Batteria Alpina. Im August befand er sich im Schnalstal in Kurzras und auf der Schönblickhütte. An Manövern auf der Seiser Alm nahm er auch teil. Am letzten Tag seines Aufenthalts in Meran war das Pferderennen zum „Großen Preis von Meran" an dem wie üblich viel Prominenz, an der Spitze Parteisekretär Achille Starace sich zeigte. Peron selbst, der zufällig an diesem Tag Geburtstag hatte, hielt sich abseits von der Ehrentribüne. Der Aufmarsch konnte ihm durchaus gefallen, wie er überhaupt die Zeremonien des faschistischen Staates schätzen lernte. Am nächsten Tag, den 9. Oktober 1939, wurde er nach Chieti versetzt. Da der italienische Militär-Geheimdienst SIM herausgefunden hatte, daß es ihm weniger um militärtechnische Fortbildung, mehr um Spionagetätigkeit ging, wollte man ihn in Rom nicht dulden und sandte ihn nach Aosta an die Alpine Militärschule, erst ab Juni bis Oktober 1940 war er in Rom an der argentinischen Botschaft. Im Juli soll er von Mussolini in der Sala der Mappamondo, seinem Büro, empfangen worden sein.

Ende des Jahres 1940 soll er nach Aufenthalten in Berlin, Budapest und Albanien nach Buenos Aires zurückgekehrt sein. Am 4. Juni 1946 wird er – wie von ihm vorausgesagt – Präsident der Republik Argentinien. Ein Anhänger, ja Bewunderer des faschistischen und nationalsozialistischen Regimes wird er auch nach dem Krieg bleiben. Argentinien wird unter seiner Präsidentschaft zum Zufluchtsort zahlreicher Vertreter dieser beiden und anderer europäischer Diktaturen.

Ein bekannter Auswanderer nach Argentinien ist der in Meran am 19. April 1888 geborene Prähistoriker Oswald Menghin, der 1931 mit seiner „Weltgeschichte der Steinzeit" internationales Aufsehen erregt hatte, indem er die Kulturkreislehre auf die Prähistorie anwendete und versuchte die gesamte Kultur der Steinzeit zusammenfassend darzustellen. Menghin hatte das Benediktiner Gymnasium in Meran bis zur Matura 1906 besucht und an der Universität Wien in Archäologie promoviert. 1903 war er schon Privatdozent für Prähistorische Archäologie in Wien und 1922 ordentlicher Professor für Urgeschichte. An der Universität Kairo unterrichtete er von 1930-1933 und wurde 1935-1936 Rektor der Universität Wien. Nach dem Anschluß Österreichs an das Dritte Reich trat er als Minister für Kultus und Unterricht in das Ministerium Seyß-Inquart ein. Er galt als der Organisator der Akademischen Gleichschaltung in das Dritte Reich. Wegen seiner allerdings kurzen Ministertätigkeit wurde er 1945 fristlos aus dem österreichischen Staatsdienst entlassen, und bis Februar 1947 von den Amerikanern interniert. 1948 gelang ihm die Übersiedlung nach Argentinien, wo er bis zu seinem Tode 1972 verblieb.

Er bekam einen Lehrstuhl für „Prehistoria" an der Universität Buenos Aires und ab 1957 an der Universität La Plata. Bereits 1908-1914 hatte er sich an Ausgrabungen in Völlan (am Kobaltbühel) und in Tisens (St. Hipolyt) beteiligt und die Südtiroler Wallburgen ausgiebig erforscht. An der Deutschen Kulturkommission nahm er als Berater ab 1940 teil.

Den Ausgrabungen in Südtirol, die seine ersten waren, folgten Grabungen und Feldforschungen in Ober- und Niederösterreich, Kärnten, Ägypten, Nordtirol (Berg Isel) und Osttirol, Argentinien (Patagonien, Salta, Rio Negro) und Chile.

Po-Linie

Ob der Vorwurf an Bene, Urheber des Gerüchts über die totale Aussiedlung zu sein, berechtigt ist, könnte nur durch genaue Kenntnis des Textes der Meraner Rede beantwortet werden. In seinen Erinnerungen, die er nach dem Kriege niederschrieb, hielt er sich bedeckt. Er habe die reichsdeutschen Parteifunktionäre über den „Führerbefehl" informiert. Doch die Neue Zürcher Zeitung ließ in ihrer Ausgabe vom 3. Juli keinen Zweifel, daß die Entfernung der Bevölkerung aus der Provinz jedenfalls geplant sei. Die Journalisten der NZZ beriefen sich auf zuverlässige Quellen in Südtirol, die durch einen Anruf des Mailänder NZZ-Korrespondenten beim deutschen Generalkonsulat bestätigt wurden: es sei die Umsiedlung der Bevölkerung insgesamt, nicht nur die Ausweisung der Reichsdeutschen geplant.

Über Benes Aussage bei seiner Meraner Konferenz fehlt mangels Protokolle endgültige Klarheit. Sollte er auf die Umsiedlung der ganzen Bevölkerung, also auch jener, die nicht zur Option bereit seien, angespielt haben, so ließe sich der Schwenk des VKS von entschiedener Ablehnung der Umsiedlung zu freilich zähneknirschender Bereitschaft, die Abwanderung in Kauf zu nehmen, am ehesten erklären. Sicher ist aber nur, daß die NZZ am 3. Juli die Nachricht mit der Schlagzeile „Umsiedlung der deutschsprachigen Südtiroler?" brachte und sich dann mit Recht rühmte, sie als erste Zeitung der Welt gebracht zu haben. Bene selbst meinte dazu, es hätte seines Erachtens kein besseres Mittel gegeben als über die in Bozen (und Meran) erhältlichen und viel gelesenen Schweizer Zeitungen die Nachricht zu lancieren. Der vielgehörte Schweizer Sender Radio Beromünster berichtete auch am 5. Juli vom Plan einer Umsiedlung der in Südtirol verbleibenden Südtiroler nach Süditalien.

Es mag sein, daß das ursprüngliche Gerücht somit von deutscher Seite, also von Bene, den Ursprung nimmt. Maßgeblich war wohl die von Mastromattei vorgegebene Richtung. Nachdem er am 6. Juli von den schwarzen Listen gesprochen hatte, wurden in den Versammlungen des PNF in den folgenden Tagen und Wochen die Weisungen erteilt. Gebot der Stunde schien dem Präfekten Mastromattei, wie aus seinem Rechenschaftsbericht an den Duce vom 9. Jänner 1940 hervorgeht, durch geeignete Maßnahmen und Gesetze die Situation zu kontrollieren. Die Untätigkeit der deutschen Seite im Sommer 1939 habe zwar noch einmal alles in Frage gestellt, seine Politik des Zwietrachtstreuens und der Verunsicherung aber habe ihre Früchte getragen. Denn eine kompakte Volksgruppe an dieser heiklen Grenzzone hätte auf immer für Probleme gesorgt, also mußte sie zerschlagen und aufgerieben werden.

In der „Chiarificazione" vom 5. August 1939 sprach Mastromattei freilich von jenen, die „stets Treue zu Italien und den Einrichtungen des Regimes bewiesen haben" und darum im Lande bleiben könnten. Dies mußte aber so verstanden werden, daß die Mehrheit der Südtiroler nicht im Lande bleiben dürfe, so oder so. Deutlicher drückte sich der Federale Macola am 12. August in Meran aus, indem er die Po-Linie in den Raum stellte.

Vorläufiges Ergebnis der Option im Burggrafenamt zum 31. Dezember 1939

Gemeinden	dt. Einwohner	Optanten für Deutschland	Optanten für Italien bzw. keine Erklärung	Prozentsatz dt. Einw.
Stadt Meran	13.555	12.128	1.427	88,9 %
Schenna	1.805	1.685	120	93,3 %
Dorf Tirol	1.644	1.524	120	92,7 %
Riffian	970	916	54	94,4 %
Burgstall	1.613	1.257	356	77,9 %
Tisens	1.985	1.814	171	91,4 %
Lana	4.563	4.108	455	90,0 %
Ulten	4.070	3.376	694	82,9 %
Tscherms	742	723	19	97,4 %
Marling	1.591	1.537	54	96,6 %
Algund	2.508	2.273	235	90,6 %
Nals	1.238	1.082	156	87,4 %
Option im Passeier				
St. Leonhard i. P.	3.859	3.451	408	89,4 %
Moos/Platt i. P.	1.600	1.448	152	90,5 %
Option Deutschnonsberg				
Laurein/Proveis	929	643	286	69,2 %
St. Felix/U.l.Frau i. W.	574	431	143	75,2 %
	43.246	**38.396**	**4.850**	**88,8 %**

*Deutscher Sprachunterricht
für Optantenkinder 1940
(Regele, Bozen).*

Die Lage der Reichsdeutschen und Ausländer nach dem Berliner Abkommen

Am 10. Juli 1939 verfügte Mussolini die Ausweisung aller Ausländer aus der Provinz Bozen. Innerhalb von 48 Stunden sollten sie das Land Richtung Ausland oder Altitalien verlassen. Die Nachricht schlug wie eine Bombe ein. Unklar war, ob diese Maßnahme für Ausländer von sog. Drittstaaten gelte oder auf reichsdeutsche Gäste und Touristen ausgedehnt werden könne. Der holländische Gesandte protestierte noch am gleichen Tage in Rom. Immerhin waren etliche holländische Staatsbürger im Meraner Gebiet betroffen. Auch der Schweizer Gesandte sprach in Rom bei Staatssekretär Bastianini vor, berief sich vergeblich auf den italienisch-schweizerischen Niederlassungsvertrag von 1849. Das Politische Departement von Bern sandte den Handelsattaché der Botschaft nach Bozen, um die insgesamt 250 Schweizer zu vertreten. Freundlich wurde ihm in der Präfektur erklärt, daß seinen Landsleuten das ganze übrige Italien offenstehe. Wie die Baseler Nationalzeitung am 13. Juli schrieb, „änderte das nichts an der Tatsache, daß sie ihre Existenz verlieren. Vergegenwärtigen wir uns doch nur, was das für ein Trost wäre, wenn wir in der Schweiz selbst jemandem sagen würden, er möge Wohnsitz und Stelle in Basel aufgeben, er könne sich ja vielleicht im Wallis, im Berngebiet oder in Graubünden niederlassen! Die meisten Existenzen sind doch örtlich gebunden, und wer in Südtirol heute eine Beschäftigung aufgeben muß, hat keinerlei Garantie dafür, daß dann in der Toskana, in Kalabrien oder in Sizilien ein ebenso guter Platz, wenn überhaupt eine Stelle, für ihn offen sei."

Die „Neue Zürcher Zeitung" vom gleichen Tag äußerte ihre Verwunderung darüber, daß zu den „unerwünschten" Ausländern neben Franzosen und Engländern auch Schweizer und Holländer oder andere zählen sollten, wo es doch angeblich nur um einige Dutzend unruhige französisch-englische Elemente gehen soll.

Die Frage blieb, ob nicht auch reichsdeutsche Gäste und Ansässige betroffen waren. Nach deutscher Auffassung, so Generalkonsul Bene, würden die Abmachungen von Berlin dagegensprechen. Bene selbst ließ sich schließlich am 13. Juli vom Vizepräfekten bestätigen, daß die Sommergäste aus dem Reich verbleiben können. Doch erst nach einem Vortrag beim Duce persönlich, klärte Cianos Unterstaatssekretär Giuseppe Bastianini, daß die Maßnahmen endgültig nicht für die reichsdeutschen Gäste gelten. Vereinzelt kam es nach wie vor zu Aufforderungen an deutsche Touristen, das Land zu verlassen.

In der Gegend von Meran waren besonders viele Ausländer betroffen, darunter gebürtige Deutsche, die eine andere Staatsbürgerschaft hatten. So beschwerte sich Prof. *Ludwig Becker* von der Universität Glasgow beim Auswärtigen Amt in Berlin. Er hatte in seinem Wohnsitz im Walterhof in Algund mit seiner Ehefrau die Aufforderung erhalten, innerhalb von 48 Stunden abzureisen. Der in Wesel geborene, fast achtzigjährige Astronom wirkte als Wissenschaftler seit 37 Jahren in Schottland und war nach eigenen Angaben während des 1. Weltkrieges, obwohl englischer Staatsbürger, als feindlicher Ausländer behandelt worden. 1929 hatte er die preußische Staatsbürgerschaft wiedererlangt, ohne seinen britischen Paß abzugeben. Generalkonsul Bene, dem das Gesuch an seinem Aufenthaltsort im Hotel Greif in Bozen überreicht wurde, riet dem Auswärtigen Amt, Prof. Becker in die Kategorie der reichsdeutschen Rückwanderer fallen zu lassen, sodaß er nicht sofort abreisen mußte.

Gerade die vorgesehene Abwanderung sämtlicher deutscher Reichsbürger innerhalb der kurzen Frist von 3 Monaten, wie in Berlin am 23. Juni beschlossen, hatte in Meran Aufsehen erregt, wo besonders viele Reichsdeutsche wohnhaft waren. Gemäß Berliner Protokoll sollte ihnen die Pension gestrichen werden, falls sie nicht ausreisen. Erst im Oktober wurde geklärt, daß die 3 Monate ab Veröffentlichung der Richtlinien, also am 26. Oktober 1939, ablaufen. Die Deutsche Botschaft in Rom erhielt Anfragen deutscher Bürger, wie sie sich verhalten sollten, wobei auch Briefe verzweifelten Inhaltes eingingen. So suchte der in Rom ansässige deutsche Staatsbürger *Rudolf Briza* die Botschaft auf, um auf die Situation seiner Mutter hinzuweisen, die vor einigen Jahren für ihren Lebensabend in Meran ein kleines Haus erworben habe. Man möge doch der Mutter dieses Haus belassen und auch den Wohnsitz in Meran. Schließlich seien seine Eltern seit 1901 in Meran niedergelassen, der Vater habe mit dem Friedensvertrag von St. Germain die österreichische Staatsbürgerschaft beibehalten und sei durch den Anschluß deutscher Staatsbürger geworden. Auch nach dem Tode des Vaters sei seine Mutter in Meran geblieben. Sie liebe diese Stadt; dort befinde sich das Grab ihres Gatten, und das Klima Merans sei für ihre Gesundheit sehr bekömmlich. Er selbst arbeite in Rom und würde seine Mutter durch Geldzuwendungen unterhalten, was nach einer Übersiedlung wegen der bestehenden Devisenvorschriften nicht mehr möglich sei. Dazu gab es Anfragen von Deutschen, die im Reich lebten und ein Haus in Südtirol besaßen, das sie nur während der Ferien benützten. Die desillusionierende Anwort der Botschaft war, daß im Rahmen der Umsiedlung aus dem Südtiroler Gebiete grundsätzlich das gesamte deutsche Eigentum liquidiert werden soll. Anträge auf Erwerb der deutschen Staatsangehörigkeit gingen aber nicht nur von Südtirolern aus. Der römische Korrespondent der „Berliner Börsenzeitung", *Ferdinand Oskar Freiherr von Cles*, am 24. Juni 1907 in Hall in Tirol geboren und italienischer Staatsbürger, hatte bereits im Mai 1939 einen Einbürgerungsantrag an die Deutsche Botschaft in Rom gestellt. Dieser Antrag wurde an die Südtiroler Umsiedlungsstelle weitergereicht, obwohl er im Gegensatz zu seinem in Cagnó bei Cles geborenen und in Meran ansässigen Vater, Ferdinand Maria von Cles, von der Umsiedlung nicht betroffen war: denn der Sohn war weder im Umsiedlungs- bzw. Vertragsgebiet geboren noch dort bei Abschluß des Optionsabkommens wohnhaft, während der Vater zwar nicht im Vertragsgebiet geboren (das italienischsprachige Nonsberg zählte nicht dazu), dort aber wohnhaft war und daher die Möglichkeit wahrnehmen konnte, durch Option die deutsche Staatsangehörigkeit zu erlangen. Allerdings gab es – wie so häufig – Einwendungen der italienischen Seite gegen diese Option für Deutschland eines gebürtigen Nonsbergers, die aber nicht verhinderten, daß Ferdinand von Cles senior letztendlich seine Entscheidung anerkannt bekam. Dagegen mußte der Sohn, wie jeder andere, der die deutsche Staatsangehörigkeit erlangen wollte, einen ordentlichen Einbürgerungsantrag stellen. Diesen durfte er nicht an die Umsiedlungsstelle ADERSt richten, sondern an die Deutsche Botschaft, was er für sich, seine Ehefrau, die Schriftstellerin Sibylle von Reden, und seine Tochter Irene Sibylle denn auch tat. Erst im April 1941 erhielt er nach Befürwortung der deutschen Konsulatsbehörde und, wie es hieß, im Hinblick auf seine Deutschstämmigkeit auf Grund des § 33 Nr. 2 des Reichs- und Staatsangehörigkeitsgesetzes vom 22. Juli 1913 die Reichsangehörigkeit verliehen (und wurde gleich eingezogen).

Sibylle von Reden, die in Rom Frühgeschichte bei dem großen deutschen Gelehrten Ludwig Curtius studiert hatte, veröffentlichte nach dem Krieg mehrere Bücher zu archäologischen Themen, so über die Etrusker („Das versunkene Volk", 1949, in 8 Sprachen übersetzt), die „Welt der Phönizier" und die „Megalithkulturen".

Von 1944-1947 wohnte das Ehepaar in Meran, nachdem Ferdinand von Cles als Angehöriger der deutschen Botschaft von Rom – er war 1943 zum Assistenten des Presseattachés und Referenten für Kirchenpolitik ernannt worden – an den Gardasee nach Fasano und schließlich nach Meran gelangt war. Zeitweise lebten sie auch auf Schloß Cles am Nonsberg. Nach dem Krieg verfaßte Ferdinand von Cles einen Roman „Wege durch den Schatten" (Ullstein-Verlag 1948), in dem er seine Erlebnisse während der Kriegszeit, einschließlich des Prozesses gegen die „Verräter von Verona", verarbeitete und wurde dann u.a. außenpolitischer Leitartikler und seit 1951 Korrespondent der Wiener „Presse" in Bonn.

Der deutsche Westfeldzug im Mai und Juni 1940 mit der Invasion der Benelux-Staaten hatte dann noch deren Staatsbürger, die in Italien weilten, überrascht. So war eine Holländerin Ende Mai 1940 für einige Wochen im Hotel Excelsior in Meran gelandet, eine Frau *van Voorthuysen* aus Scheveningen, die, mit einem deutschen Visum versehen, am Tage des deutschen Einmarschs in Holland ihre in Turin lebende Tochter besucht hatte. Der S.D. in Mailand hatte ihr geraten, in Südtirol auf das Rückreisevisum zu warten, da sie dort ruhiger und billiger leben könnte als in Mailand, zumal nicht mehr das niederländische, sondern das deutsche Konsulat nunmehr für sie zuständig war.

Der in Rom wohnhafte, als dänischer Staatsbürger 1903 in Meran geborene *Rudolf Mohr*, suchte am 30. August 1940 um die Verleihung der deutschen Staatsbürgerschaft an, wobei er an Eides statt versicherte, daß sämtliche Vorfahren seiner Familie und die seiner Frau arisch seien. Die Familie sei aus Deutschland im 19. Jh. in Dänemark eingewandert. Er habe die evangelische private Volksschule und die Oberrealschule in Meran besucht und das Maturadiplom erlangt. In den Jahren 1922-24 war er Lehrer an der evangelischen Privatschule und dann Privatlehrer in Meran bis 1931. Er leitete nach eigenen Angaben das Kinderturnen des deutschen Turnvereins und nahm als Vertreter Merans an der Tagung des VDA (Verein für das Deutschtum im Ausland) 1925 in Münster/Westfalen teil. Später wurde er Mitarbeiter des späteren VDA-Stabschefs Dr. Rolf Hillebrand in der Meraner Jugendorganisation. Als führender Mitarbeiter und Ausschußmitglied der Meraner

Urania, des 1923 entstandenen Volksbildungsvereins, unternahm er Vortragsreisen nach Deutschland und Österreich. 1931 wurde er, wie er berichtete, im Einverständnis mit Rolf Hillebrand, – in dessen Auftrag er auch für die „Dolomiten" schrieb -, Redakteur der „Italienzeitung Rom", wirkte in der ewigen Stadt allerdings hauptsächlich als Deutschlehrer am Kriegsministerium, wo er seit März 1939 die Sprachkurse für die Offiziere des Kabinetts des Ministers, des Generalstabs der Divisionsinspektorate und der Generaldirektionen des Heeres leitete. Auch der Staatssekretär im Kriegsministerium Cariani nahm bei ihm Deutschunterricht. Für sein Lehrbuch „La lingua tedesca per gli italiani" (Verlag Signorelli Rom 1938) erhielt er von Mussolini ein Anerkennungstelegramm. Im Juni 1940 übernahm er den neugeschaffenen permanenten Deutschkurs für die Offiziere des Lehrkörpers des Istituto Superiore Tecnico Armi Edizioni.

General Haushofer als Präsident des VDA richtete am 30. Juni 1941 ein Befürwortungsschreiben an die Deutsche Botschaft in Rom, das auch zur Kenntnisnahme an den Stellvertreter des Führers, Rudolf Hess, ging. Doch Mohrs Einbürgerung ging keineswegs anstandslos über die Bühne. So gab der Ortsgruppenleiter Rom der NSDAP-Auslandsorganisation, Wolfdieter von Langen, zwar – wie er sagte – keine politische Beurteilung zur Person ab, da er als dänischer Staatsangehöriger nicht Parteimitglied war, doch stufte er ihn aus rassischen Gründen als „schlecht" ein, wofür sein „semitisches Aussehen" als Argument hinzuhalten hatte.

Ein Angriff auf das Gaststättengewerbe

Eine der einschneidensten Maßnahmen gegen den durch die Ausweisung der Ausländer bereits angeschlagenen Fremdenverkehr bildete ein Rundschreiben der faschistischen Gewerkschaften „Confederazione Fascista dei Commercianti" und „Confederazione Fascista dei Lavoratori del Commercio", das an alle Kaffeehäuser, Bars, Bierschänken, „Fiaschetterie", Restaurants, Gasthäuser und ähnliche Betriebe erging. Natürlich war vor allem der Meraner Raum betroffen. Das einheimische Personal – so die Anweisung – ist durch männliches Personal zu ersetzen, das aus Piemont, Ligurien, der Lombardei und der Venezia Euganea stammt. Innerhalb spätestens 5. September 1939 seien Gesuche zu richten mit genauer Angabe der benötigten Anzahl an Personal und deren Funktion. Die Anfragen aus den Gemeinden Meran und den umliegenden Gemeinden bis in den Vinschgau nach Schluderns und Taufers waren zu richten an die Adresse der „Unione Fascista dei Lavoratori del Commercio – Delegazione di Merano, Via Beatrice di Savoia N. 2".

„Italienfeindliches" Fest auf der Fragsburg

Das Erntedankfest auf der Fragsburg, das am Sonntag, den 1. Oktober 1939 mit über 1000 Personen abgehalten wurde, verursachte Wogen der Aufregung, die bis nach Berlin reichten. Um 6.50 Uhr früh des 3. Oktober ging ein Telegramm aus Bozen nach Berlin an das Auswärtige Amt. Der Sekretär des Präfekten Mastromattei hatte sich bei Generalkonsul Bene gemeldet und gegen eine bereits stattgefundene Feier wegen deren „Italienfeindlichkeit" Meldung erstattet. Insbesondere habe – so der Sekretär – einer der Redner, Anton Steinhauser, verschiedene Aufstände der Tiroler Bauern aufgezählt und dabei unmißverständlich zugefügt, der Südtiroler Bauer sei immer und auch jetzt bereit, den Acker beiseite zu lassen, um zum Schwerte zu greifen. Als er auf die Erhebung von 1809/10 zu sprechen gekommen sei, habe die Musik das Andreas-Hofer-Lied intoniert, das von allen mitgesungen worden sei. Es liege somit eine vorbereitete, mit dem Wesen eines Erntedankfestes nicht zu vereinbarende Demonstration vor, die die Abwicklung der deutsch-italienischen Aktion stören müsse. Der Präfekt habe daher den Vorfall sogleich nach Rom gemeldet. Er bittet um strenge Massnahmen gegen Vonier wie auch gegen Steinhauser. Das beste wäre es, Vonier würde aufgefordert, das Land zu verlassen, ehe er ausgewiesen werden müsse.

Auch der Innsbrucker Gestapochef Dr. Wilhelm Harster richtete am 3. Oktober ein Fernschreiben an Himmler, das vom ADERSt-Leiter Dr. Luig mitunterzeichnet wurde: „Am 01.10.39 fand in Meran das Erntedankfest der deutschen Kolonie statt. Es wurde dabei ein Hörspiel aufgeführt, das markante Daten aus der Geschichte des deutschen Bauerntums brachte. Unter etwa 30 Daten wurde auch 1809 Berg Isel und 1810 Mantua ohne weitere Kommentare genannt. Dazu intonierte Musik die ersten 15 Takte des Hoferliedes. Niemand hat mitgesungen. In diesem Vorfall überblickte der überwachende Polizeibeamte eine Italien-feindliche Kundgebung und berichtete lügenhaft an den Präfekten „Hoferlied sei gesungen worden und das Wort Südtirol gebraucht worden". Präfekt hat ohne weiteres Nachprüfung Vorfall nach Rom berichtet und dies Konsul Müller durch Sekretär mitteilen lassen. Präfekt verlangte schärfste, gröbste Unkameradschaftlichkeit. Die Aufklärung lügenhaften Berichtes durch gemeinschaftliche Einvernahme beider Beschuldigten und sonstiger Zeugen durch Präfekten, Konsul Müller und mich ohne weiteres möglich. Bei Fortsetzung dieser auch in letzter Zeit üblichen Praxis des Präfekten befürchtete Abschuß jedes brauchbaren Mannes hier. Vonier bisher immer Garant der Ruhe im Meraner Bezirk gewesen. Deshalb von mir aus als Zweigstellenleiter Meran eingesetzt. Hat bisher 1500 Reichsdeutsche abgefertigt und über 100 Volksdeutsche Anträge seit 18.9. angenommen. Steinhauser und Vonier wegen herzlicher Italienfreundlichkeit erst kürzlich Cavalieri geworden. Folgen der Wegnahme der Beiden wäre allerschärfste Beunruhigung Reichsdeutscher und Volksdeutscher, die jegliches Vertrauen zur Ehrlichkeit der anderen Seite verlieren werden.

Dann Lage für gewissenlose Hetzer so günstig wie nie bisher. Erbitte daher für Vonier persönlichen Schutz."

Der Inhalt der Ansprache von Vonier – die in ihrer Diktion einen Höhepunkt hohler Umsiedlungsrhetorik dieses Herbsts 1939 darstellt – wurde auszugsweise in einem weiteren Fernschreiben von Harster und Luig nach Berlin an SS-Obersturmbannführer Dr. Fähndrich vom Persönlichen Stab des Reichsführer SS übermittelt: „Wir stehen nun alle vor der allgemeinen Rückwanderung. Unser ganzes Denken und Trachten muss dahin gerichtet sein, den Bedürftigen, bis sie rückwandern können, die Not zu lindern und ihnen ihren Weg hinaus möglichst leicht zu machen. Das sind wir ihnen schuldig. Unser gemeinsames Leben hat uns schon so lange zu Kameraden gemacht. Sie haben alle durchweg eine harte Schule hinter sich. Sie sind wie meine Parteigenossen als Kampfnaturen und politische Soldaten unseres Führers eingetreten und haben in diesem für uns alle so schwierigen Gebiet immer Sorge getragen, daß sich hier nichts ereignete, was die Politik unseres Führers und des Duce hätte störend wirken können. Ich habe trotz dem Abbau der Kolonie unsere Organisation deshalb aufrecht erhalten, damit alles, was trotz vieler Schwierigkeiten so musterhaft aufgebaut worden ist und bis heute bestand, ganz gleich musterhaft und geordnet wieder abgebaut werden kann. Wir wollen jeden einzelnen Volksgenossen aus unseren Reihen vor Not schützen, bis er der Volksgemeinschaft im Reich unterstellt ist. Ich habe schon gesagt, *den Schlußstrich zieht der zuletzt abwandernde Parteigenosse, das habe ich mir fest vorgenommen, daß ich es selbst bin*. Und wenn ich diesen Schlußstrich einst ziehen werde, dann weiß ich, daß *dies Opfer*, das von unserer Kolonie verlangt wurde, *so gebracht worden ist, wie es der Führer* wollte. Unsere Kolonie aber wird unserem Vaterland ein wertvoller Zuwachs sein. Was unsere Volksgenossen hier gelernt und gesehen haben, können sie im Reich draußen gut verwerten."

Der Opfergedanke wird strapaziert, wie noch oft genug in den nächsten Wochen, während der aus Pirmasens gebürtige Vonier in der Rolle des „zuletzt abwandernden Parteigenossen" gleichsam als Kapitän eines sinkenden Schiffes komischer Züge nicht entbehrt.

Nicht genug damit geriet durch das Fragsburger Ereignis ein weiterer deutscher Amtsinhaber in helle Aufregung. Abteilungsleiter Heinz Winkler von der ADERSt in Bozen – der spätere Nachfolger von Dr. Luig – hatte der Veranstaltung persönlich beigewohnt und sandte das Festprogramm, den Wortlaut der Rede Voniers und den Text des Sprechchores nach Berlin an das Auswärtige Amt.

Laut Winklers Version wurde nach dem Einzug der Fahnen der Hohenfriedberger Marsch gespielt. Der stellvertretende Ortsgruppenleiter Dr. Heinrich Reitberger begrüßte, die Rede hielt Pg. Dr. Koderle und die anstößige Schlußansprache der Ortgruppenleiter Pg. Otto Vonier, dazwischen gab es musikalische Einlagen und den Sprechchor „Der heldische Bauer". Am Ende sangen alle das Deutschland- und das Horst-Wessel-Lied. Der Fahnenausmarsch erfolgte wiederum im Takte des Hohenfriedbergers. Winkler berichtete noch vom Andreas Hofer-Lied, das nach Trommelwirbel erklang. Dr. Luig sandte ein Telegramm an Himmler: „Erblicke in diesem Verhalten Präfekts gröbste Unkameradschaftlichkeit".

Unterstaatssekretär Dr. Ernst Woermann vom Auswärtigen Amt sah sich persönlich bemüht, verglich die Meldungen und stellte fest, daß der Präfekt das deutsche Konsulat falsch informiert hatte: Die Musik habe lediglich einige Takte des Andreas-Hofer-Liedes intoniert, dagegen sei dieses nicht mitgesungen worden. Der Präfekt von Bozen habe einen weitgehend lügenhaften Bericht vorgelegt. Die in dem Telegramm genannten Persönlichkeiten Vonier und Steinhauser seien durchaus bewährt und wegen ihrer italienfreundlichen Haltung kürzlich zu Cavalieri des Königreiches ernannt worden. Woermann bat den italienischen Botschafter Graf Magistrati, man möge den Vorfall nicht aufbauschen. Auch Generalkonsul Bene, der mit dem Gesandten Clodius am 4. Oktober zu den deutsch-italienischen Wirtschaftsverhandlungen nach Rom flog, wurde aufgetragen, den dort gleichfalls anwesenden Präfekten Mastromattei in diesem Sinne einzustimmen.

Unter die aufgeblähte Affäre wurde letztendlich durch ein Telegramm der NSDAP-Auslandsorganisation aus Berlin an das Konsulat in Mailand am 6. Oktober ein Schlußstrich gesetzt: „Verbiete bis auf weiteres jegliche Veranstaltungen der Parteigruppen bzw. der Reichsdeutschen im ehemaligen Südtirol. Gegen Ortsgruppenversammlungen ohne Ansprachen zur Erledigung laufender Arbeiten keine Bedenken."

Unterzeichnet hatte es Gauleiter Staatssekretär Ernst Wilhelm Bohle, der Chef der Auslandsorganisation und Vertrauter von Rudolf Hess.

Als am 10. Oktober Außenminister Ciano und Botschafter von Mackensen ihre Besprechung abhielten, ging es um strengere Kontrolle englischer Schiffe durch Italien, aber auch um die Beschleunigung der Südtirolverhandlungen. Die ominöse Veranstaltung in Fragsburg war bereits kein Thema mehr.

Einige der hier erwähnten Personen geraten noch ganz allgemein in die Schlagzeilen.

SS-Gruppenführer Dr. Wilhelm Harster – der Gestapochef von Innsbruck – wurde später „Befehlshaber der Sicherheitspolizei und der SD" in den Niederlanden. Über 70% der jüdischen Bevölkerung – mehr als in jedem anderen besetzten Staat im Westen – wurden Opfer der von ihm geleiteten Mordmaschinerie, wie Nebenklägervertreter Robert Kempner bei dem 1967 in München gegen Harster und zwei seiner Mitarbeiter angestrengten Prozeß ausführte. In der Folge des Münchner Prozesses gegen Harster wurde gegen Otto Bene von der Oberstaatsanwaltschaft Hamburg wegen seiner Berichte an das Auswärtige Amt eine Untersuchung eingeleitet, vor deren Beendigung der ehemalige Generalkonsul 1973 in Hamburg starb. Die prominentesten Opfer der Judenverfolgung in Holland waren Anne Frank und Edith Stein, die selig gesprochene Karmeliterin.

Dagegen erregte der Chef der Auslandsorganisation der NSDAP, Staatssekretär Bohle, in Nürnberg Aufsehen, als er als einer der ganz wenigen sich zu den Verbrechen des Dritten Reiches offen bekannte: „Ich glaube, es sollte heilige Aufgabe und erste Pflicht eines jeden Deutschen, der während des nationalsozialistischen Regimes eine leitende Stellung bekleidete, sein, alles in seiner Macht stehende zu tun, um vom Namen Deutschlands den Makel zu entfernen, den die verbrecherischen Taten darauf geworfen haben. Wir wissen, daß die geringe Achtung des menschlichen Lebens und die Sorglosigkeit für menschliche Leiden nie und nimmer ein deutscher Charakterzug gewesen ist, und aus diesem Grunde glaube ich, daß wir offen die Greueltaten, die verübt worden sind und den deutschen Namen in der Welt beschmutzt haben, zugeben sollten."

Die Deutsche Kulturkommission

Die Einrichtung einer eigenen deutschen Kulturkommission für Südtirol hängt untrennbar mit dem geschlossenen Ansiedlungsgebiet zusammen, das Himmler im Oktober 1939 den Vertretern der Südtiroler Volksgruppe versprochen hatte. Gemäß Art. 27 der Richtlinien waren für die Umsiedlung insgesamt bzw. für die einzelnen Abwanderer zur Mitnahme freigegeben:

1. Grabsteine und Grabmäler;
2. Private Sammlungen und Archive, die sich auf *deutsche Kultur* beziehen;
3. Gegenstände im Besitz der Museumsvereine, soweit sie sich auf die deutsche *Kultur* beziehen und soweit deren Mitglieder oder deren zuständigen Organe auf Grund der Statuten des Vereins die Überführung in das Deutsche Reich *beschließen*.
4. Kirchenbücher und Akten aus deutschen Gemeinden können kopiert oder fotokopiert werden. Von Fall zu Fall kann die Mitnahme der Originale vereinbart werden.

Die deutsche Seite bestand nun darauf, im Sinne der am Comer See vereinbarten „ethnisch-radikalen Lösung" alle Kunstgegenstände, die sich auf deutsche Kultur beziehen und von deutschen Künstlern geschaffen worden sind, auch tatsächlich auszuführen, sowohl die in privatem als auch in öffentlichem Besitz befindlichen.

Der kirchliche Kunstbesitz war davon nicht berührt. Darüber hatten Vatikan und Auswärtiges Amt die Verhandlungen zu führen.

Die italienische Seite unterschied hingegen von Anfang an zwischen bodenständiger Südtiroler und deutscher Kultur, auch pochte sie auf die Anwendung des Denkmalschutzgesetzes, wonach jede Ausfuhr wichtigen Kunstbesitzes verhindert werden konnte.

Heinrich Himmler, dem Mussolini selbst gesagt haben soll, er lege auf deutsches Kulturgut keinen Wert, griff zur Erfassung desselben auf eine SS-eigene Institution zurück. Als bei der Grundsatzbesprechung vom 20. und 21. Februar 1940 in Bozen unter dem Vorsitz von SS-Brigadeführer Greifelt für die Organisation der Umsiedlung die Theorie der drei Säulen (Reichsvertretung, ADERST und ADO) angesprochen wurde, berichtete Greifelt, daß für die kulturellen Dinge vom Reichsführer SS eine eigene Stiftung beauftragt worden sei, das „Ahnenerbe e. V.", dessen Gründung Heinrich Himmler 1938 selbst veranlaßt hatte. Der Vorsitzende der Stiftung, SS-Sturmbannführer Wolfram Sievers, seit 1. März 1938 Reichsgeschäftsführer der – wie sie bezeichnet wurde – Forschungs- und Lehrgemeinschaft „Das Ahnenerbe", reiste vom 2.-16. März 1940 zum ersten Male nach Südtirol und nahm Kontakte mit AdO und ADERSt auf. Im Juni 1940 kam er mit dem Auftrag der Sicherung und Überführung der gesamten deutschen Kultur-, Kunst- und Archivgüter endgültig nach Bozen.

Allerdings legten die Italiener den Begriff italienische Kunst sehr extensiv aus. Antonio Rusconi, Vertreter der italienischen Kunstdelegation, drückte es bei den deutsch-italienischen Gesprächen am 28. August 1940 so aus: Wenn Pacher nicht Squarcione und Mantegna gekannt hätte, wäre er irgend ein Herr Müller geworden. Er sei daher dagegen, daß z. B. eine zum Grieser Pacher-Altar gehörige, im Privatbesitz befindliche Tafel ausgeführt werde. Der Kunsthistoriker Dr. Josef Ringler, Angehöriger der deutschen Delegation, fragte dagegen, ob Dürer etwa der italienischen Kunst angehöre, weil er die Strahover Madonna unter dem Einfluß des Bellini in Venedig gemalt habe. Rusconi ließ sich darauf nicht ein. Als aber Ringler nachzog und fragte, ob er auch Schnatterpeck – den Schöpfer des gotischen Altars in Lana – für einen Italiener halte, bejahte Rusconi: Der habe hier gelebt und sei daher Südtiroler, nicht Norditaliener und nicht Deutscher.

Ihrer eigenen Logik folgend vertrat die italienische Seite bei den Verhandlungen über die Kunstgegenstände im August 1940 den Standpunkt, es sei alles im Einzelfalle zu entscheiden; eine grundsätzliche Lösung, wie sie von den Deutschen gefordert wurde, könne es nicht geben.

Die deutsche Delegation im August 1940, bestehend aus den Kunstsachverständigen Josef Ringler (Tiroler Volkskunstmuseum), Oswald Graf Trapp (Denkmalamt Tirol) und Walter Frodl (Landeskonservator Kärnten), wurde von SS-Sturmbannführer Sievers selbst angeführt.

Um das Archivgut entbrannte bald ein Grundsatzstreit, der in seiner Mischung aus wissenschaftlicher Argumentation und unverhülltem politischen Kalkül bezeichnend ist für die gesamte Behandlung der Kulturgüterfrage.

In seinen Bemerkungen zur Sicherheit des Archivguts wies Franz Huter, der deutsche Archivbeauftragte, darauf hin, daß dies „deutsches Volksgut" sei, ein Begriff, der dann bei den Verhandlungen immer wieder verwendet wurde und vor dem Ettore Tolomei gleich gewarnt hatte: Der Begriff des deutschen Volksgutes könnte dahin ausgelegt werden, daß alle in deutscher Sprache ausgefertigten Archivalien ausgeliefert werden müßten. Danach würden z. B. der größte Teil des Bozner Staatsarchivs und die Stadtarchive von Meran und Bozen verloren gehen, da die in diesen Archiven verwahrten Schriftstücke mehrheitlich in deutscher Sprache abgefaßt sind. Somit werde hier – bemerkt der Verfasser – zum ersten Male von italienischer Seite die Deutschsprachigkeit der Dokumente eingestanden. Die Auslieferung nach diesem Gesichtspunkte würde zwar tatsächlich die deutschen Ansprüche in weitem Maße befriedigen, sei aber deswegen nicht annehmbar, weil sie gerade das ältere, sehr wertvolle urkundliche Material ausschließt. Bekanntlich, so Huter, ist auch in Binnendeutschland die deutsche Sprache in den Urkunden erst während des späteren 13. und im Laufe der 14. Jhd. gegenüber dem Latein durchgedrungen.

Der Streit um die Archivalien zog sich noch lange hin. Bis 1943 waren die Meraner Archivalien immer noch nicht vollständig gesichert bzw. fotokopiert, wie aus einem Schreiben Huters vom 5. August 1943 hervorgeht: „Es hätte also längst für die Bereitstellung der Lokale in Meran vorgesorgt werden können, wenn man den Willen dazu gehabt hätte. Die Ausrede mit den Lokalen verfolgt nur den Zweck, den Beginn der Arbeiten weiter hinauszuziehen. Ich bitte daher für den

Fall, daß die versprochene Mitteilung länger auf sich warten läßt, den Vorschlag zu machen, daß die Fotokopierung in den Amtsräumen der ADERSt Meran, Hotel Bristol erfolgen kann. Wir bräuchten dann im Archiv nur einen Tisch, auf dem das anzuliefernde Material, bevor es zur Fotokopierung entlehnt wird, Blatt für Blatt durchbeziffert werden kann. Die Entlehnung könnte, selbstverständlich gegen Empfangschein, täglich am Morgen stattfinden und das Material täglich am Abend, gegen Rückempfangsbescheinigung wieder ins Archiv gebracht werden. Da es sich um ein gut geordnetes Archiv und zu einem Großteil um gebundenes Material handelt, wäre dieser Ausweg vom archivarischen Standpunkt aus sicher gangbar – wenn man will."

Das unbewegliche Kunsteigentum der Optanten sollte durch Italien finanziell abgelöst werden. Dazu schrieb Sievers am 20. November 1940 an die Wertfestsetzungskommission: „Zu diesem Zweck ist es günstig, wenn der Optant eine tunlichst hohen Schätzwert angibt, da er ja mit einem Herabdrücken bei den Verhandlungen rechnen muß.

In letzter Zeit sind der Kunstkommission jedoch Fälle bekannt geworden, wo Optanten für solche Gegenstände derart übertriebene Schätzungen vorlegten, daß sie von italienischer Seite nicht ernst genommen, geschweige denn aktzeptiert werden können.

Denn selbst wenn man (trotz der in den Richtlinien vorgeschriebenen Zugrundelegung der hiesigen inländischen Preise) annimmt, daß für die Antiquitäten im Reich höhere Preise gezahlt werden wie in Italien, rechtfertigt dies in keiner Weise solche Übertreibungen wie sie in folgenden Beispielen angeführt werden:

Am inneren Passeiertor in Meran ist ein Bildwerk aus Stein eingemauert, das einen grotesken Männerkopf darstellt. Es handelt sich um eine Arbeit wohl aus dem 17. Jahrhundert. Dieses Stück wurde nun von italienischer fachlicher Seite mit etwa 300.- Lire eingeschätzt, ein Preis, der vielleicht zu nieder, aber keineswegs ungerechtfertigt nieder ist. Wie wir hören, hat der Besitzer das Stück mit 60.000.-, also auf das 200fache, geschätzt.

Bei Öfen liegen vielfach Eigenschätzungen vor, die den wirklichen Markt- und Handelspreis um ein Vielfaches des tatsächlichen Wertes übersteigen. Wenn es sich nicht um einen bemalten Majolikaofen aus der zweiten Hälfte des 16. Jahrhunderts handelt, der einen hervorragenden Kunst- und Sammlerwert besitzt (Beispiele Öfen in Velthurns, bischöfl. Burg Brixen, Castel Thun, Fragsburg, jetzt Trient), sondern um einfachere Arbeiten aus dem Ende des 17. und 18. Jahrhunderts, übersteigt der Kunst- und Marktpreis in den seltensten Fällen den Betrag von Lire 5.000.-.

Erwiesenermaßen wurden alte Öfen in Bozen durchschnittlich mit Lire 1.500.- bis Lire 2.000.- gehandelt."

Schwierigkeiten bereitete auch die Frage der Museen. Da Art. 27 nur vom Eigentum der „Museumsvereine" und nicht der Südtiroler Museen spricht, fand der Anspruch auf den Museumsbesitz ein praktisch unüberwindliches Hindernis. Die meisten Museen waren zwar vor dem Faschismus Eigentum von Vereinen gewesen, diese waren dann aber zwangsweise aufgelöst worden. Das Eigentum ging auf die Gemeinden über, nur der Bozner Museumsverein bestand noch als solcher.

Daher fanden die deutschen Ansprüche auf den Besitz der Museen von Meran, Bruneck, Sterzing und Klausen keine Anerkennung.

Für das Burggrafenamt war besonders die unter dem Vorsitz von Richard Wolfram stehende Gruppe Brauchtum und Volkstanz tätig. Der Tiroler Volkstanzforscher Karl Horak war in den meisten Burggräfler Gemeinden unterwegs. Gertrud Pesendorfer vom Volkskunstmuseum Innsbruck bearbeitete die Trachten und Alfred Quellmalz vom Staatlichen Institut für Deutsche Musikforschung Berlin sammelte Volkslieder, teilweise gemeinsam mit Fritz Bose vom Lautinstitut der Universität Berlin, durch Tonbandaufnahmen in den Jahren 1940-1942; Horak zeichnete Kinderlieder, Spiele und Volkstänze auf. Aufnahmeorte waren im Meraner Raum Obermais, Dorf Tirol, Naturns, Vigljoch, Prissian, Tisens, Ultental (St. Nikolaus, St. Walburg) und im Passeiertal St. Martin, Stuls und Platt. Das Material landete am genannten Institut in Berlin, wurde bei Kriegsende in die fränkische Schweiz gebracht und 1945 vom Institut für Musikforschung in Regensburg geborgen. Insgesamt waren es auf ganz Südtirol bezogen u. a. 415 Tonbänder mit 3.300 Einzelstücken, vorwiegend Volkslieder, 7.000 handschriftlich aufgezeichnete und fotokopierte Volks- und Instrumentalstücke. Horak zeichnete 1.160 Lieder auf und sammelte über 100 Instrumentalweisen. Aber das war nicht alles: es wurden Dokumentarfilme gedreht und Tausende Lichtbilder von Sängern und Musikanten gefertigt.

Durch die Abtrennung Südtirols hatten sich alte Traditionen im volksmusikalischen Bereich besonders gut erhalten, weil Spielen und Singen in der Öffentlichkeit und in den Medien verboten war.

So war die Ausbeute an alten Balladen besonders reichhaltig, wie das Beispiel des anscheinend auf das 14. Jh. zurückgehenden Liedes von Tannhäuser („Balthauser") zeigt, das die „Fuirsängerin" darbot.

Quellmalz war überaus beeindruckt vom Vortrag der Bäuerin Maria Aspmair vom Fuirsänger-Hof in Prissian. Sie sang die Ballade, erinnerte er sich, völlig in sich gekehrt und wiegte den Oberkörper im Takt vor und zurück. Ähnliches hätte er in Finnland bei Sängern alter Runenweisen erlebt.

Die Ballade von den Königskindern fand er in St. Pankraz und St. Walburg im Ulten und St. Felix am Deutschnonsberg vor.

Gleichfalls in Prissian sangen Anna Hildebrand und Mizzi Margesin die Ballade vom faulen Jäger.

Im Juli 1940 hatte die Tätigkeit der Kulturkommission Südtirol offiziell begonnen, bis Dezember 1941 hätte die Arbeit abgeschlossen sein sollen. In Wahrheit dauerte der Aufenthalt der Kommission in Südtirol bis zum Herbst 1943, als klar war, daß die Umsiedlung nicht mehr in Frage kam. Das Ziel der Kommission war nicht nur die Materialsammlung. Schon bei der ersten Sitzung der Kommission am 1. Juli 1940 in Bozen hatte Sievers darauf hingewiesen, daß es nicht allein „die Aufgabe aller Mitarbeiter sei, möglichst viel an Kulturgut zu retten. Es wird die Lebendigerhaltung der Kulturgüter angestrebt, alles muß wieder erweckt und neu belebt werden, wie z. B. das Volkslied wieder zum erlebten Volksgut werden soll. Die Kommission ist eingesetzt, um tatkräftige Mithilfe im Interesse der Volksgruppe zu leisten – auch für die neue Heimat, wo das Erinnerungsgut als Kulturmittelpunkt etwa im „Hause der Heimat verbleiben würde".

Für die Aufnahme der vor- und frühgeschichtlichen Funde und Fundstätten wurde aus Wien der Dozent für „Urgeschichte des Menschen" SS-Obersturmführer Kurt Willvonseder nach Südtirol entsandt. Der gebürtige Salzburger lehrte 1940 zwei Trimester in Innsbruck und war von 1941 bis Kriegsende „Gaupfleger der Bodenaltertümer in den Reichsgauen Niederdonau und Wien" und im gleichen Jahr verblieb er ab April acht Wochen in Südtirol im Dienste der Kulturkommission, unterstützt bei seiner Arbeit hauptsächlich von Dr. Ing. Georg Innerebner, Dr. Karl Maria Mayr und Luis Oberauch, und für Meran von Dr. med. Franz Haller, O. Ehrismann und A. Simeaner, sowie einem Mitarbeiter des Fotografen Johannes. Haller verschaffte ihm Zutritt zur vorgeschichtlichen Sammlung des Meraner Museums, das geschlossen war. Zwar war das Inventar, das Karl Maria Mayr angelegt hatte, nicht mehr vorhanden, „von den Italienern vernichtet", wie Willvonseder annahm, doch wurde es anhand der Stenogramme Mayrs und der Fundstücke wiederhergestellt. Beratende Unterstützung erhielt Willvonseder unter anderem von den Professoren O. Brusin aus Padua, F. Wagner aus München und seinem Lehrer Oswald Menghin aus Wien. Von Mai bis August 1944 wurde er zur Sicherstellung vor- und frühgeschichtlicher Sammlungen in der Operationszone Alpenvorland berufen.

Die umfangreichste Tätigkeit überhaupt war wohl die Erfassung der Bauten und die Festhaltung traditioneller Baukultur. Dazu Sievers am 9. Oktober 1940 in einem Brief an Peter Hofer: „Das größte Material, welches sowohl für die Bauforschung wichtigste Aufschlüsse erbringt, als auch für die Neuansiedlung die allein verwendbaren Grundlagen geben kann, bietet das Bauernhaus in allen Teilen des Landes. Die so zahlreich wie kaum in einer anderen Landschaft aus alter Zeit erhaltenen Bauernhäuser, welche in ursprünglichster, unverfälschter Art germanisch-deutsches Bauschaffen widerspiegeln, müssen daher bei der Festhaltung der alten Baukultur in erster Linie berücksichtigt werden. In Anbetracht der Einmaligkeit der Arbeit kann man sich nicht damit begnügen, einige wenige Bauten als typische Beispiele festzuhalten; es muß vielmehr eine Gesamtaufnahme erfolgen, die in genauen Einzeluntersuchungen, Zeichnungen und Lichtbildern alle alten Bauernhäuser erfaßt und die wichtigsten Bauten in vollständigen Aufmessungen festhält."

Bei der Aufnahme des alten Südtiroler Bauernhauses sollte nun erstmals eine ganze Landschaft gleichzeitig und vollständig erfaßt werden. Die Arbeit diente als Grundlage für die Aufbautätigkeit im neuen Siedlungsgebiet, galt gleichzeitig auch als Vorbild für ähnliche Erfassungen in anderen Gauen. An der Bestandsaufnahme der Bauernhäuser beteiligten sich als Leiter der Arbeitsgruppe Meran im Hotel Bristol Architekt Franz Lottersberger, mit den Mitarbeitern Berta König, Berta Hölzl, den Fotografinnen Gertrud Zenzinger, Friederike von Sölderer und dem Maler Joseph Lorenz, der für Zeichnungen und künstlerische Darstellungen zuständig war.

Die Abteilung „Hausforschung und Bauwesen" der Kulturkommission, unter dem Vorsitz des schlesischen Ingenieurs Martin Rudolph – Greiffenberg stellte eine Wanderausstellung mit etwa 500 Fotos und Zeichnungen „Das deutsche Bauernhaus an der Südgrenze des germanischen Lebensraumes" zusammen, die in Meran im Dezember 1942 gezeigt wurde und von dort nach Innsbruck und Salzburg wanderte.

Die Gestalt Andreas Hofers als Gegenstand der Traditionspflege wurde nicht vergessen. Im November 1940 erschien ein Beauftragter des Ahnenerbes beim Sandwirt Ferdinand Klotz in St. Leonhard/Passeier mit einer Vollmacht von Sievers und nahm den Handkoffer mit Habseligkeiten („Relikten") Andreas Hofers mit. Die Gegenstände wurden nach Innsbruck gebracht und sind erst viel später nach dem Krieg zurückgegeben worden.

Für den Höhepunkt träumerischer Planspiele, zu denen sich das Umsiedlungsvorhaben so eignete, sorgte der Tiroler Gauleiter Franz Hofer, der nichts weniger als eine „Umsiedlung" des Schlosses Tirol beabsichtigte. An Hand von Architekturzeichnungen, Lichtbildern und alten Stichen erklärte der Gauleiter 1942 dem Tiroler Landeskonservator Oswald Graf Trapp seinen Plan, am Berg Isel oberhalb der Sprungschanze eine Kopie der Burg Tirol zu erbauen. Da Südtirol aufgegeben sei, solle auf diese Weise dokumentiert werden, daß hier das neue Zentrum Tirols sei. „Da gegen eine so absurde Idee mit historischen und Vernunftgründen nicht aufzukommen war", verdarb ihm Graf Trapp die Freude an diesem Projekt mit dem Hinweis auf die Tatsache, daß von dem alten Bestand der Burg Tirol nur noch die Doppelkapelle mit ihren religiösen Wandgemälden erhalten sei. Das Vorhaben einer Verpflanzung des Stammschlosses blieb somit im Ansatz stecken.

Ämter und Vertrauensleute

Seit einer Verhaftungswelle 1938 hatte Hans Torggler, Haslrainer in Obermais, Jg. 1911, die Aufgabe eines Vertrauensmannes im VKS für Meran übernommen und war auch bei der wichtigen Sitzung am 22. Juli 1939 anwesend, als die Weichen in Richtung Option gestellt wurden. Im Zuge der Option und Umsiedlung wurde seine Aufgabe institutionalisiert. Nachdem am 30. Jänner 1940 die Arbeitsgemeinschaft der Optanten für Deutschland (AdO) durch Dienstanweisung des ADERSt-Leiters SS-Sturmbannführer Dr. Luig errichtet worden war, wurde Torggler am 3. Mai 1940 auf Vorschlag des AdO-Leiters Peter Hofer von Luig zum Ortsvertrauensmann für Meran im Bereich der ADERSt-Zweigstelle Meran ernannt, mit der Aufforderung, sich beim Amtsbürgermeister, dem Politischen Sekretär der Partei und dem Carabinierikommandanten vorzustellen.

In jeder Gemeinde und Fraktion bestimmte der AdO-Leiter je einen Optanten als Vertrauensmann. Zur technischen Durchführung der Aufgaben der Arbeitsgemeinschaft zog der Vertrauensmann mit Zustimmung des Leiters geeignete Optanten als Mitarbeiter heran. Die Vertrauensleute und Mitarbeiter wurden mit einem Ausweis der ADERSt versehen.

Hauptaufgabe der AdO war es, – so der „Befehl des Reichsführers SS" vom 13. Feber 1940 – die Amtlichen Deutschen Ein- und Rückwandererstellen bei der Durchführung ihrer Arbeiten, nämlich der „Überführung der Südtiroler Volksgenossen in das Großdeutsche Reich" zu unterstützen, sowie die Optierenden zu beraten, zu betreuen und zu führen und dadurch die Aufrechterhaltung eines ruhigen, würdigen und dem Gastlande gegenüber loyalen Verhaltens zu garantieren.

Die Arbeitsgemeinschaft der Optanten für Deutschland mit Hauptsitz in Bozen unterhielt eine Ortskanzlei Meran mit dem Ortsvertrauensmann, der die Ortsgruppe Meran-Stadt betreute. Dasselbe galt für die anderen Ortschaften, es gab AdO-Ortskanzleien Algund, Partschins, Lana usw. mit jeweils einem Vertrauensmann bzw. Ortsgruppenleiter. Die Vertrauensmänner und alle Mitarbeiter wurden vom Leiter der AdO berufen.

Torggler wurde gleichzeitig auch, wenn auch noch nicht offiziell, Kreisleiter des AdO-Bezirks Meran, während der Gärtner Willi Wielander aus Meran Kreisleiter des Vinschgau wurde. In der Operationszone Alpenvorland wurden – dies sei vorweggenommen – die Funktionen beibehalten. Torggler war im Dienstbereich des Obersten Kommissars als „Kreisleiter der Deutschen Volksgruppe des Kreises Meran" beschäftigt.

Die AdO war als „dritte Säule" der Umsiedlungsverwaltung in Südtirol vorgesehen, neben dem Reichsvertreter und der ADERSt mit ihren Zweigstellen, und als rechtlich anerkannte Organisation der Volksgruppe mit dem Volksgruppenführer Peter Hofer als geschäftsführenden Leiter an der Spitze. Der Vertrauensmann der AdO im Zweigstellenbereich der ADERSt erhielt Beiräte für die gleichen Sachgebiete wie Soziales, Kultur usw., für die auch die Umsiedlungsbehörde ADERSt ihre Abteilungen und Sachbearbeiter hatte. Das Problem war, daß die aus der ursprünglichen geheimen „Kampforganisation" VKS hervorgegangene Struktur der AdO mit Übernahme eines Großteils der VKS-Männer die Belange der Volksgruppe zu vertreten hatte und damit programmäßig mit der Reichsstelle in Kollision geriet, die für die reibungslose Durchführung der Umsiedlung eingerichtet war. Der Gegensatz ADERSt – AdO zieht sich durch die ganze Umsiedlungszeit hin.

Die beiden Behörden operierten unter demselben Dach, da die AdO ihre Leitung im Hause der Hauptstelle der ADERSt in Bozen (im Hotel Bristol) hatte und die Kanzleien der AdO-Beauftragten in den Gebäuden der Zweigstellen der ADERSt wirkten, in Meran somit im Hotel Bristol.

Für die Schätzung des Umsiedlungsvermögens wurde eine eigene deutsch-italienische Kommission gebildet: „Deutsch-italienische Kommission für die Wertfestsetzung", die aus einer Hauptkommission mit Sitz in Bozen und sechs Unterkommissionen bestand. Eine der „deutschen Gruppen" der Unterkommissionen saß in Meran.

Zur Wahrnehmung der vermögensrechtlichen Belange der Umsiedler gab es eine eigene Gesellschaft, die „Deutsche Umsiedlungs-Treuhand-Gesellschaft m. b. H." in Berlin mit Repräsentanz in Bozen und Geschäftsstellen in den Gebäuden der ADERSt-Zweigstellen, somit auch in Meran. Selbst die deutschen Verantwortlichen gaben zu, es sei für den Optanten nicht einfach, sich unter so vielen deutschen Stellen auszukennen, zumal diese um ihre Zuständigkeiten oft auch noch feilschten. Daher wurde in den „Richtlinien für die Umsiedlung" geraten, sich zuerst an den Ortsvertrauensmann der AdO zu wenden, der in „schwierigen Fällen" an die zuständige Zweigstelle der ADERSt verweisen soll.

Die Ansiedlung in Hoch-Burgund (Franche-Comté)

Am 18. Juli 1940 empfing Reichsführer SS Heinrich Himmler in Berlin eine dreiköpfige Südtiroler Abordnung mit Peter Hofer, Robert Kukla und Karl Tinzl, teilte ihnen mit, daß der Führer selbst Burgund den Südtirolern zugesprochen hatte, überreichte ihnen ein Buch über ihre „neue Heimat" mit persönlicher Widmung und bemerkte, „er lege, bei der noch festzulegenden Abgrenzung, speziellen Wert darauf, daß die Südtiroler sowohl Gebirge (Jura) als auch Weinbauflächen (Côte d'Or) erhalten". Die Stadtbewohner sollten in Städte umgesiedelt werden, die Bozner nach Besançon, die Meraner nach Chalons und die Brixner nach Dôle. Natürlich sollten die französischen Städtenamen verschwinden, damit Besançon in Bozen und Chalons in Meran umbenannt werden kann. Es bestünden keine Bedenken gegen diese Umbenennung, als da Italien seinerseits beabsichtige, die Städte in Südtirol umzubenennen. Die genaue Abgrenzung des Gebiets durch den Führer stehe noch aus. Vorerst sollte das Siedlungsgebiet aber von den drei Südtirolern von Freiburg aus besichtigt werden.

Kukla stellte in seinem Reisebericht fest, daß das Land verhältnismäßig dünn bevölkert ist. Beeindruckt standen sie vor der Schönheit des hügeligen Tales, in dessen Mitte, „der breite Doubs mit ruhigem Gefälle fließt. Am Hochplateau des Lac Saint Point sehen wir vor uns das schönste Schweizer Bild".

Sie erreichten schließlich Dijon, das nicht mehr zum vorgesehenen Siedlungsgebiet gehörte, besichtigten auch ein eventuelles Ersatzgebiet (westlich La Marche zur Saône) und die Maginotlinie. Am 24. Juli kehrten sie nach Berlin zurück, wo unter Vorsitz des Stellvertreters Himmlers im Reichskommissariat, des SS-Brigadeführers Greifelt, und mit einem großen Stab, eine Sitzung stattfand, bei der detaillierte Ansiedlungspläne und Grenzziehungsmöglichkeiten besprochen wurden.

Auf Befragen äußerten sie sich zu einzelnen Gebieten. Für Tirol wäre Pontarlier für das Obere Vinschgau bis Mals, Martell und Schnals denkbar, für das Obstgebiet von Schluderns bis zur Töll käme das untere Doubstal in Frage. Chalon-sur-Saône sollte auf jeden Fall Meran sein, mit etwa 32.000 Einwohnern ist es gleich groß, an der Mündung des Canal du Centre in die Saône gelegen. Bahnknoten, bedeutender Handelsplatz für Getreide- und Weinhandel. Bis zur französischen Revolution war es Bischofssitz und bildete mit seinem Gebiet die burgundische Grafschaft Chalonnais und fiel, wie die gesamte Freigrafschaft, 1678 im Frieden von Nimwegen endgültig an Frankreich. Ein Entwurf zu einer Anordnung über die geschlossene Ansiedlung der Südtiroler vom Juli 1940 ausgearbeitet in Berlin von Reichskommissar für die Festigung deutschen Volkstums, sah die Departements Doubs, Jura und Haute-Saône als Siedlungsgebiet vor. Voraussetzung sei die Erklärung dieses Gebietes in Friedensvertrag oder Waffenstillstandsvereinbarung zum Reichsgebiet. Der gesamte Grund und Boden mit Inventar sowie die „daranhängenden ideellen Werte und das Kulturgut" gehen auf das Reich über. Die französischen Staatsbürger müssen das Gebiet kurzfristig räumen. Während der Umsiedlung verhandelt der Reichsführer SS unmittelbar mit der französischen Regierung. Analog der Amtlichen deutschen Ein- und Rückwandererstelle in Bozen wird die „Burgundische Ansiedlungszentralstelle" eingesetzt. Ihr Sitz wird in Besançon (Bisanz) sein, mit eventuellen Zweigstellen in anderen Orten. Wenn eine Zuweisung einer bestimmten Gemeinde endgültig erfolgt ist, nach den entsprechenden Prüfungen durch eine Kommission, wird ein Vorkommando aus der Südtiroler Heimatgemeinde in Marsch gesetzt, bestehend aus „jüngeren kräftigen Menschen, die unter Leitung des Ortsvertrauensmannes die Ankunft und die Unterbringung der umsiedelnden Ortschaft vorbereiten". In allen Details wird in diesem Entwurf die künftige Besitznahme des Siedlungsgebietes geregelt. Doch entgegen der Erklärung Heinrich Himmlers vom 18. Juli verkündete Hitler in seiner Reichstagsrede vom 19. Juli die Rückgliederung von Eupen und Malmedy, verzichtete aber auf die Annexionserklärung Elsaß-Lothringens und schwieg zum Thema Burgund. Die Bildung der Kollaborationsregierung in Vichy unter Marschall Petain stand schließlich jeder möglichen Annexion französischen Gebietes im Wege. Schon im Laufe des Sommers 1940 wurde der Plan zur Ansiedlung der Südtiroler in der Freigrafschaft Burgund zur Chimäre.

Der deutsche Widerstand und Südtirol

Die Optionsgegner pflegten gerade in Meran und Umgebung immer wieder Verbindungen mit reichsdeutschen gleichgesinnten Gästen.

So trafen sich im November 1940 in der Pension Stephanie (Stefania) in Obermais unter besonderen Vorsichtsmaßregeln Kanonikus Gamper und Walther Amonn mit dem Fabrikanten August Westen (geb. 1878 in Lüttringhausen) aus Cilli (Celje), heute Slowenien. Dieser gehörte einer österreichischen katholischen Exilgruppe an, die während des Krieges in die Schweiz emigriert war.

Im Palasthotel in Obermais wohnte im Juni 1941 ein Dr. Schäffle aus Stuttgart, der von Walther Amonn aufgesucht wurde. Sie fuhren dann gemeinsam nach Lana und Marling, wo sie Besprechungen führten, wohl mit Dr. Lösch und Menz-Popp.

Bedeutsamer waren aber die dauerhaften Kontakte mit den führenden Männern des deutschen Widerstandes gegen Hitler, die sich um vorzeitigen Waffenstillstand und Kriegsende bemühten und Attentate auf Hitler versuchten, die mit dem Anschlag vom 20. Juli 1944 endeten.

Im Mai 1943 trafen – vielleicht zufällig – zwei Männer bei einer Kur im Sanatorium Martinsbrunn aufeinander, von denen der eine in die jüngste deutsche, der andere in die Südtiroler Geschichte einging. Beide kannten sich gut, waren befreundet: Hans-Bernd von Haeften, der Mitverschwörer des 20. Juli 1944, ein Bruder jenes Werner von Haeften, der in Berlin in der Bendlerkaserne als Adjutant Stauffenbergs am Abend des 20. Juli erschossen worden war, und Kanonikus Gamper, die maßgebliche Autorität der Bleiber, waren sich schon vor dem Kriege mehrmals begegnet. Haeften fiel im Prozeß gegen die Männer des 20. Juli durch seine Unerschrockenheit vor dem Volksgericht auf. Eine Woche nach dem ersten Prozeßtag kam es da zum berühmt-berüchtigten Eklat. Hatten bis dahin die Angeklagten – mit Ausnahme des sich von der Rechtsauffassung des Dritten Reiches und der Judenvernichtung klar distanzierenden Peter Yorck von Wartenburg – mehr oder weniger ihre Rolle beim Anschlag auf Hitler herunterzuspielen versucht, wohl unter dem Eindruck der Folter und eines sich wie üblich wild gebärdenden Vorsitzenden Roland Freisler, entpuppte sich die Vernehmung dieses jungen Mitarbeiters des Auswärtigen Amtes als wahres Streitgespräch mit dem Gerichtsvorsitzenden, bei dem der schäumende Freisler am Ende rhetorisch den kürzeren zog. Hans-Bernd von Haeften, von Freisler mit der Frage konfrontiert, ob er nicht als Legationsrat im Auswärtigen Amt Treuebruch gegenüber dem Führer begangen habe, antwortete ihm mit entschiedenem Nein. Er gehe vielmehr von der „weltgeschichtlichen Rolle des Führers" als „einem großen Vollstrecker des Bösen" aus. Nach dem Krieg pries der damalige Mitangeklagte Eugen Gerstenmair, als Bundestagspräsident, die Aussage Haeftens: sie sei das entscheidende Wort des ganzen deutschen Widerstandes gewesen!

Geradezu schwärmerisch urteilt Ricarda Huch in ihrem Gedenkbuch „Bilder deutscher Widerstandskämpfer", das erst vor kurzem aus dem Nachlass veröffentlicht wurde: „Wenn ein Maler einen jener Heiligen des christlichen Altertums darstellen wollte, die zugleich Heroen waren, hätte er Hans Bernd von Haeften zum Vorbild wählen können. Er schien größer als er war und blonder als er war, soviel Schwungkraft und Helligkeit und gesammelte Bereitschaft strahlte er aus. Von dem Munde ging eine erwärmende Freundlichkeit und von den blauen Augen ein sieghaftes Leuchten aus, wie es wohl dem eigen sein kann, der Streit vor Gott und für Gott sucht".

Der Jurist Hans-Bernd von Haeften, 1905 in Berlin geboren, war 1921 in Berlin-Grunewald gemeinsam mit seinem lebenslangen Freund Pastor Bonhoeffer konfirmiert worden, trat 1935 in den Auswärtigen Dienst ein und kam noch im gleichen Jahr als Kulturattaché an die Botschaft nach Wien. Obwohl Südtirol nicht in seinem Amtsbereich lag, knüpfte er bei wiederholten Ferienaufenthalten südlich des Brenners Beziehungen zu führenden Südtiroler Gegnern des faschistischen Regimes, dessen Entnationalisierungspolitik ihn betroffen machte.

Haeften lernte in Bozen Kanonikus Michael Gamper kennen, aber auch den Bauernführer Josef Menz-Popp aus Marling und den Wirtschaftsvertreter Walther Amonn aus der bekannten Bozner Großkaufmannsfamilie. 1937 begegnete er in Wien dem Bozner Kaufmann Josef Franceschini, der schon ins Dritte Reich ausgewandert war und wegen alter Kontakte zu Göring, der sich 1924 auf seiner Flucht nach Süden auch in Bozen aufgehalten hatte, zeitweise eine Art Botschafterrolle im Reich spielte.

Als es am 23. Juni 1939 zum Berliner Abkommen kam, waren die Gesprächspartner Haeftens zu zähen, erbitterten Gegnern der Umsiedlung und damit auch des nationalsozialistischen Regimes geworden.

Einer der wichtigsten Männer des Widerstands, der ehemalige deutsche Botschafter in Rom, Ulrich von Hassell, hielt einige Tage vor der Umsiedlungsvereinbarung eine Unterredung mit Besuchern aus Südtirol fest: es waren Josef Franceschini und Karl Tinzl, letzter frei gewählter Abgeordneter der Südtiroler in der römischen Abgeordnetenkammer, der noch vor Ablauf seines Mandats 1926 am Betreten des Parlaments gehindert worden war. Beide äußerten sich besorgt über den Inhalt der Gerüchte und zeigten sich „ganz zerbrochen über die Eindrücke in Deutschland". Franceschini war noch ergebnislos bei Göring vorstellig geworden.

Hassell berichtet in seinem Tagebuch: „Ich hatte ihnen sagen lassen, daß ich Privatmann und ohne Einfluß sei, sie bestanden aber darauf zu kommen, um sich auszusprechen und Rat zu holen. Ich finde die Lage grotesk, daß ich, der ich jahrelang und schon vor Rom nichts anderes getan habe, wie für die Zusammenarbeit mit Italien zu arbeiten, um dann mit dem lächerlichen Vorwurf, nicht genügend pro Achse zu sein, abberufen zu werden, jetzt von den Südtirolern als Vertrauensmann behandelt werde." Daraus wird ersichtlich, daß von Hassell eine der wenigen Anlaufstellen für Südtiroler im Reich geworden war, nachdem er als Botschafter ihnen anscheinend genügend Beweise einer gewiß schwierigen Loyalität gebracht hatte – so etwa, wenn er – das war 1935 – den Mailänder Generalkonsul anwies, die beiden reichsdeutschen evangelischen Pfarrer von Bozen und Meran weiterhin als „Vertrauensmänner für Südtirol" zu beschäftigen; die Botschaft werde sich bemühen, so Hassell, deren Schwierigkeiten mit den italienischen Behörden aus dem Wege zu räumen. In der für die Südtiroler schwierigsten Periode, der mit dem

Berliner Geheimabkommen vom 29. Juni 1939 beschlossenen Umsiedlung, war er bereits ohne Amt, nachdem er im Februar 1938 aus dem diplomatischen Dienst abberufen worden war. Dabei hatte er gerade in der Südtirolsache wie in anderen Belangen auf Hermann Göring gesetzt, der sich seiner guten Beziehungen zum faschistischen Italien und zu Mussolini stets gerühmt und gleichwohl in zynischer Anbiederung, sehr früh, im November 1933, dem Duce in Rom erklärt hatte, die Südtirolfrage werde nie mehr von deutscher Seite aufgeworfen. Jenen paar Südtirolern aber, die zu Göring Zugang hatten, wie einem Franceschini, gab sich der Luftwaffenminister gewohnt jovial, obwohl er gerade im Jänner 1937 bei einem erneuten Rombesuch die Umsiedlung als denkbare Lösung angesprochen hatte und dies am 21. April 1938 gegenüber Botschaftsrat Graf Magistrati in Berlin gewissermaßen als sein persönliches Rezept anpries. Am Vorabend des Umsiedlungsbeschlusses ließ Göring dann die Maske fallen, und es scheint, als hätte Hassell das gar nicht bemerkt, zumal er seinen Südtiroler Besuchern erzählte, wie eindringlich er Göring damals – 1937 – vor einer Aufgabe der Volksgruppe gewarnt habe. In der Neuausgabe der Tagebücher von 1988 findet sich eine Eintragung, in der Hassell den beiden Südtirolern berichtet, er habe Göring „schon vor einigen Jahren in Rom, als er die Opferung der Südtiroler auf dem Altar der deutsch-italienischen Freundschaft ins Auge gefaßt habe, auf die grundsätzliche Bedeutung, d.h. auf die Wirkung auf die Volksdeutschen in der ganzen Welt hingewiesen". Das hätte auf Göring damals sichtlich Eindruck gemacht, so Hassell, und er fügte hinzu, er stünde auf dem Standpunkt, daß die Südtiroler für die „großpolitischen deutschen Interessen gewiß Opfer bringen müßten, daß man aber nicht für zeitliche politische Kombinationen eine solche Ausrottung des Volkstums in einem alten deutschen Lande vornehmen dürfe. So etwas sei vielleicht in der Türkei möglich, aber nicht in Tirol." Auch ein scheinbar so informierter Diplomat unterschätzte bei weitem die Entschlossenheit von Hitler und Himmler, die Volksgruppe zu verpflanzen, dies ungeachtet aller Einwände und Proteste.

Hassell – der seit seiner Abberufung eine zentrale Figur im deutschen Widerstand war – gehörte mit Carl Goerdeler dem konservativen Flügel an, dessen Sympathie für die Südtirolsache offensichtlich war. Doch galt dies ebenso für junge Verschwörer wie Trott zu Solz und Haeften.

Die Südtiroler Urlaubsziele von Haeftens mit seiner Familie waren der Zirmerhof ober Radein und Marling, wo er bei Menz-Popp einkehrte, der ihm auch ein kleines Haus auf dem Vigiljoch zur Verfügung stellte, wo Ehefrau Barbara mit den Kindern die Ferien verbrachte, während Haeften selbst zwischen Wien, wo er an der Botschaft wirkte, und Südtirol hin- und herpendelte. Bei seinen zahlreichen Gesprächen im Lande bekam er wie kein anderer Vertreter des deutschen Widerstandes einen intimen und ungeschminkten Einblick in die verzweifelte Situation im Lande und auch in die Seelenlage der Leute. Schließlich zog er noch seinen Freund Adam von Trott zu Solz, gleichfalls Legationsrat im Auswärtigen Amt, ins Vertrauen, der mit ihm nach Südtirol kam, wo sie sich mit Kanonikus Gamper und Walther Amonn zu Gesprächen trafen, zum ersten Mal bereits vor dem Krieg. Die Witwe von Haeften erinnerte sich später an die Zeit um 1943: „In Südtirol hatte sich die Stimmung innerhalb der deutschen Volksgruppe etwas entspannt und somit für unsere Freunde, die „Bleiber" gebessert. Die Nazis fühlten sich von Hitler enttäuscht, ja betrogen, denn aus dem wahnwitzigen Versprechen, die Südtiroler nach Burgund umzusiedeln, wurde nichts. Zudem öffnete Hitlers mörderischer Krieg im Osten allmählich sogar den Südtiroler Nazis die Augen."

Beim Erfolg eines Staatsstreiches hätten diese zumeist jungen Männer führende Positionen eingenommen. Adam von Trott zu Solz, der außenpolitische Sprecher des Kreisauer Kreises, galt als Kandidat für den Staatssekretärposten bei einem künftigen Außenminister von Hassell. Als Oxford-Absolvent und Mitarbeiter des Auswärtigen Amtes hatte er auf Reisen in die USA, 1943/44 in die Schweiz und nach Schweden vergeblich auf die Alliierten, auch auf Roosevelt persönlich einzuwirken versucht, um ein Friedensprogramm zu erreichen.

Drei Treffpunkte hatte der Kreisauer Kreis: das Moltke-Gut im schlesischen Kreisau, Berlin und München, wo die wichtigsten Kontaktmänner der Jesuitenprovinzial P. Augustin Rösch und P. Alfred Delp waren. Nach der Verhaftung von Graf Moltke im Jänner 1944 fanden viele Kreisauer Anschluß an die Gruppe um Claus Schenk von Stauffenberg, bis das gescheiterte Attentat auf Hitler zur Zerschlagung des Kreisauer Kreises führte.

Während es zur „Weißen Rose" der Geschwister Scholl und des Professor Huber nur indirekte Beziehungen gegeben hatte, bestand enger Kontakt zum konservativen Goerdeler-Kreis um den ehemaligen Oberbürgermeister von Leipzig, Carl Goerdeler, und Botschafter i. R., Ulrich von Hassell, obwohl die Meinungen über die Neuordnung Deutschlands durchaus verschieden waren. Einig war man sich in der Betonung des Christentums als Grundlage der Gesellschaft, kaum Unterschiede fanden sie in außenpolitischen Grundsatzfragen. Ulrich von Hassell hatte aus seiner Botschafterzeit regen Kontakt mit Südtirolern, der sich ja nach seiner Abberufung fortsetzte, – sowohl mit Bleibern als auch – wie sein Tagebuch offenbart – mit Optanten, wie eben Karl Tinzl und Josef Franceschini es waren.

In den außenpolitischen Programmen, welche die Gestapo aufgedeckt hatte, spiegelte sich das enge Verhältnis zu Südtirol wieder:

So heißt es im „Friedensplan Goerdelers, vermutlich für britische Leser bestimmt": „auch muß Südtirol, ein rein deutsches Land, bis zur Grenze Bozen – Meran zu Deutschland zurückkehren. Die italienische Herrschaft hat dort nur Verbitterung und Rückschritt erzeugt."

In der geheimen Denkschrift Goerdelers, „für die Generalität bestimmt", über die Notwendigkeit eines Staatsstreichs vom 26.03.1943, geht es auch um die Frage, „welche Ziele denn noch durch richtiges Handeln erreichbar" sind:

„Erreichbar ist sogar noch die Wiedergewinnung Südtirols. Wir wissen, daß die Entente 1919 nicht sehr freudig dieses Gebiet an Italien gegeben hat. Sie wird es heute mit Vergnügen an Deutschland zurückfallen lassen, wenn wir selbst fähig sind, es zu besetzen. Der Raub dieses Gebietes durch Italien war eine solche bevölkerungspolitische Infamie, daß wir uns nicht zu scheuen brauchen, diesen Raub wieder gutzumachen. Ich mache überdies darauf aufmerksam, daß die Wiedergewinnung Südtirols das beste Mittel wäre, um Österreich im deutschen Reichsverbande aus freien Stücken zu halten."

Der Gestapobericht über die Bedingungen Stauffenbergs, mit England zu verhandeln, enthält unter Punkt 8: „Reichsgrenze von 1914 im Osten, Erhaltung Österreichs und der Sudeten im Reich, Autonomie Elsaß-Lothringen, Gewinnung Tirols bis Bozen, Meran".

Nach dem 20. Juli wurde Goerdeler sogar in Südtirol am Zirmerhof ober Radein im Unterland gesucht, obwohl er in Brandenburg auf der Flucht war. Nach ihrer Verhaftung wurden Goerdeler und von Hassell zum Tode verurteilt und hingerichtet. Von Hassells Tochter Fey, die im Friaul verheiratet war, wurde dort festgenommen und als Sippenhäftling in ein KZ verschleppt. Sie landete mit dem Geiseltransport bei Kriegsende im Pustertal, in Niederdorf und am Pragser Wildsee.

Die Freunde Südtirols im deutschen Widerstand haben fast ausnahmslos den Versuch, das diktatorische Regime Hitlers durch ein die Menschenrechte würdigendes, demokratisches Deutschland zu ersetzen, mit ihrem Leben bezahlt. Goerdeler, Haeften, Trott zu Solz und Hassell wurden ermordet, Albrecht Haushofer – der Sohn des Generals – ebenfalls, während sein Vater vorübergehend in Haft war und nach dem Kriege mit seiner Frau Selbstmord beging.

Hassell wäre – wie erwähnt – Außenminister geworden nach erfolgreichem Putsch, Trott zu Solz wohl Staatssekretär im Auswärtigen Amt, Goerdeler war als Reichskanzler vorgesehen. Sie, vor allem die jüngere Generation, fehlten beim Aufbau der Demokratie nach dem Krieg. Sie hätten aus ihrer unangreifbaren moralischen Position heraus unendlich viel für die Selbstbestimmung und das Eigenleben der Völker und Volksgruppen, für die Menschen- und Nationalitätenrechte tun können. Die Tragik ihres Schicksals liegt darin – auch für Südtirol, dessen Anliegen sicher vertreten worden wäre. Das so lange nach dem Krieg unbeachtete Zeugnis aber, das die Männer des deutschen Widerstands für die Südtirolsache ablegten, kann nicht hoch genug eingeschätzt werden.

Ein Musikstück für den japanischen Kaiser

Auf kultureller Ebene läßt sich, so scheint es, wohl kaum eine Beziehung Merans zu Japan und umgekehrt herstellen, es sei denn, man glaubt, über das nach Puccini nunmehr benannte Theater, das einstige Stadttheater, an „Madame Butterfly" zu denken, doch der Komponist dieser Oper, war nur flüchtig ein Meraner Gast.

Da könnte das Stadttheater eher nach einem anderen, großen Opernkomponisten, einem bayerischen heißen, der in Meran nicht nur öfters weilte, sondern auch einige Werke hier vollendete, Richard Strauss. Sein erster, kurzer Besuch geht auf das Jahr 1902 zurück, als er, anläßlich der Fahrt zu seinem dreiwöchigen Aufenthalt in Sulden, im Kaiserhof abstieg. Bei den ersten Meraner Musiktagen im Oktober 1922 gab es einen Liederabend als Abschlußkonzert mit dem Komponisten, der in Pienzenau wohnte, wohin er für 10 Novembertage 1923 zurückkehrte. Bei seinem nächsten Besuche in Meran hielt er sich ausschließlich im Park-Hotel auf, erstmals 1937 vom 2. Oktober bis 21. November. Auf der Rückreise von Sizilien kam er am 12. März 1938 noch einmal und blieb bis 17. April. Es sind lange und naturgemäß künstlerisch fruchtbare Tage. Sein künftiger Librettist Joseph Gregor traf 1937 zu einem Arbeitsbesuch im Park-Hotel ein. Der Nachfolger von Stefan Zweig – der, als jüdischer Autor im Dritten Reich ausgestoßen, ihn selbst großmütig vorgeschlagen hatte – war Textdichter der nächsten Opernprojekte („Daphne", „Friedenstag").

„Die Liebe der Danae" op. 83 entstand größtenteils in Meran, die „Daphne" vollendete Strauss nach den Meraner Vorarbeiten in Taormina.

Mit dem Dirigenten Gino Marinuzzi, der die Konzerte des Orchesters der Mailänder Scala leitete, traf Strauss in Meran ebenso zusammen, wie mehrfach mit dem Leiter des Meraner Kurorchesters Max Reiter, einem 1905 in Triest geborenen vielversprechenden Musiker, der seine Karriere an der Staatsoper Berlin, in München und Dresden begonnen hatte, und wegen der Judengesetze nach Italien auswich. Meran verließ er schon 1938, da sein Vertrag nicht verlängert wurde, er emigrierte in die USA, nach San Antonio, wo er das Symphonieorchester leitete, und 1950 starb.

Im April/Mai 1940 war Strauss wieder in das Park-Hotel in Obermais eingezogen. Zum 2600-jährigen Bestehen des Kaiserreiches Japan hatte er den Auftrag erhalten, die Festmusik zu komponieren. An den Musikkritiker Willy Schuh schrieb er am 9. Mai 1940 aus dem Park-Hotel, er habe nun das fünfzehnminütige symphonische Fragment vollendet: die „Japanische Festmusik für großes Orchester" op. 84.

Am 11. Dezember 1940 hörte Strauss in Tokio die Uraufführung seiner Japanischen Festmusik zur 2600 Jahr-Feier des Kaiserreichs, die europäische Erstaufführung fand in Wien am 14. Jänner 1940 statt.

Im nächsten Jahr traf er wieder im Park-Hotel Obermais ein, im Oktober 1941 und verließ Meran am 7. November. Da ließ er sich vom Hofmaler des Dritten Reiches, Paul Matthias Padua, porträtieren, der auch Gerhart Hauptmann und Franz

Lehar schon gemalt hatte. Sein vielleicht bekanntestes Bild „Der Führer spricht" zeigt eine in Andacht versunkene Bauernfamilie unter einem „Volksempfänger", dem Radio.

Die für die Maßstäbe der NS-Kultur gewagte, fast pornographische „Leda mit dem Schwan" war Paduas meistdiskutiertes Werk. Der Gauleiter von München, Adolf Wagner, hätte es gerne aus dem Verkehr gezogen, doch Hitler gefiel es. Von Padua gab es 1936 bei der Großen Münchner Kunstausstellung in der Neuen Pinakothek erstaunlicherweise einen „Südtiroler Bauernbuben" zu sehen, der Name Südtirol war noch nicht auf der Verbotsliste des Dritten Reiches ganz angekommen.

Seekriegsleitung und Supermarina – der Marinegipfel in Meran 1941

Kaum waren die ersten Monate nach dem Kriegseintritt Italiens (10. Juni 1940) vorbei, wurde offenbar, wie wenig die Devise Mussolinis vom „Parallelkrieg", den Italien führen wollte, („Die Alpen trennen den deutschen vom italienischen Kriegsschauplatz") noch hielt. Beim deutschen Verbündeten, der nur eine Randrolle auf Italiens Kriegsschauplatz spielen sollte, kam es zwangsläufig ab November 1940 zu einem Umdenken. Die ersten schweren Niederlagen des italienischen Heeres und der Marine waren vom Duce bereits als Scheitern des Parallelkrieg-Konzepts eingestanden, als die deutsche Führung beschloß, den Mittelmeerraum ab sofort in ihre strategischen Erwägungen und Planungen miteinzubeziehen.

Als Mussolini dann, allen früheren Absichten zum Trotz, angesichts der sich in Nordafrika mit der britischen Offensive abzeichnenden Katastrophe, sich um materielle und personelle Unterstützung an den Bundesgenossen wenden mußte, reagierte das Oberkommando der Wehrmacht (OKW) zunächst zurückhaltend: zu sehr schienen die italienischen Forderungen, am Vorabend des für Frühsommer 1941 beabsichtigten Rußlandfeldzugs, die Möglichkeiten der deutschen Wehrmacht zu übersteigen. Bereits am 4. November 1940 hatte Hitler den Vorschlag, deutsche Verbände in Nordafrika einzusetzen, verworfen. Das Heer sollte kompakt den Rußlandfeldzug antreten und nicht als „Blutsparer" Italiens in Afrika dienen.

Am 19./20. Januar 1941 kamen Hitler und Mussolini mit politischem und militärischem Gefolge auf dem Berchtesgadener Berghof zusammen. Der von den militärischen Niederlagen gezeichnete Duce war ungern angereist; nun, da er glaubte, sein Parallelkriegsgedanke sei auch formal gestorben, sah er schon seine Kriegsführung in Hitlers Gesamtkriegsplan eingeordnet. Doch Hitler versuchte, dem Gast alle Peinlichkeiten zu ersparen und hielt ihm gegenüber den Schein einer eigenständigen Kriegsführung Italiens im Mittelmeerraum aufrecht. Allerdings nahmen die Briten drei Tage nach Berchtesgaden Tobruk. Seit Francos Absage des Unternehmens „Felix" – der Eroberung Gibraltars – im Dezember 1940 setzten sich somit die politischen und militärischen Rückschläge auf den italienischen Kriegsschauplätzen fort. Die deutsche Seekriegsleitung (Skl) fürchtete, Großbritannien sei nunmehr in der Lage, die in Nordafrika eingesetzten Streitkräfte teilweise zur Bildung eines Brückenkopfes nach Griechenland und Kleinasien zu verlegen. Um die südeuropäische Flanke zu beruhigen und die britischen Verbände als Vorbedingung eigener erfolgreicher Tonnagekriegsführung im Atlantik im Mittelmeerraum zu binden, beabsichtigte die deutsche Skl die italienische Marineleitung (Supermarina) zu bewegen, ihre Seekriegsführung von Defensive auf Offensive umzuschalten.

Hierzu erarbeite die Operationsabteilung der Skl einen Entwurf, der in seinem Kern den Vorstellungen des Chefs des Marineverbindungsstabes Italien, Vizeadmiral Weichold, entsprach. Demnach waren alle italienischen Seeoperationen bislang furchtsam und kraftlos gewesen, weil stets das Schreckgespenst der Bedrohung im Rücken jede Unternehmungslust hemmte: „operiert man nach Westen, so sah man voller Sorge nach Osten oder umgekehrt; setzte sich der Gegner von beiden Seiten in Bewegung, so bot nur noch der rettende Hafen Sicherheit". Allein die Sperrung der Sizilienstraße könne für eine offensive italienische Seekriegsführung sorgen. Doch die Entsendung leichter Seestreitkräfte ins Mittelmeer, wie sie Weichold und später auch Rommel forderten, wurde von der Skl abgelehnt, da alle S-Boote in der Ostsee wegen des bevorstehenden Angriffs auf die Sowjetunion gebraucht würden. Nach dem Krieg sagte Weichold bei einer Vorlesung an der Marineakademie in Livorno: „Wer in der Kritik der italienischen Seekriegsführung so weit gehen sollte, den Verlust des Mittelmeerkrieges auf die defensive Haltung der italienischen Flotte zurückzuführen, sollte nicht übersehen, daß auch die Offensive der deutschen Seekampfmittel den Verlust des deutschen Seekrieges zur gleichen Zeit nicht hat verhindern können."

Bei der großen Wehrmachtsbesprechung am Obersalzberg vom 8./9. Januar 1941 hatte der Chef der Operationsabteilung der Skl, Vizeadmiral Kurt Fricke, eine Reorganisation der italienischen Seestreitkräfte unter deutscher Führung gefordert, eine Art Unterwerfung, die Hitler – wie gesehen – entschieden ablehnte. Der Seekriegsleitung verblieb nur die Hoffnung auf das ursprünglich für Dezember 1940 angesetzte Treffen der beiden Admiralsstäbe. Angesichts der Entlassungswelle in der italienischen Wehrmachtsführung, der u. a. Generalstabschef Badoglio und Admiralstabschef Cavagnari samt Stellvertretern zum Opfer gefallen waren, war das Treffen auf Februar 1941 in Meran vertagt worden. Vielleicht würde es da gelingen, den neuernannten Staatssekretär und Admiralstabschef der Marine, Arturo Riccardi, zu einer offensiven Seekriegsführung zu bewegen. In dieser Hoffnung begab sich jedenfalls die Spitze der deutschen Kriegsmarine nach Meran, wo sie am 13./14. Februar 1941 zum erstaunlicherweise ersten Mal – nach halbjähriger gemeinsamer Kriegsführung – mit dem italienischen Admiralstab zusammentraf.

Trotz aller gegenseitigen Eifersüchteleien und Unabhängigkeitsbestrebungen galt es ein Zusammenwirken zu finden, um sich gegen die englische Marine, die stärkste der Welt, zu behaupten.

Als inzwischen seit Kriegsbeginn weitaus stärkere Partnerin der Marineachse Berlin – Rom, glaubte die deutsche Marine ihren Standpunkt durchsetzen zu müssen, die Italiener befürchteten die Dominanz des Bündnispartners und hielten sich auffallend zurück, indem sie ihre Geheimnisse und Erfahrungen für sich behielten, doch nach den schweren Niederlagen, die Italiens Heer wie Marine erlitten hatten, schien diese Haltung mehr als überholt. Auch der deutschen Seite schien es klar, um eine Gesprächsrunde mit dem Verbündeten gebe es kein Wenn und Aber, wollte man eine Hauptrolle auf dem Kriegsschauplatz Mittelmeer einnehmen.

Vor den eigentlichen Gesprächen führten die Oberbefehlshaber der Seestreitkräfte Riccardi und Raeder ein Gespräch unter vier Augen, wobei der Chef der italienischen Marine ein eigenes Memorandum mit der Beurteilung der Lage durch Supermarina vorlegte, das ziemlich ernste, ja alarmierende Töne anschlug: der Überfall auf den Hafen von Tarent vom 12. November 1940 wurde ebenso angesprochen wie die „beffa di Genova" vor einigen Tagen, als es englischen Schiffen gelang, bis auf wenige Kilometer vom Hafen von Genua vorzudringen.

Das Memorandum enthielt auch wesentliche Forderungen an Deutschland. Sie umfaßten insbesondere Flak-Material, Flugboote für die Fernaufklärung über See, Heizöllieferungen, sonstige Rohstoffe und Halbfabrikate. Sie wurden ergänzt durch Anmerkungen politischen Inhalts Riccardis, etwa zu den schwierigen Beziehungen zwischen Paris und Rom. So versuchte der italienische Admiral, eine weitere Abrüstung der französischen Flotte durchzusetzen, und meldete – wohl im Auftrag des Duce – territoriale Ansprüche gegenüber Frankreich an, falls Nordafrika völlig preisgegeben werden müsse. Großadmiral Raeder versäumte es dann nicht, das Auswärtige Amt über diese Absicht der Italiener zu unterrichten.

Die deutsche Delegation bestand aus:
   Großadmiral Erich RAEDER, Oberbefehlshaber der Kriegsmarine
   Konteradmiral Kurt FRICKE, Chef der Operationsabteilung der Seekriegsleitung
   Korvettenkapitän Heinz ASSMANN, I b der Seekriegsleitung
   Vizeadmiral Eberhard WEICHHOLD, Chef des deutschen Marineverbindungsstabes zur italienischen Marine (seit 2. Juli 1940)
   Kapitän zur See Werner LÖWISCH, Marineattachè der deutschen Botschaft in Rom
   Korvettenkapitän FREIWALD, Adjutant bei Großadmiral Raeder

Die italienische Delegation war so zusammengesetzt:
   Admiral Arturo RICCARDI, Chef des Admiralstabes (Capo di stato maggiore) der Marine (seit 7. Dezember 1940)
   Konteradmiral Raffaele de COURTEN, (nachmals Minister in den Kabinetten Badoglio und Degasperi)
   Divisionsadmiral BRENTA, Chef der Operationsabteilung
   Konteradmiral Carlo GIARTOSIO, Chef des Planungsamts
   Divisionsadmiral MARAGHINI, Chef des italienischen Marineverbindungsstabes in Berlin
   Kapitän zur See Corso PECORI GIRALDI, Marineattachè in Berlin
   Dazu noch der Zeremonienbeauftragte Fregattenkapitän Foscari, der Adjutant Riccardis Korvettenkapitän Michelagnoli und der Dolmetscher, Leutnant zu See Mosetti.

Die Aussprache zwischen Raeder und Riccardi begann anfangs in französischer Sprache, um anschließend mit Hilfe der beiden Dolmetscher de Courten und Löwisch in Deutsch und Italienisch fortgesetzt zu werden.

Die Verbindung Italien – Deutschland sei eine auf Leben und Tod, unterstrich in seinen einleitenden Worten der deutsche Oberbefehlshaber. Die Seekriegsführung Italiens habe für die deutsche Marine großen Nutzen erbracht, und – so Raeder weiter – das todesmutige Verhalten italienischer Offiziere und Seeleute bei Einzelaktionen „bewundern wir".

„Oberster Grundsatz für die deutsche Seekriegsführung bleibt die Abschneidung der Zufuhr nach England. Die Niederringung Englands in absehbarer Zeit sei zu erhoffen durch Zusammenarbeit von U-Bootskrieg und Luftkrieg mit dem Ziel, Verkehrswege und Verkehrseinrichtungen systematisch zu zerstören."

Der italienische Oberbefehlshaber dankte für die herzlichen Grußworte, den Standpunkt des Großadmirals teile er vollkommen, zumal er auch den Richtlinien entspreche, die ihm der Duce vor seiner Abfahrt aus Rom mitgegeben habe.

Über die derzeitige italienische Lagebetrachtung zum Mittelmeer, Roten Meer und Indischen Ozean und die operativen Möglichkeiten händigte er dem Großadmiral eine Denkschrift aus, und führte aus:

„Die besondere geographische Lage Italiens bedingt, daß die Verhältnisse der deutschen Seekriegsführung sowie deutsche Kriegserfahrungen nicht sämtlich auf das Mittelmeer übertragen werden können. Wo Engländer bisher im Mittelmeer aufgetreten sind, waren sie stets überlegen, daher sei für die italienische Flotte Vorsicht am Platze. Die italienischen Materialausfälle sind nicht zu ersetzen. Ernstere Verluste der Flotte müssen stärkste Rückwirkung auf die Gesamtkriegslage Italiens haben wegen engen Verkupplung überseeischer Landkriegsschauplätze mit Seewegen."

Riccardi anerkannte vorbehaltlos die Entlastung der italienischer Flotte durch die deutsche Atlantikkriegsführung. Gibraltar in englischer Hand sei allerdings ein wesentliches Hemmnis für italienische offensive Absichten im Atlantik.

Allen gegensätzlichen Auffassungen zum Trotz (die Deutschen wollten die Sperre der Straße von Sizilien für die englischen Schiffe und eine insgesamt offensive Seekriegsführung – die Italiener primär den Schutz der Geleitzüge zwischen Italien und Nordafrika und eine defensive Taktik für den Mittelmeerraum), man kam sich bei der Meraner Besprechung näher.

Die Sizilienstraße könne zwar nach italienischer Auffassung nicht hermetisch gesperrt werden, da man sie für den eigenen Schiffsverkehr benötigte, aber nichts sei unmöglich, meinte Admiral Riccardi, wenn die deutsche Marine Hilfe leistet.

Admiral Fricke, der das operative Konzept innerhalb der strategischen Lage Italiens vortrug, schlug die Lieferung geeigneter Torpedos mit Reichweite bis 450 m für den Fall der Absperrung der Meerenge von Sizilien vor. Auch die entsprechenden Minen werden zur Verfügung gestellt.

Großadmiral Raeder nahm am Vormittag des 2. Konferenztages zu der italienischen Denkschrift Stellung und wies – erstmals – auf deutscher Seite – auf die entscheidende Rolle des Mittelmeerraumes für den Seekrieg gegen England hin. Vordringlich sei – neben der Sperrung der Sizilienstraße – die Ausschaltung der englischen Stützpunkte Alexandria, Gibraltar und Malta. Mit energischem Einsatz der Luftwaffe könne die Lage im mittleren Mittelmeer geändert werden, vor allem Malta sei allmählich für britische Seestreitkräfte unbrauchbar zu machen. Es sei allerdings zu bedenken, entgegnete Admiral Riccardi, daß die zahlreichen Luftangriffe auf Malta keineswegs zur Zerstörung des Luftstützpunktes geführt haben und die italienische Geleitzüge, die leider sehr langsam seien (die schnellen Schiffe waren bei – damals nicht erwarteten – Kriegserklärung im Ausland geblieben), ständigen Angriffen aus der Luft ausgesetzt sind.

Malta sei – so Raeder – immer stärker in die Zange zu nehmen, damit das Afrika – Korps ohne große Einbußen in Libyen landen kann. (Am 9. Februar war bereits das erste Kontingent in Neapel Richtung Tripolis gestartet).

Raeder wies noch darauf hin, daß die Beherrschung der Verbindungswege vom Schwarzen Meer durch die Ägäis für Italien wegen der Öltransporte aus Rumänien lebenswichtig seien.

Admiral Riccardi erläuterte noch Italiens Stellung zu Frankreich die verschieden von der Situation der Deutschen sei.

Die Italiener seien im unbesetzten Gebiet Bewacher ohne Waffen, besonders in Algerien müsse mit einer geheimen Mobilmachung gerechnet werden, und die Frage stelle sich, welche Haltung die französische Marine einnehmen werde.

Auf die schwierige Versorgungslage wies Riccardi hin, in die – wegen Abgabe erheblicher Ölvorräte an die italienische Wirtschaft – die italienische Marine geraten sei, und bat Großadmiral Raeder, sich dafür einzusetzen, daß aus deutschen Beständen ausreichende Ölmengen der italienischen Marine geliefert werden können.

Es sei, betonte der Admiral ausdrücklich, für sie alle ein unerträglicher Gedanke, ihre stolzen Schiffe mangels Brennstoff zu Untätigkeit verdammt zu sehen. Eher verhalten versprach der deutsche Oberbefehlshaber, er werde sich beim Führer für Öllieferungen einsetzen. Riccardi wiederum sagte zu, das offensive deutsche Einsatzkonzept zu überprüfen und erklärte sich einverstanden, den deutschen Marine-Verbindungsstab zukünftig in den italienischen Admiralstab einzubauen. Mit dieser Vereinbarung einer solchen Annäherung der beiden Stäbe endeten die Meraner Besprechungen. Die deutsche Seekriegsleitung hoffte nun, auf künftige Seeoperationen im Mittelmeer Einfluß nehmen zu können, während die italienische Kriegsmarineführung glaubte, die vorgetragenen Materialwünsche, voran die Forderung nach Heizöl, erfüllt zu sehen.

Allerdings ließ die deutsche Delegation keine Andeutung an jenes Instrument aufkommen, das die deutsche Marine bereits besaß, den Radar.

Der in Meran allerdings nur vermeintlich erkannten Zustimmung des Bündnispartners, seine Seestreitkräfte auch offensiv einzusetzen, kam den Plänen des OKW zur Eroberung Maltas entgegen.

Auf jeden Fall schien es gelungen zu sein, nach deutscher Auffassung, die Stellung des Chefs des Verbindungsstabs, Konteradmiral Weichold, zu stärken.

Zu einer echten operativen Zusammenarbeit der beiden Kriegsmarinestäbe kam es dennoch nicht, weder im Mittelmeer noch im Altantik und dies nicht einmal im U-Boot-Sektor. Ein Einsatz deutscher U-Boote im Mittelmeer wurde nicht einmal behandelt.

Die Frage, ob der Treibstoffmangel – wie er in der offiziellen Marinegeschichtsschreibung immer wieder herausgestrichen wird – in Wahrheit nur ein vorgeschobener Grund war, um gewissermaßen von der eigenen mangelnden Einsatzbereitschaft abzulenken, ist von Renzo De Felice (in „Mussolini l'alleato") aufgeworfen und von Giorgerini („Da Matapan al Golfo Persico") bejaht worden. So erklärte Jodl am 18.03.1941 im Rahmen des Lageberichts des Oberbefehlshabers der Marine vor Hitler, als es um die Heizölversorgung der italienischen Marine ging, daß eine Nachprüfung ergeben habe, die Italiener hätten noch 600.000 t Heizöl, mehr als die Deutschen selbst. Giorgerini: „Der Treibstoff war kein entscheidender, die Manövrierfähigkeit der Kampfverbände einengender Faktor: wann immer der Entschluß dahingehend gefallen war, wurde in die See gestochen."

Riccardi merkte ergänzend noch die schwierigen Beziehungen zwischen Vichy-Frankreich, und Rom an. Er verlangte eine weitere Abrüstung der (schon dezimierten) französischen Flotte und forderte auch die Besetzung Korsikas. Der britische Angriff gegen den Hafen im Golf von Genua begann am 9. Februar kurz nach der Morgendämmerung. Er stieß zwar operativ ins Leere, weil die Italiener – anders als seinerzeit in Tarent – zur Gegenaktion ausgelaufen waren. Statt der Schiffe wurden aber nun Industrie- und Hafenanlagen beschossen und Angriffe gegen Livorno und Spezia durch Flugzeuge des begleitenden Trägers durchgeführt. Trotz großen Munitionsaufwandes war der militärische Schaden nur gering, es gab aber über 100 Ziviltote. Südlich Genua sammelten sich die Briten dann zum Rückmarsch. Für die italienische Flotte, die den Engländern eindeutig an Stärke überlegen war, und durch die Nähe des Kampfplatzes zur eigenen Küste im Vorteil war, bot dieser Morgen des 9. Februar daher trotz der vorausgegangenen Schläge eine glänzende Gelegenheit, zum Kräfteausgleich zu kommen. Der Befehl zum Vorstoß nach Norden erreichte Admiral Iachino jedoch erst anderthalb Stunden nach Beginn der britischen Beschießung. Es wäre noch genug Zeit geblieben, den britischen Verband abzufangen, wenn es gelungen wäre, dessen Rückmarsch-Kurs festzustellen. Hierfür verließ sich der italienische Flottenchef allein auf die Luftaufklärung. Die Meldungen waren aber eher verwirrend als helfend. Es rächte sich jetzt, daß der italienische Flottenchef keine weitreichende eigene Seeaufklärung vorgetrieben hatte. Wieder hatte die italienische Marine eine günstige Stunde verpaßt, – wahrscheinlich ihre größte.

Die Analyse Riccardis war nüchtern und verständlicherweise pessimistisch, und der Pessimismus durchaus zielgerichtet. Die Botschaft war: wir, d.h. die italienische Marine, sind zu schwach, Ihr Deutschen müßt uns helfen. Denn bei einem Zusammenstoß der englischen mit der italienischen Flotte wären die italienischen Verluste endgültig, da die Werften keine Ersatzschiffe liefern konnten, was den Engländern ohne weiteres möglich wäre.

Einen Tag vor der Meraner Besprechung, am 12. Februar 1941, war Erwin Rommel, der kommandierende General des Afrikakorps, in Tripolis eingetroffen, der auch das Kommando über alle italienischen Truppenteile übernehmen sollte. Am 14. Februar traf der erste deutsche Truppentransport auf dem Seeweg in Libyen ein.

Über die Auswirkungen des Waffenstillstands mit Frankreich tagte, ebenfalls in Meran, vom 13. bis 15. Mai 1941 eine deutsch-italienische Kommission, wobei die Deutschen vom Vorsitzenden der deutschen Waffenstillstandskommission angeführt wurden, General Vogel.

Der Hitlers Zorn erregte

Am 22. März 1939 trug sich ein Prof. Karl Bömer aus Berlin in das Gästebuch des Sandhofes im Passeier ein. Er gab einfachheitshalber seinen vollen Titel an: Leiter der Auslandspresseabteilung im Reichsministerium für Propaganda, sein Vorgesetzter war Reichspropagandaminister Goebbels. Mit seinem Werk über die Pressefreiheit im nationalsozialistischen Staat war 1933 die Karriere des von Goebbels mehrfach in seinen Tagebüchern Genannten angelaufen, er wurde schließlich Ministerialdirigent im Reichspropagandaministerium und Professor an der Hochschule für Politik in Berlin (Goebbels schreibt seltsamerweise immer „Böhmer"). Einen Hauch von Weltgeschichte verspürte Bömer am Tag des Angriffs auf Polen, dem 1. September 1939, als er Goebbels die abgehörten Telefongespräche bringt. „Böhmer (sic!) bringt Telephonate. Aus ihnen geht eindeutig hervor, daß höchster Alarm herrscht. Coulondre (Französischer Botschafter) und Henderson (Britischer Botschafter) suchen Lipski (Polnischer Botschafter) zu bewegen, auf eigene Faust zum Führer zu gehen. Aber er ist stundenweise unauffindbar. Polen will also offenbar die Sache hinziehen. Mittags gibt der Führer Befehl zum Angriff in der Nacht gegen 5 Uhr. Es scheint, daß damit die Würfel endgültig gefallen sind." In der Tat: am 3. September erklären Großbritannien und Frankreich auf Grund des Angriffs auf Polen den Krieg. Das Unternehmen „Merkur", die am 1. Juni 1941 nach nur 10 Tagen erfolgreiche Landung der deutschen Fallschirmjäger auf Kreta, ließ das Gerücht aufkommen, daß nach der gleichen Blitzstrategie eine solche Operation auf der britischen Insel selbst nicht auszuschließen sei. Das setzte den großen Bluffer Goebbels in Bewegung. Galt es doch, von dem bevorstehenden Überfall auf die Sowjetunion, dem Unternehmen „Barbarossa", abzulenken.

Ein solches Täuschungsmanöver, das Goebbels selbst als „etwas dreisten Versuch" gefiel, war um so nötiger, als ausgerechnet sein Leiter der Abteilung Auslandspresse Bömer, während eines Empfanges der bulgarischen Botschaft in Berlin unter Alkoholeinfluß Äußerungen von sich gegeben hatte, aus denen in diplomatischen Kreisen auf den bevorstehenden Angriff auf die Sowjetunion geschlossen wurde. Goebbels verfaßte also, nachdem er Hitlers Zustimmung für ein Ablenkungsmanöver eingeholt hatte, „mit großer List" unter der Überschrift "Das Beispiel Kreta" einen Artikel, dem zwischen den Zeilen zu entnehmen war, daß die Invasion der Britischen Inseln unmittelbar bevorstehe. Am 12. Juni 1941 wurde der von Hitler korrigierte Beitrag „mit allen gebotenen Zeremoniell" dem Völkischen Beobachter überreicht, in dessen Berliner Ausgabe er am nächsten Tag erscheinen sollte. So weit kam es jedoch nicht, denn zum Bluff gehörte es, daß die gesamte hauptstädtische Ausgabe, bis auf ein paar Exemplare, in den frühen Morgenstunden beschlagnahmt wurde.

Der Goebbels-Artikel, dessen Verbreitung dadurch angeheizt wurde, schlug bei den ausländischen Pressevertretern als Bombe ein. Abgehörte Telefonate zeigten, daß der Schluß vielerorts der gleiche war: Das „Großmaul Goebbels" hatte nicht zu schweigen vermocht.

Doch Ribbentrop war in der Affäre Bömer bei Hitler gegen Goebbels' Mitarbeiter vorstellig geworden. Auf Hitlers Geheiß übergab er den Fall schließlich dem Volksgerichtshof. Goebbels anfängliche Einschätzung, daß Bömers Entgleisung harmloser sei, als „die Subjekte des Auswärtigen Amtes" sie dargestellt hatten, war umgeschlagen in Zorn gegen den Dauerrivalen, gegen diese „Niete" Ribbentrop. Bömers Karriere aber war gerettet.

Der Blutordensträger

Das älteste Parteimitglied in Meran war wohl der kaufmännische Angestellte Rudolf Außerbrunner, Jg. 1905. Der gebürtige Klagenfurter war mit der Mitglieds-Nr. 915 im Jahre 1925 in die NSDAP aufgenommen worden. Zunächst als Einzelmitglied bei der Reichsleitung geführt, wurde er später der Auslandsorganisation der NSDAP in Mailand zugeteilt. Da er als ausländischer Staatsbürger eigentlich gar nicht NSDAP-Mitglied sein konnte, wurde seine Mitgliedschaft 1932 gestrichen. Inzwischen war er bereits nach Düsseldorf ausgewandert und bei der Firma Henkel als kaufmännischer Leiter beschäftigt. Da er sich anläßlich der Option als Südtiroler für den Verzicht auf die italienische und für die Annahme der deutschen Staatsangehörigkeit erklärt hatte, beantragte er unter Berufung auf Reichsmarschall Göring die Ausstellung des Mitgliedbuches. Die Mitgliedschaft wurde ihm im Oktober 1940 rückwirkend als nicht unterbrochen anerkannt. Gleichzeitig suchte er um den Blutorden und das goldene Ehrenzeichen der Partei an. Den Blutorden erhielten nur die Teilnehmer des blutig endenden Marsches an der Feldherrnhalle in München, mit dem der Putschversuch Hitlers scheiterte. Gauleiter Staatssekretär Bohle erkundigte sich beim Reichsmarschall, einem persönlichen Bekannten Außerbrunners. Göring antwortete, er begrüße es „sehr, wenn dieser echte Nationalsozialist" das goldene Abzeichen erhalte. Außerbrunner war am 9. November 1923 dabei, müsse also folgerichtig den Blutorden erhalten. Kurioserweise verlor der Geehrte dann laut eigenem Bericht das NSDAP-Ehrenzeichen 1941 bei einem Aufenthalt in Wien. Es war ihm im Gedränge der Straßenbahn abhanden gekommen, weshalb er um ein Duplikat beim Reichsschatzmeister der NSDAP ansuchte.

Hoher Polizeibesuch in Schloß Tirol

Am 2. März 1941 tragen sich Hans-Ulrich Stanke und seine Frau Eva im Besucherbuch von Schloß Tirol ein, sie kamen aus Bozen, wo Stanke in der dortigen Umsiedlungszentralbehörde, der ADERSt, seit Herbst 1939, zuerst als persönlicher Sekretär des Leiters der Dienststelle, Dr. Wilhelm Luig, dann ab März 1940 als Leiter der Hauptabteilung VI (Wirtschaft) wirkte. In dieser Abteilung hatte er u.a. die Südtiroler Oswald Kob, späterer Bozner Vize-Stadtkämmerer, und Dr. Wilfried Plangger, den nachmaligen Direktor des Landesverkehrsamtes, unter sich.

Der ausgebildete Jurist Stanke kündigte seine Stelle zum 31. März 1942 und verließ Südtirol. Nach dem Krieg war er Stadtdirektor in Herten / Westfalen.

Am 8. März 1941 besuchen Dr. Werner Best und Karl Brunner, begleitet von den Ehefrauen und Brunners Kinder, offensichtlich auf einem privaten Sonntagsausflug Schloß Tirol. Welche Funktion die beiden Herren innehatten, geht wohlweislich aus der Eintragung ins Gästebuch nicht hervor. Beide haben jedenfalls den Krieg überlebt. Das von der DDR herausgegebene sog. „Braunbuch" vom 1968 über „Kriegs- und Naziverbrecher" in der Bundesrepublik erwähnt unter der Überschrift „Mordete dänische Patrioten" den als Wirtschaftsjurist beim Stinnes-Konzern (Mühlheim/Ruhr) tätigen Werner Best. Tatsächlich war Best im September 1948 in Kopenhagen zum Tode verurteilt und 1951 begnadigt in die Bundesrepublik überstellt worden. Der am 10. Juli 1903 in Darmstadt geborene Jurist hatte es zum Leiter des Rechtsamts der Sicherheitspolizei und des SD unter Reinhard Heydrich gebracht und war von November 1942 bis Kriegsende Reichsbevollmächtigter in Dänemark.

Zum Zeitpunkt seines Südtirolaufenthalts war Best allerdings (seit August 1940) in einer wichtigen Position in Frankreich. Heydrich – der den arbeitswütigen, als Organisationsgenie bekannten Best als Konkurrenten fürchtete – war es gelungen, diesen als Verwaltungsleiter zum Militärbefehlshaber in Frankreich wegzubekommen, durchaus auch im Einverständnis mit Himmler, bei dem Best offenbar auch keine guten Karten mehr besaß. Somit war er in Paris eine Art Über-Innenminister Frankreichs und ohne Zweifel eine Schlüsselfigur der Kollaboration geworden, denn er mußte zur Durchsetzung seiner Maßnahmen ausnahmslos französische Dienststellen beschäftigen. Warum er dieses so prestigeträchtige Amt gleichwohl als Demütigung empfand, erklärt sich aus dem Karrierebruch, den er in Berlin hinnehmen mußte. Das pompöse „Majestic", Sitz des Militärbefehlshabers, schien ihm, der als Brigadeführer den höchsten SS-Rang in Paris innehatte, ein goldenes Exil gegenüber dem Machtzentrum des RSHA (Reichssicherheitshauptamtes) in Berlin, in dessen Brennpunkt er bis dahin gestanden hatte. In den eleganten Salons, in der Welt der Empfänge und Bälle der französischen Hauptstadt fühlte er sich, gesellschaftlich ungeübt, alles andere als wohl. Auch zu den abendlichen Herrenrunden in den benachbarten Hotels „St. Raphael" und „Georg V", die sich um Generalstabschef (und

Mitglied des Widerstandes) Hans Speidel und die von ihm geladenen Künstler und Schriftsteller, wie Ernst Jünger bildeten, nahm er kaum teil.

(„Unter Speidels Ägide bildeten wir im Inneren der Militärmaschine eine Art von Farbzelle von geistiger Ritterschaft: Wir tragen im Bauche des Leviatans ... „ schrieb Ernst Jünger)

Mit Jünger hatte Best allerdings manch nachdenklichen Abend am Kamin verplaudert. Und er habe, so Best, dessen „Marmorklippen" gegen Angriffe aus der NS-Führung verteidigt.

Ein Mann des Widerstandes, der ehemalige Rom-Botschafter Ulrich von Hassell urteilt eher günstig über Best: „Ein ganz interessanter Kopf, mit etwas fanatischem Ausdruck, historisch gebildeter Mann kommt vom Alldeutschen Verband (Class) und Antisemitismus (Werner) her, seit 1930 Partei. Ich hatte schon von Welczeck und anderen gehört, daß er etwas weiter sehe als die meisten und ein Haar in mancher Suppe gefunden habe." Für oppositionelle Kreise war Best jedenfalls als selbstständig denkender SS-Führer ein gesuchter Gesprächspartner. So kritisierte er die Kunstraubzüge eines Göring ebenso wie die nach den ersten Attentaten auf deutsche Soldaten geplanten Geiselerschießungen in Frankreich. Gerade im März 1941 stellte er in einem Erlaß die Wirksamkeit dieser Maßnahmen in Frage.

Nach Heydrichs Tod am 4. Juni 1942 infolge des auf ihn verübten Attentats in Prag, stellte sich die Nachfolgefrage. Immerhin war Best jahrelang Heydrichs Stellvertreter im RSHA gewesen. Himmler rief ihn zwar zu sich, um ihm aber mitzuteilen, daß er Kaltenbrunner vorgesehen habe. Für Best sei eine verantwortungsvolle Aufgabe in der Außenpolitik vorgesehen. Drei Monate nach seinem Eintritt in den Auswärtigen Dienst wurde er Reichsbevollmächtigter in Dänemark (am 5. November 1942), womit er wohl auf dem Höhepunkt seiner Laufbahn angelangt war.

Sein Begleiter auf Schloß Tirol, der am 29. Juli 1900 in Passau geborene Karl Brunner, war zu diesem Zeitpunkt „Sonderbeauftragter des Reichsführers SS und Chef der Deutschen Polizei" in Bozen, seit dem Herbst 1939. Sein SS-Rang war Standartenführer, was dem Oberst entsprach, 1942 wurde er dann Generalmajor der Polizei und SS-Brigadeführer.

Brunner war deutscher Polizeichef in einem nicht besetzten Land und hatte damit eine singuläre Stellung. Allerdings wurde er im September 1940 Inspekteur des SIPO und des SD in Salzburg, um 3 Jahre später, mit weitaus größerer Machtfülle ausgestattet, nach Mussolinis Befreiung wieder nach Südtirol zurückzukehren. Himmler ernannte am 15. September 1943 „den SS-Brigadeführer und Generalmajor der Polizei Karl Brunner zum SS- und Polizeiführer für den Reichsgau Tirol und die Provinzen Bozen, Trient, Belluno mit Dienstsitz in Bozen."

Best und Brunner hatten trotz unterschiedlicher Karriere vieles gemeinsam. Beide waren ausgebildete Juristen, wobei Brunner nach seinem Studium in München und der Referendarzeit Beamter bei der bayrischen Polizei wurde, während Best erst einmal die Richterlaufbahn an hessischen Gerichten einschlug.

Beide hatten sich in den nationalen Wirren und Kämpfen der Nachkriegszeit engagiert, Best war aktiv am Ruhrkampf beteiligt, Brunner war 1919 Angehöriger des Freikorps Chiemgau und Passau und dann Leutnant der Infanterie in der Reichswehr während des Ruhraufstands, 1922-23 kämpfte er in der Brigade Erhard. Während aber Brunner eine äußerlich ruhige Laufbahn einschlug, war Bests Karriere von Höhen und Tiefen, von aufsehenerregenden Aktionen und Irrtümern geprägt. Nachdem er 1930 der NSDAP beigetreten war, entwarf er im Sommer 1931 im Alleingang einen Entwurf für Notverordnungen im Falle einer Machtergreifung, die rücksichtsloses Durchgreifen „der SA und grundsätzlich die Todesstrafe bei Widerstand und Waffenbesitz" vorsahen. Diese sog. „Boxheimer Dokumente" gelangten durch Verrat eines ehemaligen Parteigenossen an die Öffentlichkeit und arteten zum größten politischen Skandal des Herbstes 1931 aus. Die Entlassung aus dem Justizdienst folgte auf der Stelle, doch hielt Hitler persönlich die Hand über den im November 1931 in den hessischen Landtag gewählten „Unglücksraben". Damals hatte die NSDAP den Eindruck zu erwecken versucht, auf völlig legale Weise an die Macht zu gelangen.

Von da an sah sich Best Hitler persönlich verpflichtet, und das Mißgeschick half seiner Karriere. Denn schon im März 1933 wurde er in Hessen zum „Staatskommissar für Polizeiwesen" ernannt. Neben dem „NS-Rechtswahrer" Hans Frank, dem Justizminister und späteren Generalgouverneur von Polen, stieg Best zu einem der führenden Juristen und Staatstheoretiker des 3. Reiches auf. Gerade als er sich mit dem hessischen Gauleiter überwarf, der sein eher sachlich-kritisches Verhältnis zur Partei bemängelte, lernte er Heinrich Himmler kennen, der damals daranging, die Länderpolizeien in seine Hand zusammzufassen und zu „verreichlichen". Himmler, der zum zweiten Fixpunkt im Leben Bests wurde (neben Hitler), verwies ihn an Heydrich, der Juristen vom Schlage Bests brauchen konnte, um seinen noch unbedeutenden SD aufzubauen.

Ab März 1934 organisierte Best den SD-Oberabschnitt Süd in München, wo er wohl Brunner kennenlernte. Mittelbar war Best sicher in die Geschehnisse des Röhmputsches vom 30. Juni 1934 verwickelt. Im September desselben Jahres folgte er jedenfalls seinem Vorgesetzten Heydrich ins preußische „Geheime Staatspolizeiamt" (Gestapo) nach Berlin und war – so unbequem er für Heydrich auch wurde – maßgeblich am Aufbau des Polizeiapparats im Dritten Reich beteiligt.

Natürlich hatte Best auch mit Maßnahmen gegen jüdische Bürger zu tun.

Auf Drängen der schweizerischen Regierung hatte sich das Deutsche Reich im September 1938 dazu verpflichtet, alle Pässe, deren Inhaber Juden waren, mit einem großen roten „J" zu versehen. Der Erlaß dieser Kennzeichnungsmaßnahme vom 5. Oktober 1938 trägt die Unterschrift des Ministerialdirigenten Dr. Best. Bereits 1931 hatte er in seinen „Boxheimer Dokumenten" eine Sonderstellung für Juden beansprucht, die er gegenüber den deutschen ‚Volksgenossen' als ‚Fremdstämmige' ausgrenzte. Und auch später, als Kriegsverwaltungschef in Frankreich, war Werner Best zumindest mitverantwortlich für Aktionen gegen Juden.

Zugebilligt wird ihm, daß er trotz allem kein Judenhasser vom Schlage eines Goebbels war, obgleich er im Rahmen seines „völkischen" Denkens auch die Vernichtung fremden Volkstum durchaus zu rechtfertigen versuchte.

Als Reichsbevollmächtigter in Kopenhagen begann er mit einer Politik der „weichen Hand" und geringstem Polizeiaufwand, um die „germanische Gemeinschaft" mit den Dänen nicht aufs Spiel zu setzen. Nachdem Ende August 1943 der militärische Ausnahmezustand über Dänemark verhängt wurde und die dänische Regierung zurückgetreten war, schien für Best – angesichts der zunehmenden Sabotageakte – die Politik der Zusammenarbeit, das „Modell Dänemark", wie er es angestrebt hatte, endgültig gescheitert zu sein.

Dennoch kam es in der Folge nicht zu einer „Vernichtung der jüdischen Bevölkerung" in Dänemark. Als Hitler am 27. September 1943 definitiv den Deportationsbefehl für die dänischen Juden erteilt hatte, informierte Best den deutschen Schiffahrtsattachè Duckwitz am darauffolgenden Tag über das Datum der geplanten Aktion. Anfang Oktober 1943 konnten sich die meisten dänischen Juden, über 7.000, rechtzeitig nach Schweden retten. Dazu beigetragen hatte auch ein führender Kopf des deutschen Widerstandes, Helmut James v. Moltke. Das führende Mitglied und Gastgeber des sog. Kreisauer Kreises fuhr eigens nach Dänemark zu Best, um Geiselerschießungen und Judenrazzia zu verhindern. Am 2. Oktober sprach er mit dem Reichsbevollmächtigten: „Best ist kein schlechter Mann, er ist jedenfalls klug.", schrieb er im Brief vom 5. Oktober 1943 an seine Ehefrau Freya von Moltke. Best sei Hanneke (dem Befehlshaber der Wehrmacht in Dänemark) turmhoch überlegen. Der Konflikt zwischen Hanneke und Best sei das Hauptkennzeichen der Lage in Dänemark und die Dänen hätten die Folgen dieser Unfähigkeit zu tragen.

So das Urteil des am 23. Juni 1945 hingerichteten Grafen Moltke, einer „so großen moralischen Figur und zugleich ein Mann mit so umfassenden und erleuchteten Ideen, wie uns im 2. Weltkrieg auf beiden Seiten der Front kein anderer begegnet ist", bekannte der US-Diplomat George F. Kennan in seinen Erinnerungen.

Für einen Mann, dem eine rasante Karriere an der Seite eines Heydrich gelang, ist daher das Urteil Moltkes schon erstaunlich. So bewegt sich die Biographie Bests, dem eine zweite, eine erfolgreiche Nachkriegskarriere in der deutschen Industrie gelang, zwischen den Polen. Treue zu Hitler und Himmler, Bekanntschaft mit Ernst Jünger und Helmut von Moltke als juristischer und völkischer Vordenker durchaus bahnbrechend im Sinne des Regimes, aber auch Saboteur exzessiver Maßnahmen – ein ebenso komplexes wie widersprüchliches Leben im Zentrum des Dritten Reiches.

Bleibt noch anzufügen, daß Best von seiner 1909 geborenen Ehefrau Hildegard geb. Regner, begleitet wurde, Tochter eines Mainzer Zahnarztes, die er 1930 geheiratet hatte, und die ihm fünf Kinder schenkte. Brunner war mit seiner 1901 geborenen Gattin Maria (geb. Vogel aus Beiderwies bei Passau) und dem einzigen Kind, der neunjährigen Tochter Helga unterwegs.

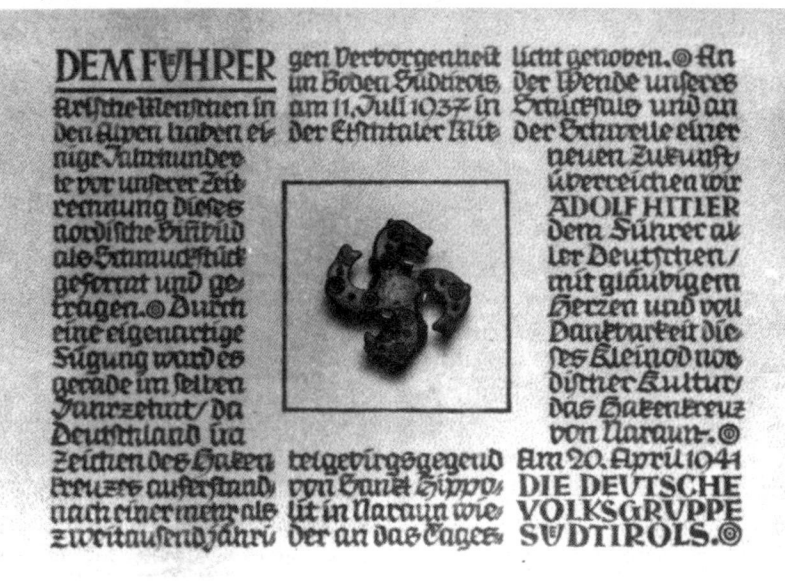

Geburtstagsgeschenk der „Deutschen Volksgruppe" für Adolf Hitler

„Dem Führer!

Arische Menschen in den Alpen haben einige Jahrhunderte vor unserer Zeitrechnung dieses nordische Sinnbild als Schmuckstück geformt und getragen.
Durch eine eigenartige Fügung ward es gerade im selben Jahrzehnt, da Deutschland im Zeichen des Hakenkreuzes auferstand, nach einer mehr als zweitausendjährigen Verborgenheit im Boden Südtirols, am 11. Juli 1937 in der Etschtaler Mittelgebirgsgegend von Sankt Hippolit in Naraun wieder an das Tageslicht gehoben.
An der Wende unseres Schicksals und an der Schwelle einer neuen Zukunft überreichen wir Adolf Hitler, dem Führer aller Deutschen, mit gläubigem Herzen und voll Dankbarkeit dieses Kleinod nordischer Kultur, das Hakenkreuz von Naraun.
Am 20. April 1941.

Die Deutsche Volksgruppe Südtirols."

Der japanische Botschafter aus Berlin – „German Ambassador to Germany"

Begleitet von Ehefrau Toyoko Oshima, Tajeko Jaguchi und Kanichi Nishimura sowie Konteradmiral Karl Compett besuchte der japanische Botschafter Hiroshi Oshima in Berlin am 15. Mai 1941 Schloß Tirol während seines Meranaufenthaltes.

General Hiroshi Oshima war von 1934-1938 Militärattachè an der japanischen Botschaft in Berlin und hatte sehr enge Beziehungen zur NSDAP. Er war maßgeblich beteiligt am Abschluss des Antikomintern-Pakts zwischen Deutschland und Japan, abgeschlossen am 25. November 1936 in Berlin, der die deutsch-japanische Zusammenarbeit gegen die UdSSR begründete (1937 trat Italien bei, 1939 Spanien, Ungarn und Mandschukuo). Er wurde japanischer Botschafter in Berlin 1938/39 und 1941/45. Durch Hitlers eigenmächtigen Pakt mit Stalin Ende August 1939 und seinen Angriff auf Polen fühlte sich die japanische Regierung desavouiert, weshalb Oshima – der Nachteile für sein Land aus einer direkten deutsch/sowjetischen Verständigung befürchtete – demonstrativ zurücktrat. Nach diesem Tiefpunkt der Beziehungen zwischen den beiden Staaten bemühte sich Oshima erfolgreich um das Zustandekommen eines deutsch-japanischen Paktes. Am 27. September 1940 wurde der Dreimächtepakt zwischen Japan, Deutschland und Italien unterzeichnet. Oshimas Übername war „deutscher Botschafter für Deutschland", den ihm die Alliierten gaben. In den USA wurde er als „more Nazi than the Nazis" oder „more German than the Germans" bezeichnet. In der Tat bekräftigte er auch noch nach dem Krieg seine Rolle als herausragender Deutschenfreund. Er galt als persönlicher Freund Hitlers und war häufiger Gast bei dessen privaten und gesellschaftlichen Einladungen. Hitler hegte eine sehr hohe persönliche Wertschätzung für ihn und bezeichnete ihn als exzellenten Kopf. Sein Vertrauen in Oshima ging soweit, daß Hitler ihm Tage vorher den Angriff auf die Sowjetunion andeutete, vielleicht als erstem und einzigem Ausländer. Er überreichte am 15. Dezember 1941 Reichsaußenminister Ribbentrop einen Vertragsentwurf für eine engere militärische Zusammenarbeit, der zur Unterzeichnung einer „Militärischen Vereinbarung zwischen Deutschland, Japan und Italien" vom 18. Januar 1942 führte, die den 70. Grad als Operationstrennlinie zwischen Deutschland und Japan festhielt. Oshima gab Hitler einmal als Geburtstagsgeschenk einen japanischen Katanasäbel. Er harrte bis zum Ende des Krieges in Berlin aus. 1948 wurde er von dem internationalen Militärtribunal in Tokio als zentrale Figur des deutsch-japanischen Bündnisses zum Tode, dann zu lebenslanger Haft verurteilt, 1955 indes begnadigt.

Staatssekretär stirbt in Meran

Thomas Mann nahm an den politischen Wirren bei Kriegsende regen Anteil und fragt in seinem Tagebuch am 30. September 1918, ob Paul von Hintze abberufen wird.

In den dramatischen Wochen vom 7. Juli 1918, als er vom Kaiser berufen wurde, bis zu seinem Rücktritt am 4. Oktober 1918, war Paul von Hintze als Staatssekretär Chef des Auswärtigen Amtes.

Das deutsche Heer stand im Juli vor seiner letzten Westoffensive. Anfang Oktober war das Friedens- und Waffenstillstandsgesuch an US-Präsident Wilson abgesandt.

Trotz seiner kurzen Amtszeit kam von Hintze eine wichtige Rolle in der deutschen Außenpolitik zu. Das Staatssekretariat erlangte er nach einer langen, abwechslungsreichen Karriere.

Paul Hintze wurde 1864 im preußischen Schwedt an der Oder als Sohn eines Rohtabakfabrikanten geboren, trat 1882 in die Marine ein und wurde im Jänner 1898 dem Stab des Kreuzergeschwaders in Ostasien zugeteilt, das als Aushängeschild der aufstrebenden deutschen Flotte galt und zwei Monate vor Hintzes Ankunft die Bucht von Kiautschou in China besetzt und mit dem Hafen Tsingtau einen festen Stützpunkt erworben hatte. Kiautschou wurde für 99 Jahre von China gepachtet und war damit das einzige deutsche Schutzgebiet unter Marineverwaltung. Die deutsche Marine stand damit im Wettstreit mit den anderen Seestreitmächten der Großmächte. Eine erste, eher ungewöhnliche Aktion war die Entsendung des Kreuzergeschwaders nach Manila, das im spanisch-amerikanischen Krieg am 1. Mai 1898, nach der Vernichtung der spanischen Pazifikflotte, vom siegreichen Geschwader des US-Admirals Dewey blockiert wurde. Es kam zu jener Episode, die Hintze schlagartig bekannt machte. Die starke deutsche Flottenpräsenz hatte die öffentliche Meinung in den USA und besonders das Mißtrauen Deweys erregt. Zur Klärung wurde am 10. Juli Flaggleutnant Hintze zu dem – später als Nationalheld gefeierten – US-Admiral geschickt, der sich in Hitze redete und den Krieg eigenmächtig androhte, worauf allerdings der, wie Dewey selbst dann anerkannte, „capable, tactful young officer" ruhig und besonnen reagierte. Mit dem Manila-Zwischenfall war Kaiser Wilhelm II. auf Hintze aufmerksam geworden. Es öffnete sich eine Karriere. 1903-1911 war Hintze Marineattachè und Militärbevollmächtiger am russischen Hof in Petersburg.

Aufsehenerregend war seine Ernennung zum Flügeladjutanten des Kaisers 1906 und damit zu dessen Vertrauensperson. Auch das Vertrauen des Zaren erwarb er sich, den er 1905 bei dem Treffen mit dem Kaiser auf seiner Yacht begleiten durfte. Beim Generalstreik im gleichen Jahr erschien er mit zwei deutschen Torpedobooten vor Peterhof und ermöglichte dem Zaren eine Verbindung nach außen. Sein allzu enger Kontakt zu den höfischen und Gesellschaftskreisen, die ihn zu wichtigen vertraulichen Berichten nach Berlin animierten, führte zu einer Entfremdung vom Zaren und schließlich zu seiner Abberufung. Nach einer Gesandtentätigkeit als Konteradmiral in Mexiko, das er 1914 wegen der revolutionären Wirren unter Lebensgefahr verlassen mußte, übernahm er 1915 die Gesandtschaft in Peking und damit einen der wichtigsten außereuropäischen Posten bis zum Abbruch der diplomatischen Beziehungen im Frühjahr 1917. Als Gesandter in Norwegen ab Juni 1917 gelang ihm eine Neutralitätsversicherung der norwegischen Regierung, dies nach einer schweren Krise wegen des unbeschränkten U-Boot-Krieges, der zur Versenkung eines erheblichen Teils der norwegischen Handelsflotte geführt hatte. Als „einziger Kenner Rußlands im Auswärtigen Amt" (so Kaiser Wilhelm II.) wurde Hintze nach dem Sturz des allzu friedensbereiten Staatssekretärs Richard von Kühlmann als dessen Nachfolger designiert. In der Wilhelmstraße, dem Sitz des Auswärtigen Amtes in Berlin, wurde der als Nichtfachmann angesehene kühl erwartet. Doch dem Staatssekretär war in der Spätphase des Krieges angesichts eines unzulänglichen, greisen Reichskanzlers und nunmehr schwachen Monarchen die größte Möglichkeit eigenständiger Politik geboten, vor allem im Osten, der nach dem Frieden von Brest-Litowsk und dem deutschen Vormarsch ins Innere Rußlands wichtigstes außenpolitisches Feld war. Hintzes Ostpolitik war nüchtern und frei von Utopien. Wichtig sei die militärische Lähmung Rußlands, dafür seien die Bolschewiki zu ertragen, ja zu unterstützen: Die Ablösung des in einer schweren Krise befindlichen bolschewistischen Regimes soll – entgegen der Meinung des Kaisers und Teilen des Militärs – nicht herbeigeführt werden, denn eine bürgerliche oder liberale Regierung werde keinesfalls deutschfreundlich sein, während die Bolschewiki den Friedensvertrag unterzeichnet haben. Die Bildung von neuen Randstaaten wie Finnland, Polen, die baltischen Provinzen soll langfristig gefördert werden, und diese sich nach Deutschland orientieren. Eine abenteuerliche Expansionspolitik lehnte Hintze dagegen ab, Mittelpunkt seiner Ostpolitik in seiner kurzen Amtstätigkeit blieb das Verhältnis zu Rußland, und die Zusammenarbeit mit den Bolschewiki als einzigem Partner; gemeinsame Militäroperationen gegen die Ententetruppen in Rußland, und der stillschweigende Nichtangriffspakt an der Waffenstillstandslinie,. machte den Bolschewiki die Kräfte frei gegen die Tschechoslowakische Legion. Über den „roten Terror" wurde allerdings hinweggesehen, sogar für Kohle- und Waffenlieferungen trat Hintze ein. Der Untergang des Zarenreiches berührte ihn nicht, jedes konservative russische Reich werde Feind Deutschland sein, während mit dem sozialistischen Regime der Neuanfang der deutsch-russischen Beziehungen möglich ist. Wenngleich Hintzes Ostpolitik im Auswärtigen Amt von einer starken Fraktion mitgetragen wurde, so war doch vor allem dank seines energischen Zutuns eine Wendung gegen die Bolschewiki abgewehrt worden, die im Sommer 1918 in schwerster Bedrängnis waren. Wäre Hintze zu einem Gegenkurs bereit gewesen, hätte dies ausgereicht, um der internationalen Entwicklung der nächsten Jahrzehnte eine andere Richtung zu geben.

Der Staatssekretär Hintze hatte an einem Wendepunkt mit seinem entscheidenden Nein gegen die Pläne des Kaisers und der Obersten Heeresleitung gewissermaßen Weltgeschichte mitgeschrieben!

Eine Abkehr von den Bolschewiki und deren Untergang hätte wohl Rußland wieder der Entente zugeführt und es auf den Siegestisch von Versailles gebracht – es lag dies alles somit in deutschem Interesse. Friedensgespräche mit den Alliierten zu beginnen und sich einen günstigeren politischen Boden zu schaffen, dies gelang Hintze trotz aller im Ansatz steckengebliebenen Pläne nicht, da nach den Erfolgen an der Westfront die Alliierten auf einen militärischen Sieg nunmehr hoffen konnten.

Die Zeit für eine Verständigung mit den Kriegsgegnern, darin liegt die Aussichtslosigkeit des Bemühens von Hintzes, war nicht mehr gegeben. Hintze reichte seinen Rücktritt ein und schied am 3. Oktober 1918 aus dem Amt, ließ sich aber zum Vertreter des Auswärtigen Amtes bei der Obersten Heeresleitung ernennen. Umstritten ist seine Rolle bei der Abdankung des Kaisers. Eigentlich war er gegen den Thronverzicht, er fürchtete die Auflösung des Heeres und jeder Widerstandskraft Deutschlands. Andererseits glaubte er, der Tod oder die Verwundung des Monarchen an der Front könnte sein Ansehen wieder begründen. Am Ende scheint er entschieden für die Abreise des Kaisers nach Holland plädiert zu haben, die am 10. November 1918 erfolgte.

Nach dem Kriege gelang Hintze der angestrebte Weg in die Politik nicht, doch wurde er, der sich stets mit Auslandsdeutschen und deren Anliegen beschäftigt hatte, 1923 zum Vorsitzenden des Vereins für das Deutschtum im Ausland (VDA) gewählt.

Dazu war er noch Verwaltungratsvorsitzender des Deutschen Auslands-Instituts in Stuttgart.

Seine Leidenschaft galt stets der Ostpolitik. China sollte als das einzige für Deutschland noch zu öffnende Wirkungsgebiet angesprochen werden. Die drei großen Kriegsverlierer Deutschland, Rußland und China könnten ein Bündnis eingehen. Hintze traf sich mit dem Deutschlandexperten der Komintern, Karl Radek. Das deutschfreundliche Oberhaupt der republikanischen Gegenregierung in Kanton Sun Yat-sen, sandte von sich aus einen General nach Berlin, der mit Hintze zusammen kam. Als Berater Sun Yat-sens versuchte Hintze Wirtschaftsverträge mit Großindustrien wie Stinnes, Siemens, Krupp zustandezubringen, doch die von ihm erstrebte Hinwendung Deutschlands zum Kuomintang, zu einem neuen China, kam nicht zustande. Peking fürchtete ebenso wie die Alliierten eine neue deutsche Bündnispolitik im Osten. Für inoffizielle Sondierungen in Rußland wurde Hintze auf heimlichen Wunsch Moskaus als Sonderbeauftragter mit einem gefälschtem Paß vom Auswärtigen Amt ausgestattet, und kam im November 1921 in Moskau an. Er traf sich mit Außenkommissar Tschitscherin, Kriegskommissar Trotzki und Karl Radek. Kurz vor dem deutsch-russischen Vertrag von Rapallo (16. April 1922) weilte er erneut zu dessen Vorbereitung in Moskau. Obwohl er damit der Favorit für den Botschafterposten in Moskau war, wurde der besonders von Reichspräsident Ebert gewünschte Graf v. Brockdorff-Rantzau erster Botschafter der Weimarer Republik in der Sowjetunion. Hintze zog sich in das Privatleben zurück und wanderte nach Salzburg-Aigen aus. Der deutsch-sowjetische Pakt vom 23. August 1939 dürfte sein Wohlwollen gehabt haben. Bald nach dessen Auflösung durch den Angriff auf die Sowjetunion starb Hintze am 19. August 1941 in Meran. Als konvertierter Katholik wurde er auf dem Campo San Verano in Rom beigesetzt, Vertreter der deutschen und italienischen Kriegsmarine wohnten bei.

Literatur

Paul von Hintze: Marineoffizier, Diplomat, Staatssekretär. Dokumente einer Karriere zwischen Militär und Politik 1903-1918 / eingel. und hrsg. von Johannes Hürter. München 1998.

Seebohm, Konteradmiral v. Hintze (M.O.H. Nachrichten aus Luw und Lee, Berlin 1941).

Sebastian Haffner, Von Bismarck zu Hitler. Ein Rückblick. München, 1987.

Zwischen Burgtheater und Burgund.
Ein hochgefeierter Meraner Dichter

Der in Meran am 11. August 1880 geborene Josef Wenter war der bekannteste Dichter seiner Heimatstadt, vielleicht aus ganz Tirol, in der Zeit vor und während des 2. Weltkrieges. Immerhin wurde er für sein dramatisches Schaffen 1935 und 1943 mit dem Grillparzer-Preis der Stadt Wien und 1941 mit dem Immermann-Preis der Stadt Düsseldorf ausgezeichnet. Dazu erhielt er noch 1936 den großen österreichischen Staatspreis und 1940 den Mozartpreis der Goethestiftung, bei dessen Feier in der Universität Innsbruck Rektor Raimund von Klebelsberg die Laudation hielt.

Die meisten seiner Dramenstoffe sind der deutschen Reichsgeschichte und der Tiroler Geschichte entlehnt: „Der deutsche Heinrich" 1919, „Der sechste Heinrich" 1920, „Der Kanzler von Tirol" 1925, „Die Landgräfin von Thüringen" (1936), „Die schöne Welserin" 1938, „Michael Gaismair" (1940). Gerade das letzte Drama aber war in Kooperation mit Alfred E. Frauenfeld erschienen, dem Gauleiter von Taurien, dessen Denkschrift über die Ansiedlung der Südtiroler auf der Halbinsel Krim sogar das Interesse Hitlers geweckt hatte. In den Führergesprächen aus dem Hauptquartier wird das Memorandum erwähnt.

In seinem 1937 erschienenen österreichischen Wanderbuch „Im heiligen Land Tirol" (Die Deutsche Bergbüchererei Bd. 20) bildet – wie es auf dem Buchumschlag heisst – nicht das Tirol der mondänen Fremdverkehrsorte das Thema: „Es ist das Tirol, von dem schon Kaiser Maximilian den Vergleich des Landes mit dem „rauhen Bauernkittel" trefflich führte. Wenter kennt seine Heimat, weiß, wie sie aus einer großen und wechselvollen Vergangenheit geworden, weist die Spuren der Großen nach, die das heilige Reich der Deutschen anstrebten, tritt mit beiden Füßen in die Gegenwart und erzählt in behaglicher und kennender Weise vom Tiroler Bauern."

Mit dem Ansiedlungsplan Frauenfelds steht Wenter wohl nicht in Verbindung, klar ist nicht einmal, ob ihn der Gauleiter überhaupt eingeweiht hat. Doch mit dem 1940 für Südtiroler auserkorenen Siedlungsgebiet Burgund taucht sein Name in dem Sammelwerk „Burgund – Das Land zwischen Rhein und Rhone" auf, das 1942 vom Oberbürgermeister von Freiburg im Breisgau herausgegeben wurde. Neben Autoren wie dem Dichter Wilhelm Schäfer, dem Rassenforscher Hans F.K. Günther, den Historikern Hermann Heimpel und Gerhard Ritter ist Wenter mit einem Reisebericht „Fahrt durch Burgund" vertreten. Allem Anschein nach war es eine offizielle Fahrt, mit dem Kunstwissenschaftler „Professor R.", einem Lichtbildner und dem Chauffeur des „behaglichen Horchwagens". Die mehrtägige Fahrt beginnt am 28. September 1941:

„Indes nun am Vordersitze die Kunstwissenschaft sozusagen die Führung durch das Land und seine kulturellen und zivilisatorischen Merkwürdigkeiten inne hatte, und neben mit eine kostbare Leicakamera jederzeit bereit war, durch ihr unbestechliches Auge die Landschaft zu erfassen, blieben dem Poeten das Herz und sein Gemüt allein, Burgund zu erobern und zu bewahren". An der Burgundischen Pforte angelangt, schrieb er: „Ich wußte nicht, ob deutsche oder französische Geschosse solch vernichtende Tat vollzogen hatten. Ich habe auch nicht danach gefragt. Ich fühlte es nicht als Vermessenheit oder Hochfahrenheit, daß beim Anblick der Zerstörung Stolz in mir aufstieg, in der Erkenntnis, daß der Mensch gleicherweise zu zerstören bereit ist wie aufzubauen; daß er zur Härte des Herzens sich fassen kann, die zerstört ist, weil sie des Aufbauens gewiss ist, und weil Zeiträume in den hohen Läuften der Geschichte unwichtig werden; daß er also in einem heroischen Sinne die Dauer des Menschheitsdaseins bejaht.

Die zerrissenen schweren Bunker, wie sie neben der Straße, am Ufer der Rheins sich zeigten, ließen jeden Stolz zu auf die Tapferkeit der Männer, die sie erobert haben, auf die Umsicht und das Wollen der Erbauer wie auf die Erfinder und Arbeiter der großartigen Waffen, die ihrer Herr geworden sind." Gleich anderen Südtiroler Besuchern staunte er über die karge Besiedlung im Tale der Doubs. „Die mehreren Dörfer, durch welche wir fuhren, schienen wenig bewohnt; das Land wie erstorben, jedoch ohne ein Gefühl von Schwermut zu erregen. Da hier heiße Sommer herrschen, und der rauhe Winter mit lange währender Schneedecke auftritt, suchte der Mensch wohlwollendere Gegenden auf. Es ist Schuld der Natur, daß auf den Quadratkilometer kaum zwanzig Einwohner zählen. Die Felder lagen abgeerntet, zuweilen schienen sie unbebaut, ein unvorstellbarer Anblick in Deutschland. Die Bauernhäuser, zuweilen Einzelhöfe, meist in Dorfsiedlungen vereinigt, zeigten ein allen gemeinsames Gesicht. Die Mauern sind unverputzt und gewinnen dadurch die Erdfarbe der umgebenden Acker, was, wenn man sich einmal daran gewöhnt hat, es nicht als Verwahrlosung anzusehen, gut und einfach daseiend anspricht. Professor R. nannte diese Form des Hausbaues germanisch."

Wenters Reiseroute begann in Belfort, über Montbèliard (Mömpelgard) ging es in die Hauptstadt der Freigrafschaft Burgund, Besançon und von dort über Pontarlier und Dôle nach Chalons-sur-Saône. Hier hatte er den rauhen Jura verlassen und erreichte reichbebautes Land, die Saône und Dijon, die alte Herzogsstadt Burgunds. Von dort fuhren sie der Côte d'Or entlang mit ihren Weindörfern hinab in das tiefere Becken der Saône nach Chalons. Die Stadt wäre bei geplanter Ansiedlung der Südtiroler Volksgruppe das neue Meran gewesen, während Besançon für Bozen stand.

Wenters Urgroßvater war seit 1790 als Postmeister in Meran ansässig. Von da an lebte die Familie ununterbrochen im Posthaus am Sandplatz. Im Jahre 1906 wurde das Postamt jenseits der Reichsbrücke nach Untermais verlegt. Aus dem Postgasthof wurde das Hotel „Erzherzog Johann", das auch Kaiser Franz Josef beherbergte, und schließlich das Hotel „Esplanade" am Sandplatz. Die Familie verkaufte es 1919. Ursprünglich hätte er wohl als Erstgeborener von 3 Geschwistern in das elterliche Unternehmen einsteigen sollen, doch ging er 1900 nach München, später nach Leipzig ans Konservatorium, um Musik zu studieren. Zeitweise war Max Reger sein Lehrer. Der erkrankte Komponist hatte im Frühjahr 1914 einen Monat in Martinsbrunn kuriert und in der Meraner Pfarrkirche auf der Orgel gespielt. Trotz eines nach dreijährigem Studium erworbenen Diploms wandte sich Wenter von der Musik ab, promovierte nach einem Philosophie-, Germanistik- und Kunstgeschichtestudium in München und Jena 1914 in Tübingen mit einer Arbeit über die „Paradoxie im Drama Hebbels". Im Weltkrieg diente er als Offizier im 2. Tiroler Kaiserjägerregiment. Nach dem Krieg trennte er sich von seiner Frau, heiratete ein zweites Mal, lebte in Kitzbühel, Klagenfurt und Innsbruck in drückender wirtschaftlicher Not, aus der ihn erst allmählich sich abzeichnende Bühnenerfolge befreiten. Nach Aufführungen seiner Stücke in Klagenfurt und Coburg war es vor allem „Der Kanzler von Tirol", das Drama um den unglückseligen Berater der Landesfürstin Claudia de Medici, das 1936 in das Repertoire des Burgtheaters in Wien Eingang fand und dort 8 Jahre lang aufgeführt wurde. Für dieses Schauspiel erhielt er 1936 den großen österreichischen Staatspreis 1936. Das Werk erregte allerdings aber auch anders geartetes Aufsehen. Der Schriftsteller und sozialistische Politiker Franz Gruener (1879-1953), dessen Besitz Schloß Itter von der SS 1939 beschlagnahmt wurde, gab 1933 eine viel gelesene Parodie auf seine Tiroler Dichterkollegen heraus mit dem seltsamen Titel: „Die Tiroler Dichtermähre", vorgeritten in den üblichen Gangarten mit gar schönen, meist eigenen Bildern geziert". In die zweite erweiterte Auflage 1935 wurde Josef Wenter mit seinem Stück „Der Kanzler von Tirol" aufgenommen. Wegen der Anspielung auf die innenpolitischen Verhältnisse im Österreich des Jahres 1934 kam es zu gerichtlichem Einschreiten und zur bedingten Verurteilung Grueners wegen Herabwürdigung der Bundesregierung.

Nach seiner dritten Heirat 1933 nach Baden bei Wien gezogen, gab Wenter den Novellenband „Salier und Staufer" (1936) heraus, in dem er die Kämpfe der Kaiser mit dem Papsttum „packend" und „mit großer dichterischer Kraft" – so die Präsentation des Piper-Verlags München – schilderte. Am 4. Mai 1944 wurde Wenters letztes Drama „Kaiserin Maria Theresia" im Burgtheater uraufgeführt. Großen Erfolg hatte der zeitlebens mit schweren körperlichen Gebrechen behaftete Schriftsteller mit seinen Tiergeschichten, für die er damals mit Hermann Löns und Waldemar Bonsels („Biene Maja") verglichen wurden. Gerade diese Novellen hatten ihm dann nach dem Krieg den Vorwurf einer überspitzt darwinistischen, ja antisemitischen Haltung eingebracht: „Monsieur der Kuckuck" (1930), „Laikan der Lachs" (1931) und „Tiergeschichten" (1934) erzielten hohe Auflagenziffern. In dem Sammelwerk „Begegnungen. Tiroler Literatur des 19. und 20. Jahrhunderts" nannten die Herausgeber Josef Feichtinger und Gerhard Riedmann „Situtunga. Roman eines Wildpferdes" das Produkt einer ideologischen Zoologie. Es handle sich um die pathetisch erzählte Geschichte eines edelrassigen Wildpferdes in der Pampa, das sich von anderen fremden Arten absondert und nur mit seinesgleichen Umgang hat, um seinen Adel zu bewahren. Bis vor kurzem sei der politisch ideologische Gehalt von Wenters Tiergeschichten übersehen worden. So würde bewußt die ihm Sinne von vital und erdverbunden verstandene Farbe Braun, die Symbolfarbe des Nationalsozialismus, gegen das Schwarz als Symbol für alles Feindliche und Kranke ausgespielt. Im Kommentar heißt es weiter: „Hinter den naiv dargestellten Geschichten von Kuckuck, Lachs und Pferd verbergen sich autoritäre Machtstrukturen und Herrschaftsstrategien. Der Tierstoff spiegelt soziale Verhältnisse und das Wertesystem der menschlichen Gesellschaft. Dieses kommt unter anderem darin zum Ausdruck, daß minderwertige Lebewesen sich von Aas und Abfall ernähren, während das rassenbewußte, hochgesinnte, auf seine Herkunft stolze Tier frische, kräftige, erlesene Nahrung zu sich nimmt. Wenter macht dieses Genre der Beschreibung und Veranschaulichung nationalsozialistischer Ideologeme dienstbar, löst den Menschen aus seinem historischen und sozialen Zusammenhang, determiniert ihn biologisch-darwinistisch, entläßt ihn aus seiner personalen Bestimmtheit. Das edle, braune, in der Pampa lebende rassenbewußte Wildpferd Situtunga ist eine Metapher für völkisch-vitalistische Erneuerung und Rassenstolz."

Dagegen sieht Elmar Oberkofler die Tierromane als einmalig im Südtiroler Schrifttum und nicht nur in diesem. Für Eugen Thurnherr öffnen sie gar „einen Blick in die Wirklichkeit der Schöpfung, durch die jede Kreatur ihre Stelle und ihr Gesetz empfängt." Nach dem Kriege erzielten die Tiergeschichten, nicht zuletzt über die Buchgemeinschaften, hohe Auflagenziffern, werden aber heute kaum mehr gelesen.

Das letzte von Josef Wenter herausgegebene Werk sind die Meraner Kindheitserinnerungen „Leise, leise liebe Quelle." in der Reihe „Literarische Zeugnisse aus Tirol" des Südtiroler Künstlerbundes (letzter Neudruck 1981).

Er starb am 5. Juli 1947 in Innsbruck. In Meran wurde eine Schule nach ihm benannt.

Gebhardt – der Leibarzt Himmlers

Louis-Ferdinand Céline, dessen explosive Sprache das Merkmal dieses großen, umstrittenen französischen Schriftstellers ist, wird in seinem Sigmaringen-Roman „D'un château l'autre" (Von einem Schloß zum andern) immer wieder von der Episode der Operation des französischen Ministers durch Gebhardt angezogen.

„Bichelonne ist tot ... er ist da oben, bei Gebhardt, in Hohenlychen gestorben ... und während der Operation ... schön! ... nichts dazu zu sagen! er hat nach da oben gehen wollen ... er konnte doch die <Rückkehr> abwarten! ... ganz recht! Auch er! man sagt noch nicht, daß er tot ist! man wird es später sagen ... so ist die Anweisung ... <die Deutschen nicht zu verärgern>, gut!"

„Hohenlychen ist nicht sehr nah, 1200 Kilometer – durch ganz Deutschland von Süden nach Nordosten! ich habe Ihnen schon von Gebhardts Lazarett gesprochen, SS, 3000 Betten ... aber wie ist Bichelonne gestorben? niemand weiß es, da oben, werden sie es erfahren? ob sie's erfahren? Marion glaubt's nicht ... man wird ihnen irgend etwas erzählen! Ich denke nach, ich denke auch ein bißchen ... Gebhardt hat ihn operiert ... ich schätze Gebhardt nicht."

Prof. Dr. med. Karl Gebhardt war „Beratender Chirurg" der Waffen-SS und Leibarzt Heinrich Himmlers. Entscheidend aber war, daß er in dem grausamen Mechanismus der Menschenversuche an Häftlingen führende Funktionen ausübte.

Nach dem Tod des „stellvertretenden Reichsprotektors für Böhmen und Mähren", Reinhard Heydrich, an den Folgen eines am 27. Mai 1942 in Prag gegen ihn verübten Attentates wurde Gebhardt mit dem Vorwurf konfrontiert, durch Nichtanwendung von Sulfonamid für Heydrichs Tod mitverantwortlich zu sein (das neuartige, antibakteriell wirksame Chemotherapeutikum war im Jahre 1935 entdeckt worden). Gebhardt traf nach dem Attentat zu spät in Prag ein, um die erforderliche Notoperation selbst vornehmen zu können. Die beiden Prager Ärzte hatten seiner Meinung nach ganze Arbeit geleistet und auch – in geringen Mengen – Sulfonamid gegeben. Dem prominenten SS-Chirurgen blieb nichts anderes übrig, als den Behandlungsverlauf zu kontrollieren. Bei seiner Vernehmung nach Kriegsende im Nürnberger Ärzteprozeß schilderte er, wie Hitler und Himmler ihn geradezu bestürmt hatten, Deutschlands berühmtesten Chirurgen, Ferdinand Sauerbruch, und Hitlers Leibarzt Theodor Morell beratend hinzuzuziehen. Gebhardt sträubte sich. „Wenn etwas den Patienten gefährdet, dann ist es Nervosität am Krankenlager und das Auftreten von zu vielen Ärzten", erklärte er sein Verhalten. Hitler befahl Gebhardt zu sich, ohne den eigens Angereisten dann zu empfangen. Dieser wußte, was das bedeutet. Um keinen Karriereknick zu riskieren, bemühte sich der Gedemütigte, die von ihm ursprünglich abgelehnten Sulfonamid-Versuche unter seine Leitung zu bekommen. Mit Hilfe von Himmler gelang ihm das. Als er im Frauenkonzentrationslager Ravensbrück zu experimentieren beginnt, stand er unter Druck. Er wußte: Die Verteidigung seiner beruflichen Position hing von dieser Bewährungsprobe ab.

Unter Leitung des Reichsarztes Polizei und SS, Prof. Dr. Ernst Grawitz, sollten jetzt Sulfonamide im großen Stil erprobt werden – was für Gebhardt die Chance für eine Rehabilitation bedeutete. Gebhardt erreichte, daß ihm die Durchführung der entsprechenden Menschenversuche, für die das KZ Ravensbrück ausgewählt worden war, überantwortet wurde. Seinen Assistenzarzt in der von ihm geleiteten Heilanstalt Hohenlychen, SS-Obersturmführer Dr. med. Fritz Fischer, wählte er als Mitarbeiter aus, des weiteren wurden ihm drei Lagerärzte des KZ Ravensbrück beigeordnet. Der oberste Hygieniker der SS, Standartenführer Joachim Mrugowsky, stellt sein Laboratorium samt Mitarbeitern zur Verfügung. Der Chefarzt über sämtliche Konzentrationslager, Enno Lolling, kommandierte den Standortarzt des Frauen-KZ Ravensbrück. Den Versuchspersonen – in der ersten Gruppe 15 Männer, in der zweiten 36 Frauen, in einer dritten nochmals 24 Versuchspersonen – wurden durch tiefe Einschnitte Wunden zugefügt und diese mit Bakterien, z.B. Streptokokken, infiziert; zum Teil wurden auch Holzspäne oder gemahlenes Glas in die Wunden eingebracht, um den Zustand zu verschlimmern. Nur bei einigen Versuchspersonen wurde dann das Sulfonamid erprobt, andere blieben unbehandelt. Einige Versuchspersonen starben schon während des Experimentes, andere danach. Schon am 29. August, fünf Wochen nach Beginn seiner neuen Aufgabe, schickt Gebhardt einen Zwischenbericht über die klinischen Versuche im FKL Ravensbrück an Reichsarzt SS Grawitz. Seine Arbeit habe das Ziel, „die unter dem Namen Gasbrand bekannten, klinisch nicht einheitlich verlaufenden Erkrankungen", sowie die „banalen Wundinfektionen, die als Begleiterscheinung in der Kriegschirurgie auftreten", zu analysieren und Versuche „einer neuen chemotherapeutischen Heilung neben den bekannten chirurgischen Maßnahmen" zu unternehmen.

Den Ärger der durchführenden Ärzte, die das für „unmilitärisch" halten, beschwichtigte Himmler mit der Behauptung, den zum Tod verurteilten weiblichen Mitgliedern der polnischen Widerstandsbewegung sollte „die Chance auf Begnadigung gewährt" werden. Weder die Zusage der Begnadigung noch die versprochene Freiwilligkeit der Versuchspersonen wurden von Gebhardt überprüft. Von Freiwilligkeit konnte keine Rede sein. Die Frauen wußten nicht einmal, was mit ihnen passiert. Anfang September 1942 war große Visite. Im Auftrag Himmlers wollte sich Reichsarzt SS Grawitz vom Fortgang der Experimente überzeugen. In Reih und Glied wurden die Frauen im großen OP-Saal nebeneinander geschlichtet, die beinahe Geheilten ebenso wie die frisch Operierten. Entsetzt starren sie auf ihre Beine, die von tiefroten, eitrigen Wunden und schlecht verheilten Narben entstellt sind. Gebhardt und Grawitz prüfen jeden einzelnen Fall, ließen sich von den Mitarbeitern detailliert berichten. Während die Frauen der Versuchsstation unvorstellbare Qualen litten, ärgerte sich Himmler über den „Schongang", in dem sein Freund Gebhardt sich vor dem „Setzen kriegsgleicher Wunden" drückte. Grawitz war längst Himmlers Meinung. Zu seiner Enttäuschung hatte es bisher keine Toten gegeben. Gebhardt kam der Anordnung, „kriegsgleiche Wunden" zu setzen, nicht nach, sorgte aber durch Verschärfung der Versuchsbedingungen für die geforderten Toten. Den Versuchspersonen werden Bakterienstämme injiziert, die lebensbedrohliche Krankheitserscheinungen hervorrufen. Gleichzeitig wurde durch das Abklemmen von Gefäßen die Durchblutung gestört. Drei Frauen starben. Die Überlebenden waren für den Rest ihres Lebens gezeichnet. Nach Meinung einer Zeugin im Prozeß hätten einige von ihnen gerettet werden können. Aber Gebhardt brauchte anscheinend die Toten. Er mußte Härte zeigen, um seine Karriere zu retten. Das Finale dieser Versuchsreihe fand vom 24. bis 26. Mai 1943 in der Militärärztlichen Akademie in Berlin statt. Fischer und Gebhardt präsentierten die Ergebnisse ihrer Forschung am Menschen unter dem Titel „Besondere Versuche über Sulfonamidwirkung" einem erlesenen Kreis führender Wehrmachtsärzte. Unter 200 namhaften eingeladenen Universitätsprofessoren, Leitern von Abteilungen großer Krankenhäuser und aktiven Sanitätsoffizieren, unter ihnen auch Ferdinand Sauerbruch und Lorenz Böhler, gab es keinen Protest. Die Teilnehmerliste ist erhalten, fraglich ist nur, ob auch wirklich alle der Einladung gefolgt sind.

Dabei wäre die Karriere des obersten SS-Arztes ursprünglich eine überdurchschnittlich gute, wohl unangreifbare gewesen, wäre vielleicht nicht die Hypothek der familiären Nähe zu Himmler schon früh in sein Lebensbuch eingetragen worden. Am 23. November 1897 in Chieming in eine Arztfamilie hineingeboren – sein Vater wurde dann kgl. Bezirksarzt im bayerischen Staatsministerium des Inneren –, besuchte er ab 1913 das Gymnasium in Landshut, wohin sein Vater versetzt wurde. Dort war Himmlers Bruder – der zufällig Gebhard mit Vornamen hieß – sein Klassenkamerad. Heinrich Himmler besuchte die höhere Klasse. Nach dem 1. Weltkrieg und englischer Gefangenschaft wurde Gebhardt Assistent von Prof. Sauerbruch in München, habilitierte sich und baute ab 1932 das Sanatorium Hohenlychen zu einer chirurgischen Klinik aus. Als bekannter Experte in Sport- und Unfallmedizin leitete er bei der Olympiade 1936 in Berlin das Ärztehaus, wurde Professor und behandelte 1937 den König von Belgien. Parallel dazu verlief die Parteikarriere. Nachdem er 1933 der Partei beigetreten war, wurde er fünf Jahre später Begleitarzt Himmlers und 1943 Chefchirurg der SS im Rang eines SS-Brigadeführers. Schuld am Karrieresprung war das Eheproblem des Reichsführers SS. Nachdem die Liebe zu Ehefrau Marga schon längst erkaltet war, duldete diese es stillschweigend, daß Himmler mit seiner Geliebten Hedwig in Hohenlychen einen zweiten Hausstand gründete. In Gebhardts Klinik kamen auch die beiden Kinder zur Welt, die dieser Beziehung entstammten. Die Kinder waren zunächst im Sanatorium und später in der Umgebung von Hohenlychen untergebracht. Wenn Himmler zu seiner Familie nach Hohenlychen kam, etwa zu Weihnachten, um hier das „Julfest" zu feiern, dann trat er auch mit Gebhardt und dessen Familie in engste Beziehung; er war Familienvater und zugleich Gast seines Freundes Gebhardt. „Himmler kam recht bescheiden und allein nach Hohenlychen. Der Herr von Hohenlychen war ich und nicht er. Himmler hat mir so viel imponiert wie meine Fürsten, Könige und sonstigen Leute, die ich auch behandelt habe ... Ich habe den Hinweis auf die alten Familienbeziehungen aufgenommen und kam nun in eine persönliche Vertrauensbeziehung mit einem ausgesprochen bestimmten Aufgabenbereich", so Gebhardt bei seiner Aussage im Prozeß. Nachdem ihn Himmler vor den Anschuldigungen nach dem Tode Heydrichs verteidigt und ihm am 9. Oktober 1942 einen Dankesbrief für seine „ärztliche Sorgfalt" geschickt hatte, wurde das Verhältnis zu dem Reichsführer SS noch enger, der ihn gegen Kriegsende noch zum Präsidenten des

Deutschen Roten Kreuzes ernannte. Im Februar 1945 ließ sich Himmler als Patient in Hohenlychen einliefern, beim Zusammenbruch im Mai gerieten sie gemeinsam in englische Gefangenschaft. Während Himmler die Giftpille schluckt, wird Gebhardt im Nürnberger Ärzteprozeß angeklagt und – zusammen u. a. mit dem Geschäftsführer des Ahnenerbes, Wolfram Sievers – am 21. August 1947 zum Tode verurteilt. Am 30. Mai 1948 wurde Prof. Gebhardt in Landsberg hingerichtet.

Während Himmlers Masseur, der Deutsch-Finne Felix Kersten, dem Reichsführer SS bei den Massageanwendungen die Rettung von einzelnen Juden immer wieder abrang und sich damit gewissermaßen eine Legitimation holte, benützte Gebhardt die Nähe zu Himmler nur für den eigenen Karrierefortschritt, war bereit, dafür auf tödliche Spiele einzugehen. Der Historiker Hugh Trever-Roper in „Hitlers letzte Tage" nennt ihn Himmlers „bösen Geist", ein Urteil, das allerdings der von Eifersucht und Intrigen geprägten Umgebung des Reichsführers SS entstammt.

Céline drückte es auf seine Weise aus: „Gebhardt ist als Kriegsverbrecher gehenkt! … nicht wegen der Operation Bichelonnes! … sondern für alle möglichen Massenmorde, kleine, intime Hiroshimas … pah, nicht, daß dies Hiroshima mich bedrückte! … Sehen Sie mal den Truman an, und wie der glücklich ist, mit sich selbst zufrieden, wenn er Cembalo spielt! … das Idol von Millionen Wählern! … der erträumte Witwer von tausend Witwen! … Ein kosmischer Landru! … wie er an Mozarts Cembalo sitzt!"

Der Fall des portugiesischen Konsuls Schmidhuber

Portugal war nach Kriegsbeginn der wichtigste, fast einzige Staat, über den Exilsuchende aus dem Reich und den besetzten Gebieten nach Übersee auswandern konnten, wenn auch mit großen Schwierigkeiten. Bekannt geworden ist erst kürzlich der Fall des portugiesischen Konsuls de Sousa Mendes in Marseille, der Tausenden Flüchtlingen zu Einreisevisen verholfen hatte. Weniger rühmlich war die Rolle des portugiesischen Honorarkonsuls in München, Dr. Wilhelm Schmidhuber, der zwar auch falsche Pässe für Juden ausstellte, dann aber als Mitglied der deutschen militärischen Abwehr von Admiral Canaris zur Aufdeckung eines Widerstandskreises durch Gestapo und SD beitrug. Schmidhuber hatte den Münchner Rechtsanwalt und Vatikanvertrauten Dr. Josef Müller (Übername „Ochsensepp") mit Hans Oster, dem Stabschef von Admiral Canaris, bekanntgemacht und ihn in die Abwehr eingeführt. Schmidhuber hatte an den Staatsstreichvorbereitungen des Kreises um Oster 1939/40 teilgenommen. Der wohlhabende Kaufmann hegte durchaus politische Ambitionen und scheute sich nicht, im Auftrag von Müller nach Rom zu reisen, um die Angriffsdaten des Westfeldzuges im Mai 1940 dem Vatikan zu übermitteln, der sie an die Westmächte weitergeben sollte. In der Abwehr verblieb er unter seinem Vorgesetzten Oberstleutnant Ficht bis 1941, und wurde schließlich im Rang eines Majors der Luftwaffe aus dem Militärdienst entlassen. Im Sommer 1942, als er wieder zur Abwehr zurückgekehrt war, geriet Schmidhuber in das Fadenkreuz der Ermittlungen des Sicherheitsdienstes. Umfangreiche Devisentransaktionen führten zu einer Untersuchung der Zollfahndung Prag gegen ihn. Der Umfang dieser eigentlich eher harmlos begonnenen Affäre wurde immer größer. So wurde in Prag der Prokurist einer großen Prager Firma verhaftet, als er einem Tschechen 10.000 Dollar zu einem hohen Kurs verkaufen wollte. Man fand in seiner Tasche Briefumschläge mit dem Namen von Schmidhuber und dessen Sekretär Heinz Ickrath. Als herauskam, daß beide Offiziere der Abwehrstelle München waren, in deren Auftrag sie Juwelen und Geld verkaufen sollten, wurden sie nach Prag zur Untersuchungsbehörde gebeten, wo Schmidhuber dann eine seltsame Geschichte von sich gab. Das Geld und die Juwelen, die man bei dem Prokuristen namens David gefunden habe, gehörten demnach zu einer geheimen Transaktion, mit der eine in der Schweiz lebende Tschechin, die über gute Beziehungen zum britischen Geheimdienst verfüge, für die Abwehr gewonnen werden solle; die Frau sei bereit, den Deutschen Informationen zu liefern, wenn die Abwehr dabei helfe, ihre noch im Reichsprotektorat Böhmen und Mähren befindlichen Vermögenswerte zu realisieren. Das beim Prokuristen gefundene Geld stamme von der Abwehr und sei zu Abfindung der Tschechin gedacht. Der untersuchende Zollfahnder glaubte diese Geschichte nur bedingt und zeigte Schmidhubers Bericht dem verhafteten David, der in der Angst um seinen eigenen Kopf alles heftigst dementierte und auspackte. Schmidhuber und Ickrath hätten persönlich einen einträglichen Schmuggel mit

Devisen, Gemälden und Juwelen im In- und Ausland aufgezogen. Der Fall erreichte nach dieser Aussage eine derartige Brisanz, daß es zu einem Gipfelgespräch innerhalb der Abwehr zwischen Admiral Canaris, Hans Oster und dem Leiter des Referats für Politik im Stab der Abwehr des OKW, Hans von Dohnany, kam. Besprochen wurde sogar eine Liquidierung Schmidhubers, um zu verhindern, daß die Widerstandstätigkeit innerhalb der Abwehr vollends auffliege. Schließlich wurde Schmidhuber nahe gelegt, nach Italien zu verschwinden. Dieser bat seinen Vorgesetzten Ficht um Sonderurlaub und reiste im September 1942 mit seiner Gattin nach Meran in das Parkhotel in Obermais. Nach der Abreise Schmidhubers wurde sofort sein Panzerschrank geöffnet, um die belastenden Dokumente zu entfernen. Müller vernichtete sämtliche Papiere, die auf die Auslandstätigkeit des Kreises um Oster hinwiesen und versteckte eine Aktenmappe, in der Schmidhuber Geschenke aufgezeichnet hatte, die er an eine Reihe von Offizieren überreicht hatte. Inzwischen wollte das zuständige Feldgericht des Luftgaus VII Schmidhuber zu der Sache vernehmen, und sein Vorgesetzter Ficht sandte Josef Müller nach Meran, um Schmidhuber zur Rückkehr zu bewegen. Am 7. Oktober traf der „Ochsensepp" mit Schmidhuber in Meran zusammen, warnte ihn aber, nach Deutschland zurückzukehren. Schmidhuber stimmte dem zu und fügte vor Ärger hinzu, wenn er denn zurückkäme, dann als britischer Hochkommissar. Müller riet Schmidhuber schließlich, nach Portugal abzureisen. In der Zwischenzeit wurde von seinem Vorgesetzten Ficht ein Haftbefehl wegen des Verdachts der Fahnenflucht erwirkt. Um die Festnahme in Italien zu erhalten, fuhren der zuständige Zollfahnder und ein Hauptmann der Abwehr ohne Wissen von Canaris und Oster nach Bozen und erreichten bei den dortigen Behörden die Auslieferung Schmidhubers. Am 31. Oktober 1942 wollte Schmidhuber nach Rom fahren, doch es war zu spät. In „Die Tragödie der deutschen Abwehr" (1955) hat Karl Bartz dies so rekonstruiert: „Als er die Halle erreicht, sieht er zwei Männer, die an der Portierloge stehen. Bei ihrem Anblick ahnt er sofort: Polizei! „Sind Sie Herr Schmidhuber?" „Ja, und was …?" „Kommen Sie mit uns." Er nickt mechanisch: „Gestatten Sie, daß ich meiner Frau Bescheid sage?" „Es ist nicht nötig" sagt der eine, „kommen Sie!" Draußen hält ein Wagen; man nimmt den Weg zur Stadt. Schmidhuber wird in die Polizeidirektion eingeliefert. „Ich protestiere gegen meine Festnahme", sagt er zum diensttuenden Beamten. „Ich bin portugiesischer Konsul. Sie haben kein Recht, mich festzuhalten. Ich wünsche, sofort mit der portugiesischen Gesandtschaft in Rom verbunden zu werden." Der Beamte zuckt bedauernd mit den Achseln und läßt Schmidhuber abführen. Der Konsul bittet um einen Anwalt. Er erhält keine Antwort."

Am 2. November wurde Schmidhuber deutschen Beamten in Bozen übergeben, die ihm Handschellen anlegten und ihn über den Brenner nach München brachten, wo sie ihn im Wehrmachtsgefängnis ablieferten.

In Nürnberg erklärte der Vernehmungsbeamte und SS-Standartenführer Huppenkothen nach dem Krieg: „Schon bei ihren ersten Vernehmungen machten Schmidhuber und Ickrath von sich aus getrennt voneinander Angaben über ihre Tätigkeit bei der Abwehrstelle München, die Veranlassung zu einer eingehenden Überprüfung gaben. Schmidhuber behauptete, im Auftrage der Abwehrstelle München eine Reihe von Reisen nach Rom unternommen zu haben, die der Anknüpfung von Beziehungen zu maßgeblichen Angehörigen des Vatikans, vor allem deutschen Geistlichen, hätten dienen sollen. Es habe die Absicht bestanden, derartige Beziehungen nicht allein zur Gewinnung von Nachrichten militärischen und allgemeinpolitischen Inhalts auszunutzen, sondern in erster Linie dadurch die Möglichkeit zu erhalten, mit Gegnerkreisen über den Vatikan Verbindung zu erhalten zur Feststellung etwaiger Friedensmöglichkeiten. Mit dieser Frage habe sich besonders der in ähnlicher Mission wie er selbst nach Rom entsandte Münchner Rechtsanwalt und Oberleutnant d. Res. Dr. Josef Müller zu befassen gehabt, der über besonders weitreichende Beziehungen im Vatikan verfügt habe. Er wisse, daß hinter dieser Tätigkeit eine „Generalsclique" stehe, deren Angehörige er namentlich nicht kenne. Bearbeiter für diese Fragen sei in erster Linie der bei Oster sitzende Reichsgerichtsrat von Dohnanyi, der auch selbst mehrfach Reisen nach Rom gemacht habe und vor allem durch Müller mit maßgeblichen Persönlichkeiten des Vatikans in Verbindung gebracht worden sei. Alle diese Angaben machte Schmidhuber von sich aus, ohne daß ihm irgendwelche Vorhalte hätten gemacht werden können. Sie wurden außerdem teilweise von Ickrath bestätigt. Trotzdem wurden sie zunächst nur sehr vorsichtig bewertet, weil bei der etwas haltlosen und charaktervoll wenig überzeugenden Persönlichkeit Schmidhubers damit gerechnet werden mußte, daß er sie gemacht hatte, um durch Belastungen anderer, höher gestellter Persönlichkeiten sich selbst in dem gegen ihn zu erwartenden Strafverfahren eine günstige Position zu schaffen, zumal damit gerechnet werden mußte, daß bei einer Untersuchung dieser Beschuldigungen u.a. auch Canaris in die Ermittlungen hätte eingeschlossen werden müssen. Gerade diese letzte Erkenntnis brachte das Reichssicherheitshauptamt in die unangenehme Lage, möglicherweise gegen das Amt Ausland/Abwehr und seinen Chef vorgehen zu müssen."

Schmidhubers Aussagen waren – wie ersichtlich – so brisant, daß die Gestapo einen ihrer besten Vermittler auf den gesprächigen Häftling im Keller der Prinz-Albrecht-Straße in Berlin ansetzte. Franz Xaver Sonderegger war seit September 1939 als Kriminalpolizist im Reichssicherheitshauptamt tätig. Schon die ersten Verhöre mit Schmidhuber überzeugten ihn, daß eine Sensation aufzudecken war: Eine wie er sich nach dem Krieg ausdrückte, hochverräterische Vereinigung, eine „Generalsclique" bestand, die zum Umsturz und zur Beendigung des Krieges entschlossen war. Kontakte über den Vatikan dienten für Friedensgespräche mit England, eine andere Verbindung mit den Alliierten laufe über die protestantischen Kirchen über Pastor Dietrich Bonhöffer. Schmidhuber habe dafür finanzielle Beiträge geleistet. Als die wirklich heiße Akte mit Sondereggers Ausführungen an Himmler weitergeleitet wurden, blockte dieser zur Überraschung der Ermittler ab. Offensichtlich schützte der Reichsführer SS zum damaligen Zeitpunkt noch Admiral Canaris und die Abwehr. Nicht nur gab es seit 1936 ein zwischen Canaris und Werner Best ausgehandeltes Abkommen, das den Geheimen Meldedienst und die Gegenspionage ausschließlich der Abwehr überließ, denn die im April 1942 zwischen Canaris und Heydrich erneuerte Vereinbarung sah durchaus schon Gegenspionage für das RSHA vor. Doch Himmler wußte, daß die Abwehr von Canaris, des Meisterspions in seinen Augen, unersetzbar war. Auch der Sturz Mussolinis am 25. Juli 1943 kam dem entgegen.

Schmidhuber wurde nach langem Hin und Her im Februar 1944 wegen Devisenvergehens zu vier Jahren Zuchthaus verurteilt und überlebte den Krieg. Der ganze Kreis Osters aber war aufgedeckt. Oster wurde beurlaubt und nach dem 20. Juli 1944 verhaftet, gefoltert und ermordet. Hans Gisevius, ein Abwehrmitarbeiter, dazu: „Der Sturz Osters und die Zerschlagung seines Apparates war ein viel zu tiefgreifendes Ereignis, als daß es sich nicht auf die Arbeit der gesamten Opposition hätte auswirken müssen. Wie bei allen harten Zugriffen der Gestapo erwies sich zunächst der psychologische Schock als am lähmendsten. Monatelang ging alles in Deckung. Jeder wartete auf den nächsten Schlag. Es entstand gleichsam ein konspiratives Vakuum, bis dann gegen den Herbst eine neue Persönlichkeit die Lücke ausfüllte – und mit ihr ein neuer Dynamismus." In Fabian von Schlabrendorffs „Offiziere gegen Hitler" (1946) heißt es: „Damit hatten wir unseren bisherigen Geschäftsführer verloren. Es kam also zunächst darauf an, einen neuen Mann zu finden, der seine Nachfolge übernehmen könnte. Dieser Mann fand sich in Oberst Graf Claus Schenk von Stauffenberg." Josef Müller wurde auch verhaftet, jedoch vor dem Reichskriegsgericht freigesprochen, blieb aber in Haft. Nach dem 20. Juli 1944 schlug die Gestapo gegen die gesamte Widerstandsgruppe zu. Hans Oster, Dietrich Bonhöffer und Hans Dohnany wurden hingerichtet, auch Canaris endete am Galgen, während Josef Müller, den Galgen vor Augen, letzten Endes durch Glück davonkam. Er wurde dann mit den anderen prominenten Geiseln im Mai 1945 in Niederdorf im Pustertal befreit. Müller legte nach dem Kriege Schmidhuber zur Last, ihn wegen seiner römischen Gespräche verraten zu haben. Gegen Schmidhuber, der sich durch Schwarzmarktgeschäfte bereichert hatte, wurde 1947 von der Schweiz aus politischen Gründen eine Einreisesperre verhängt, da er enge Beziehungen zum französischen Oberst Frey in Lindau und zum französischen Deuxieme Bureau habe. Geheimnisumwittert war in München der „Salon Schmidhuber", wo Walter von Cube, Hoegner, Hundhammer, Schäffer, Thomas Dehler und viele andere verkehrten. „Die Gedanken einer „Union alpine" oder „Donauföderation" sind im Hause Schmidhuber schon sehr eingehend beraten worden […]", schrieb später eine Münchner Boulevardzeitung („Hinter geschlossenen Gardinen". Sonntagspost vom 5.6.1954). Hätte Schmidhuber, der unglückselige V-Mann in der Abwehr des Admirals Canaris, sich rechtzeitig aus Meran nach Portugal abgesetzt, wofür er seit der Begegnung mit dem „Ochsensepp" über 3 Wochen Zeit gehabt hätte, wäre es nicht so rasch zum Sturz des Generals Oster gekommen. Oster war ein Mann der Tat, der die Umsturzpläne koordinierte und in der militärischen Opposition eine herausragende Rolle spielte, ohne sich an den innen- und außenpolitischen Denkspielen eines Goerdeler oder Schulenburg zu beteiligen. Der holländische Oberst Sas sprach nach dem Krieg von Oster als einem Charakter, den er noch nie getroffen habe, so mutig und tollkühn. Der deutsche Offizier, war die Meinung Osters, trage auch Verantwortung für Europa. Da die Angriffe Hitlers vom Widerstand nicht verhindert werden konnten, sollte durch eine Putschaktion der Diktator gestürzt werden. Erst am 20. Juli 1944 kam es durch Stauffenberg, den Mann, der in die Fußstapfen Osters getreten war, zu dem Putschversuch, der zwar immer noch nicht zu spät war – wie gerne behauptet wird –, aber scheiterte.

Rudolf Hillebrand

Am 2. März 1943 starb bei einem Luftangriff in Berlin der 1900 in Gratsch geborene Dr. Rudolf Hillebrand, der von 1926 bis 1931 Sportredakteur der „Dolomiten" war und zusammen mit Robert Helm, Kurt Heinricher und Norbert Mumelter am 18. Juni 1933 den Völkischen Kampfring Südtirol (VKS), ursprünglich Südtiroler Heimatbund auf der Haselburg bei Bozen gründete, als erster Landesführer des VKS aber noch im gleichen Jahr nach Berlin auswanderte. Dort wurde er stellvertretender Bundesgeschäftsführer des VDA (Volksbund für das Deutschtum im Ausland) und arbeitete – er war HJ-Oberbannführer geworden – in der Reichsjugendführung. Am 1. November 1936 erhielt er die Vollmacht, die Belange des VKS bei allen amtlichen Stellen des Reiches zu vertreten und hatte die Stellung eines Oberregierungsrates.

Eine Gedächtnisnotiz von Otto Weber soll hier wiedergegeben werden.

„Am 28. Dezember 1937 besuchten die beiden HJ-Führer Dr. Rudolf Hillebrand und Siegfried Schider – aus Salzburg stammend – die zu jener Zeit beide in der Reichsjugendführung der HJ in Berlin tätig waren, den Obersalzberg und konnten Adolf Hitler einen illegal gedruckten Gedichtband ‚Gedichte österreichischer Hitlerjugend' überreichen.

Der Besuch dauerte über die von der Adjutantur eingeräumten Minuten hinaus.

Im Verlauf des Gesprächs, das der Führer mit den beiden führte, ist von Adolf Hitler sinngemäß etwa dargelegt worden, was mir nach dem Obersalzberg-Besuch von Rolf Hillebrand berichtet wurde:

Die Österreichische Frage ist nur noch ein Problem der Zeit. Die Heimkehr Österreichs ins Deutsche Reich wird wie eine reife Frucht fallen.

Südtirol werden wir nicht mehr aus dem italienischen Staat zurückgewinnen können. Ich hoffe aber, bei einer günstigen Gelegenheit mit dem Duce zu einer Übereinkunft zu gelangen, die den Deutschen in diesem Land eine Kulturautonomie zugestehen wird."

Heldenehrungen und Vermißtenmeldungen

Mit dem Begriff „Heldenehrung" wurde das feierliche Gedenken für die Gefallenen bezeichnet. Es waren dies wohl Begräbnisfeierlichkeiten, eher noch Veranstaltungen politischen Charakters für die „im Kampfe für Großdeutschland" gefallenen Männer, wobei besonders der Opfergedanke beschworen wurde, in der letzten Kriegsphase auch Durchhalteparolen fielen. Am 26. April 1943 fand z. B. in Marling die Heldenfeier für den Obergefreiten Hans Gögele, die Gefreiten Georg Holzner und Luis Straschil und Jäger Josef Ennemoser statt. An der Feier beteiligte sich ein großer Teil der Bevölkerung, dazu noch Vertreter der Südtiroler Umsiedlungstelle A.d.O., deren Chef, Volksgruppenführer Peter Hofer, die Gedenkrede hielt. Die Musikkapelle Marling und ein von auswärts verstärkter Sängerchor umrahmte die Feier. In kleineren Orten war dies schlichter. Am 21. Feber 1943 wurde in St. Gertraud/Ulten für den an der Ostfront gefallenen Gefreiten Dominikus Trafojer und am 14. März 1943 für den ebenfalls im Osten gefallenen Jäger Adolf Gamper die Heldenehrung abgehalten, am 20. April 1943 in St. Nikolaus für den im Kaukasus Gefallenen Engelbert Pircher. Die Stimmung in der Bevölkerung wurde gerade in diesem Zeitraum nach der Tragödie von Stalingrad nicht gerade die beste. Vermissten- und Todesmeldungen häuften sich. Die persönliche Verständigung der Angehörigen von Gefallenen ging oft im Schneckentempo vor sich. Im Bereich der Ortsgruppe Meran wurde sie durch Veteranen des 1. Weltkrieges übernommen. Dabei beklagte sich ein Meraner Optantenvertreter über den in der Ortsgruppe üblichen Weg: Die offizielle Benachrichtigung vom „Heldentod" treffe aus dem Reich zuerst bei der ADERSt Zweigstelle Meran ein. Dort werde die Mitteilung mehr oder minder vertraulich behandelt (sickert jedoch meistens durch) um dann nach Bozen weitergeleitet zu werden. Von dort wird diese erst an die Kanzlei Soldatenbetreuung der Kreisleitung der A.d.O. gesandt, um 2 bis 3 Wochen (oder noch mehr) endlich an die Ortsgruppe zu gelangen. Die Einsatzbereitschaft der Frontkämpfer sei außer einigen wirklich äußerst einsatzbereiten Kameraden sehr gering zu nennen.

Dafür wurden von der Optantenorganisation Beileidskarten gedruckt mit dem erklärten Zweck, „Trost im Schmerz" zu bringen und damit „der Volksgenosse sieht, daß Anteil an seinem Geschick genommen wird". So wurden im März 1943 in Platt/Passeier und in Lana je zwei Beileidsschreiben überreicht.

Als im November 1942 eine große Heldengedenkfeier in Meran abgehalten wurde, beschwerte sich der Beauftragte für den Meraner Kriegerfriedhof Ing. Veigt, daß durch die Feier ein Schaden in Höhe von mindestens 1200.- Lire entstanden sei. Der Friedhof sei vollkommen verwahrlost gewesen, voller Unkraut und hatte für die Feier nicht benutzt werden können. Er mahnte bei der A.d.O., Kreisleitung Meran, an, man möge endlich den vernachlässigten Friedhof in Ordnung bringen, zumal schon über 1400 Südtiroler Gefallene dort begraben seien. Die Heldenehrung für acht Gefallene im Juli 1943 fand dann nicht mehr im Kriegerfriedhof statt.

Die Ereignisse des 8. und 9. September 1943

Als am 8. September 1943 abends durch den italienischen Rundfunk die bedingungslose Kapitulation der Regierung Badoglio bekanntgegeben wurde, stürzten sich die italienische Bevölkerung und die Soldaten in einen Freudentaumel. Sich mit dem Rufe „pace, pace" umarmend zogen sie lärmend und johlend durch die Straßen, küßten sich gegenseitig und wälzten sich sogar auf der Fahrbahn.

Während die italienische Bevölkerung in erregten Gesprächen die Nacht verbrachte, sah der SOD (Sicherheits- und Ordnungsdienst) in Anbetracht der Stärke der Meraner Garnison und der italienischen Bevölkerung im Verhältnis zur deutschen einzig und allein eine Hilfe durch den Einzug deutscher Truppen. Die Italiener besetzten im Laufe der Nacht mit einer kriegsmäßig ausgerüsteten Kompanie die Bunker auf der Töll und hatten Kraftfahrzeuge und schwere Waffen hinauf befördert.

Der Morgen des 9. September brach herein, den SOD hatten noch immer keine Weisungen erreicht. Doch in den drei Stadtbezirken wurde inzwischen der Südtiroler Ordnungsdienst durch eigene Mitglieder alarmiert. Die Stimmung des Vortages hatte sich bei der italienischen Bevölkerung inzwischen gewendet.

Die Garnison hatte keine bestimmten Weisungen und verblieb im Alarmzustand in den Kasernen. In der Früh waren drei Wehrmachtsangehörige im Begriff, vom Urlaub in Meran zur Einheit zurückzukehren. Auf dem Wege zum Bahnhof wurden sie vor dem italienischen Präsidium von italienischen Soldaten aufgehalten und als Gefangene erklärt. Sie sollten dann zu einer Untermaiser Kaserne gebracht werden. Beim Vorbeimarsch vor dem Hotel Bristol konnte einer von ihnen, Sepp Lochmann, durch einen ablenkenden Ruf ausscheren und ins Hotel hinein laufen. Die italienischen Soldaten eilten ihm nach. Die Südtiroler im Bristol nahmen die beiden Urlauber in ihren Schutz und verhinderten ein weiteres Eingreifen. Die Soldaten mußten abziehen. Um 9 Uhr vormittags langte von Gargazon die Nachricht ein, daß dort mit Hilfe einer kleinen Abteilung deutscher Soldaten ca. 90 Italiener, Carabinieri und Wehrmacht, entwaffnet und gefangen gesetzt worden sind. Dies war die erste Entwaffnung im Kreis Meran.

Am frühen Nachmittag kam der Leiter der Zweigstelle Meran der Amtlichen Ein- und Rückwandererstelle, Otto Vonier, aus Bozen und eröffnete einigen Mitarbeitern sowie dem Kreisleiter Hans Torggler und dem S.O.D.-Kreisführer, Franz Runge, daß er vom Gen. Major der Polizei SS. Brig. Führer, Karl Brunner den Auftrag erhalten habe, sich zu den italienischen Kommandostellen, insbesondere zu den Carabinieri zu begeben und ihnen die Niederlegung der Waffen nahezulegen. Er gab dann seinen Plan bekannt, den Auftrag als Ortsgruppenleiter der A.O. der NSDAP mit Hilfe der ihm bekannten Mitglieder der faschistischen Partei auszuführen und zwar würde er in deren Begleitung die Kommandos aufsuchen und in friedlicher Form die Waffenniederlegung veranlassen. Die zur Unterstützung seines Auftrages erforderliche kleine Einheit der deutschen Wehrmacht in Bozen konnte ihm auf Anfrage nicht zur Verfügung gestellt werden. SOD-Mitglied Luis Donà war ebenfalls am gleichen Tag mit Meldungen des Kreisleiters in Bozen, übergab diese Major Bernhard Lüdecke und bat auch seinerseits um Unterstützung. Auch er erhielt den Bescheid, daß jede Hilfe nach Meran unmöglich ist, da die vorhandenen Kräfte in Bozen zu klein seien.

Otto Vonier fuhr mit 2 Mitarbeitern zu dem Carabinieri-Kommandanten, welcher ihm bereits fernmündlich die Abgabe der Waffen versprochen hatte. Die Waffen wurden zum Hotel Bristol geliefert und dort in erster Linie den Reichsdeutschen, Angehörigen der A.O. der NSDAP zur Verteilung gebracht. Anschließend wurden auch die Pubblica Sicurezza und die Finanzwache widerstandslos entwaffnet.

Gleichzeitig wurden die hier auf Urlaub befindlichen Wehrmachtsangehörigen zusammengerufen und es sammelten sich bis zu den späten Nachmittagsstunden 27 Mann. Der Südtiroler Ordnungsdienst trat gleichzeitig im Hotel Bristol mit 140 Mann an. Ing. Oskar Musch, Dr. Karl Erckert und Luis Innerhofer, gaben die notwendigen Weisungen. Vonier wollte auch die Entwaffnung der italienischen Wehrmacht vornehmen, konnte aber bei deren Kommandanten, Oberst Ferrato, die Abgabe nicht erreichen, weil dieser keine Weisungen hatte. Die im Hotel Bristol befindlichen Waffen wollte SOD-Kreisführer Runge für die angetretenen SOD-Männer verwenden. Die Ausgabe wurde von Vonier zwar nicht genehmigt, doch durch Vermittlung eines Oblt. Mattoi, wurden die Waffen ausgegeben. Mit der Führung der Wehrmachtsangehörigen wurde auf Veranlassung von Vonier durch den Standortältesten, Major Eigner, Oblt. Bernardi betraut. Die Wehrmachtsangehörigen und 140 Männer des S.O.D. nahmen Aufstellung. Vonier hielt eine Ansprache, in welcher er besonders vor einem Blutvergießen warnte, Oblt. Bernardi sprach als nächster, ohne indes organisatorische Weisungen zu geben. Runge teilte selbst die Leute für die Bewachung der wichtigsten Objekte, vor allem der Kasernen ein. Ein Teil der Männer wurde als Streife in allen 3 Stadtgebieten eingesetzt, mit der Aufgabe, sämtliche italienischen Wehrmachtsangehörigen aufzufangen, zu entwaffnen, und in der Untermaiser Kaserne abzuliefern. Es begann allmählich zu dunkeln, der Einsatz in den Nachtstunden wäre schwieriger. Das Auftreten der ersten Südtiroler bewirkte, daß sich ununterbrochen weitere freiwillig zum S.O.D.-Dienst meldeten, und gleich mit Waffen ausgerüstet in Dienst genommen wurden. Der größte Teil der italienischen Soldaten befand sich im Untermaiser Kasernenviertel. Vor diesen standen nur einzelne Männer in Zivil mit italienischen Gewehren und bewachten die Ausgänge. Zwei Sturmgeschütze waren gegen 17 Uhr noch von Bozen heraufgekommen und postierten sich vor den Eingängen dieser Kasernen, um in der Nacht wieder abzuziehen. Ihr bloßes Erscheinen genügte zur Abschreckung. Niemand wagte mehr, die Kaserne zu verlassen. In der Nacht unternahm es Kreisführer Runge, zu den einzelnen Kasernen zu fahren, die Kommandanten zu sich zu rufen und ihnen die Abgabe der Waffen anzuordnen. Mit der Ankündigung, durch das Vinschgau seien bereits Gebirgsjäger im Anmarsch und in Gargazon eine Panzerabteilung schon eingetroffen, stieß er auf fast keinen Widerstand mehr. Die Mannschaften begannen die Waffen in den Kasernenhöfen abzulegen. Ein deutscher Pionier-Offizier war von Bozen herauf beordert worden, um die wichtigsten Industrieanlagen zu sichern und zu prüfen, ob gewisse Übergänge und Brücken unterminiert waren. Dabei begleitete er Runge in die einzelnen Kasernen. Zur Beförderung der abgenommenen Waffen wurde eine „Fahrbereitschaft" unter Leitung von Karl Seidl aufgestellt, die sich der verfügbaren Lastkraftwagen, und der zivilen und Militärfahrzeuge bemächtigte. Mit einem ununterbrochenen Pendelverkehr wurden die Waffen zum Hotel Bristol transportiert, und dort abgeladen. Bald waren Tausende von Gewehren, ungefähr 20 Maschinengewehre, Granatwerfer, Revolver, Pistolen, Säbel und Munition zusammen. Vonier hatte inzwischen Verbindung mit den italienischen Offizieren aufgenommen, ihnen die Beibehaltung ihrer Waffe ehrenwörtlich zugesagt, womit die Offiziere die Herrschaft über ihre unbewaffnete Mannschaft behielten. In den Kasernen ging es lebhaft zu. Die Lebensmittelvorräte wurden verteilt, die Uniformen gegen neue aus den Magazinen ausgetauscht und mit der Zivilbevölkerung auch ein Handel mit diesen Gegenständen begonnen. Teile der Besatzung entwichen inzwischen über die Rückseite der Kasernen und flohen Richtung Gampenpaß-Nonsberg, Ultental-Rabbijoch oder Martelltal. In den Tälern wurden viele von dortigen SOD-Leuten gefangengenommen und nach Meran zurückgeführt, aus dem Ultental rund 400, aus Schenna 350, aus dem Passeier 200 in den folgenden Tagen. Die Gefangenen in Schenna und Passeier hatten sich größtenteils aus Sterzing, manche auch aus dem Pustertal abgesetzt, die meisten befanden sich in vollkommen erschöpftem Zustande. Die Streifen im Stadtgebiet brachten ununterbrochen weitere Gefangene in die Untermaiser Kavalleriekaserne ein. Die Bewachung der Sinichwerke, etwa 30 Carabinieri, wurde gefangen abgeführt. Die deutsche Bevölkerung in Meran schien sich der neuen Situation vorerst noch gar nicht bewußt. In der Stadt war noch am selben Tag kein italienischer Soldat mehr sichtbar.

Die Befehlsstelle des SOD blieb im Hotel Bristol. Auf der Terrasse, dem Eingang und im Inneren des Hauses im Gang wurden MG aufgestellt. Von allen Seiten liefen Meldungen über den Fortlauf der Entwaffnungsaktion ein, und in der Nacht brachten Einheiten der auswärtigen SOD Gruppen italienischer Soldaten, die sie in den Straßen und Wäldern aufgegriffen und entwaffnet hatten.

Als am darauffolgenden Tage, dem 9. September, noch keine Spur deutschen Militärs in der Stadt zu sehen war, befürchtete man schon eine italienische Widerstandsaktion gegen die SOD-Einheiten. Anscheinend waren aber Offiziere wie Mannschaft zu demoralisiert, als daß ein Widerstand in Frage kam.

Freitag, den 10. September, vormittags traf die „Gruppe Schintlholzer" mit einer Kompanie der Waffen-SS, von Jubel begleitet, in Meran ein, SS-Obstf. Luis *Schintlholzer* nahm sofort Verbindung mit dem Kreisleiter und S.O.D.-Kreisführer auf, orientierte sich über die Lage, setzte seine Männer an den Brennpunkten ein, vollendete die Entwaffnung und ordnete vor allen Dingen auch die Entwaffnung der Offiziere an. Diese waren erklärlicherweise entrüstet und beriefen sich auf das Ehrenwort von Otto Vonier. Schintlholzer bestand jedoch auf der Entwaffnung. Die Offiziere wurden von der Mannschaft getrennt untergebracht und alle Gefangenen in zwei Kasernen untergebracht. Durch die Verstärkung mit dieser Kompanie der Gruppe Schintlholzer und das ständige Anwachsen von Freiwilligen im Dienste des SOD war die Bewachung so stark, daß Widerstand kaum mehr zu erwarten war. Waffen und Munition gab es im Überfluß. Die Angehörigen, vor allem die Offiziers- und Unteroffiziersfrauen besuchten fortwährend die italienischen Gefangenen in der Kaserne und brachten ihnen Verpflegung, Wein, Kleider, Wäsche und Geld.

Die S.O.D.-Gruppen in Schenna, St. Gertraud/Ulten, Platt/Passeier und am Gampenpaß forderten Hilfe an, weil sich dort größere Abteilungen bewaffneter italienischer Soldaten im Durchmarsch befanden und man Ausschreitungen befürchtete.

Am Gampenpaß wurde ein Südtiroler von einem italienischen Soldaten erschossen, hingegen wurde in Platt ein Alpinisoldat, der auf Anruf nicht stehen blieb, von einem S.O.D. Mann erschossen.
Franz Runge entsandte Wehrmachtsstreifen, bestehend aus einigen Soldaten im Urlaub, dazu noch S.O.D. Männer aus Meran. Inzwischen eigneten sich fast überall die Ortsansässigen Waffen an und griffen selbst zur Entwaffnung.
Kuriose Szenen blieben auch nicht aus.

Am 12. September, vormittags erschien vor dem Hotel Bristol ein 16-jähriger Hirtenbub mit blauer Schürze, ohne Waffen, nur mit einer Peitsche versehen, und übergab 30 Alpini als Gefangene ab. Er brachte diese von der Töll herunter. Die Soldaten gingen voraus und der kleine Hirte marschierte mit seiner Peitsche hinter ihnen her.

Im Ultental waren 10 Flüchtlinge von der Falkmair-Alm gemeldet worden. Eine Streife von 3 Männern wurde hinaufgeschickt, die jedoch niemand vorfand. Auf dem Heimweg trennten sie sich, da einer allein einen anderen Weg einschlug und über ein Joch ging. Dieser sah plötzlich 30 Schritte unter sich die gesuchten Soldaten. Er überlegt nicht lange, gab einen Schreckschuß ab, rief ihnen zu, sich ruhig zu verhalten, da sie sonst zusammengeschossen würden und befahl ihnen einer nach dem anderen bis auf 10 Schritte heranzukommen, vor ihm die Taschen zu entleeren und die Waffen niederzulegen. Als er auf diese Weise alle entwaffnet hatte, stieg er mit ihnen zur Falkmairalpe hinunter. Inzwischen war es Nacht geworden, sie waren gezwungen zu übernachten. Er hieß die Gefangenen in der Almhütte Lage zu beziehen, er selbst mußte vor der Hütte die ganze Nacht im Freien als Wache verbringen. Erst am Morgen entdeckten die Soldaten, daß sie durch einen einzigen Mann gefangen genommen waren.
Eine ganze italienische Kompanie, welche in der Nacht vom 8. auf 9. September die Bunker auf der Töll besetzt hatte, marschierte am 10. Vormittag die Straße von Forst herunter. Die Mannschaft war schwer bepackt, kriegsmäßig ausgerüstet, mit MG und Granatwerfer. SOD-Kreisführer Runge fuhr, als ihn die Meldung von

ihrem Anmarsch erreichte, der Kolonne entgegen, traf sie auf halber Höhe von Forst nach Meran, wo sie gerade rastete. Runge verlangte nach dem Kommandanten, der aber bereits zum Divisionskommando vorausgefahren war. Der Stellvertreter, ein Hauptmann, wurde aufgefordert, sofort die Waffen mit seiner Kompanie niederzulegen. Ohne den Major könne er keine Entscheidung fällen, sagte der Hauptmann. Der Kreisführer gab ihm nur 5 Minuten zur Überlegung.

Obwohl Runge, nur mit seinem Fahrer vom SOD, in Zivil und ohne Waffen dastand, mitten unter den italienischen Offizieren, erklärte sich der Hauptmann nach einer allerdings heftigen Debatte mit seinen Offizieren bereit, die Waffen niederzulegen. Er bat jedoch, ihm die Schmach zu ersparen, hier auf der Landstraße die Waffen niederlegen zu müssen und vor der Bevölkerung diese Schande zu erleben. Auf sein Ehrenwort, daß er mit seiner Abteilung nach Meran einmarschieren und in der vom Kreisführer gewünschten Kaserne die Waffen abgeben werde, wurde dieser Forderung stattgegeben.

Die Kolonne marschierte tatsächlich in die Andreas-Hofer-Kaserne ein, wo die Entwaffnung reibungslos über die Bühne ging.

Durch den Ortsgruppenleiter von Meran, Sepp Spitaler, wurde mit einigen SOD-Männern, eine schwerbewaffnete Alpini-Halbkompanie in Hafling entwaffnet.

Kaserne „Andreas Hofer"/ „Caserma A. Hofer" in Meran (Sixt, Bozen)

Am 13. September befahl SS-Obstf. Schintlholzer alle verfügbaren wehrfähigen Südtiroler zu sich in die Andreas-Hofer-Kaserne und nahm dort eine Neueinteilung des S.O.D. für das Stadtgebiet Meran vor. Nach Aufstellung von 3 Kompanien wurde ein geregelter Wachdienst eingeführt. Die ersten 3 Tage hatten die meisten Wachen ohne Ablösung auf ihrem Posten verbracht.

Am gleichen Tage begann der Abtransport der italienischen Gefangenen. Die Mannschaften mußten zu Fuß nach Bozen, die Offiziere wurden in Postautos befördert. Ein eigener Pferdetransport ging ab, da durch die Auflösung der Kavallerieeinheit, und auch durch den großen Bestand an Pferden und Maultieren der Gebirgstruppe, eine Vielzahl von Huftieren zusammen kam. Allein von den deutschen Gemeinden des Nonsbergs kamen beinahe 200 Maultiere.

Die Entwaffnung und Gefangennahme der Carabinieri und Grenzmiliz in den einzelnen Ortschaften ging praktisch kampflos vor sich.

In Meran wurden die gefürchteten Faschisten in den Augen der beiden Volksgruppen – Giuseppe Benoni, Alberto Murari, Renato Corradi und der ehemalige Polizeikommandant Giuseppe Veccari – vom S.O.D. gefangen und der Gruppe Schintlholzer übergeben. Durch die Frau eines dieser Gefangenen erfuhr Vonier von der Verhaftung jener 4 Männer, die er als faschistische Kameraden ansah und ging zu Schintlholzer, um ihre Freilassung zu veranlassen, man benötige sie zur Bildung einer neuen faschistischen Partei. Vorher hatte er die Herausgabe schon vom Kreisführer Runge vergeblich verlangt und ihm mit den schwersten Folgen drohte, da er den Auftrag habe, sofort an die Gründung der neuen faschistischen Partei heranzugehen. Runge entgegnete ihm, es werde, solange er hier verantwortlich sei, keine faschistische Partei mehr gegründet.

Auch Schintlholzer lehnte Voniers Forderung ab, der aber – in voller Parteiuniform – die 4 aus der Haft holte und mit ihnen eine längere Unterredung in seinem Amtszimmer im Hotel Bristol hatte. Da auch der Kreisleiter Hans Torggler sich dagegen aussprach, fuhr er mit Kreisführer Runge nach Bozen, um sich Klarheit zu verschaffen.

Die Bevölkerung schien über die Befreiung dieser Männer empört, hatten sich diese doch wiederholt bei Prügeleien gegen Südtiroler hervorgetan, und seien sogar gegen Kinder vorgegangen, grundsätzlich wurden sie auch in der italienischen Volksgruppe mißachtet, nur der Vertreter der NSDAP nahm sie in Schutz. Nach Berichterstattung in Bozen und Rücksprache mit Volksgruppenführer Peter Hofer, SS-Brigadeführer Brunner und General Sepp Dietrich wurden nach Entscheidung des Obersten Kommissars Franz Hofer die 4 Männer neuerlich verhaftet und innerhalb 24 Stunden der Provinz verwiesen.

Vonier blieb inzwischen in Verbindung mit den Offizieren in der Kaserne, und empfing ihre Angehörigen. In der Kaserne nahm er schließlich eine Abstimmung vor. Den Offizieren, welche sich bereit erklärten, der neuen faschistischen Armee beizutreten und mit Deutschland zu kämpfen, sagte er die Freiheit zu und versprach ihnen, sie könnten in Meran bleiben. Die Anhänger Badoglios müßten hingegen nach Deutschland. Die meisten sollen sich daraufhin als Anhänger der neuen faschistischen Armee erklärt haben. Ostf. Schintlholzer verbot dann allerdings dem NSDAP-Vertreter jeden weiteren Zutritt zur Kaserne. Noch am Tage des Abtransportes der Offiziere telefonierte Vonier mit ihnen, er fahre nach Bozen, um ihre Freigabe zu veranlassen. Als die Offiziere schließlich abgeführt wurden, verlangten sie empört, doch vergeblich nach Vonier, den sie nicht mehr sahen.

Führende Personen bzw. Kommissarische Leiter in Meran nach dem 9. September 1943

Bürgermeister der Gemeinde Meran	Dr. Karl Erckert
Kreisleiter des Bezirks	Hans Torggler
S.O.D.-Kreisführer	Franz Runge
S.O.D.-Gebietsführer Stadt Meran	Toni Johannes
Post- und Telegraphenamt	Anton Plant
Ernährungsamt	Toni Holzgethan
Sparkasse	Josef Egger
Spar- und Vorschußkasse	Anton Plant
Banco di Roma u. Banca del Lavoro	Viktor Leiter
Stadtbauamt, Luftschutz	Arch. Sepp Torggler
Ente per le tre Venezie	Dr. Georg Zeller
Opera Nazionale Combattenti	Hermann Kirchlechner
Pferderenngesellschaft	Hans Lex
Etschwerke	Ing. Max Corazza
Steueramt	Dr. August Zoppelli
Krankenhaus	Dr. Hans Reibmayr
	Dr. Vinzenz Kneringer

Der erste Judentransport in Italien

Am 12. September 1943 erteilte Karl Brunner, SS-Brigadeführer und Sonderbeauftragter des Reichsführers SS H. Himmler, folgenden schriftlichen Auftrag an die Kreisleiter der ADO:
„Betrifft: Festnahme von Volljuden.
Ich bitte sofort dafür Sorge zu tragen, daß die im dortigen Bereich sich aufhaltenden Volljuden umgehend in Haft genommen werden. Vom Vollzug bitte ich mich zu unterrichten. Gez. Brunner – SS-Brigadeführer".

Damit wurde Südtirol bzw. Meran zum Schauplatz der ersten Deportation von Juden aus Italien. Es geschah in der Nacht vom 15. auf den 16. September 1943.

Als erste wurde die 39-jährige Ehefrau des Polizeibeamten Pasquale De Salvo, Franziska Stern, aus Feuchtwangen stammend, zusammen mit ihrer 6-jährigen lungenkranken Tochter Elena verhaftet und in das Balilahaus in der Huberstraße eingeliefert. Nach und nach traf es die anderen jüdischen Bewohner Merans, wie die Baronin Wally Hoffmann geb. Knapp, die liechtensteinische Staatsbürgerin war und als einzige überleben wird.

Von den noch in Meran verbliebenen etwa 60 Juden fliehen mehr als die Hälfte, zurückbleiben vor allem Alte und Kranke. Caterina Rapaport-Zadra und Teresa Bermann wurden verraten und in Vervò am Nonsberg, wo sie Unterschlupf gefunden hatten, aufgespürt und unter entwürdigenden Umständen nach Meran gebracht. Der Ehemann „Poldi" Leopoldo Zadra hatte sie im August zu einer bekannten Familie auf den Nonsberg geführt und um Beherbergung gebeten. Als die beiden Häscher sie abholen kamen, flüchtete sie vergeblich durch die Hintertüre des Hauses. Beide Frauen wurden gefesselt und abgeführt. Der Ehemann von Teresa, Giulio Bermann, war mit den beiden Kindern in der Nacht zum 8 km entfernten Bahnhof gelaufen, in Begleitung einer jungen einheimischen Frau, und von dort, wie sie erzählte, zitternd vor Furcht, bis nach Ferrara gefahren.

Weitere 10 Juden wurden in Bozen verhaftet und nach Meran gebracht ins Balilahaus, wo dort im Untergeschoß die Fenster abgeriegelt und zugedeckt waren. Dort blieben sie in der Hitze des Raumes ohne Nahrungsmittel, ohne Wasser, dem brutalen Verhör der SS-Kommandanten Niederwieser ausgesetzt.

Gegen 3 Uhr früh waren SOD-Männer noch bei den Schwestern Gertrud und Meta Benjamin aufgetaucht, die sich mit Rattengift vergeblich zu töten versucht hatten. Trotz ihres schweren Zustandes wurden sie mitgenommen, Gertrud warfen sie im Balilahaus ungerührt auf den Billardtisch wie ein Stück totes Vieh.

Am späten Abend des 16. September 1943 wurden alle mit einem Wagen abtransportiert, über den Jaufenpaß nach Innsbruck, wo sie im Lager Reichenau eingesperrt wurden. Einige verstarben noch in Innsbruck-Reichenau.

Anfang März 1944 kamen die Überlebenden in das Vernichtungslager Auschwitz, wo sie wahrscheinlich am 7. März eintrafen. Ein Teil wurde bereits bei der Ankunft an der Rampe direkt zur Gaskammer geführt.

Der unheilvolle 16. September 1943 bedeutet das vorläufige Ende der Judengemeinde Meran.

Insgesamt wurden 38 Personen deportiert.

Wenn Renzo de Felice von einem „nazistischen und antisemitistischen Umfeld" spricht, das die Verfolgung der verbliebenen Meraner Juden erleichtert und erst ermöglicht habe, so meint er damit die deutsche Volksgruppe, in ihrer Mehrheit „fanaticamente nazista", während, so de Felice, die Juden auf die Hilfe und die Solidarität der italienischen Bevölkerung bauen konnten.

Tatsache ist, daß der SOD in Meran einheimische Helfer stellte, die der Gestapo zuarbeiteten und z.T. auch selbst bei der Aktion initiativ wurden. Das Kommando allerdings lag bei SD und Gestapo, insbesondere bei Niederwieser und Schintlholzer.

Erst in jüngster Zeit wurde von Michele Sarfatti herausgearbeitet, wie sehr das faschistische Regime vorgearbeitet hatte. In ganz Italien wurden die Juden als Angehörige der „jüdischen Rasse" erfaßt, und auf diese Listen konnte dann zurückgegriffen werden. Auch in Meran gab es eine eigene Judenkartei im Gemeindeamt, die stets auf den neuesten Stand gebracht wurde.

Einheimische Helfer kannten aber den genauen Aufenthalt ihrer Mitbürger oder Nachbarn und konnten die Häscher hinführen. Auch dies ist in ganz Italien vorgekommen. Denn überall wurden Juden auch von italienischen Behörden bzw. Faschisten verhaftet und der SS ausgeliefert.

Ausgehend von dem unheimlichen Befehl des SS-Brigadeführers Brunner, war in Meran der erste Judentransport überhaupt auf italienischem Staatsgebiet zusammengestellt worden! Der zweite (direkt nach Auschwitz führende) Transport ging mehr als einen Monat später, am 18. Oktober 1943, von Rom aus.

St. Walburg und der Holocaust

Immer wieder wird die Frage gestellt, ob über das Schicksal der Juden und der anderen Opfer nichts nach außen gedrungen ist, ob es wirklich möglich war, Auschwitz zu tarnen, zu verheimlichen? Warum haben u. a. die Alliierten Dresden bombardiert, nicht aber das Vernichtungslager Auschwitz, von dem kürzlich Luftaufnahmen veröffentlicht wurden?

Bis heute ist die Diskussion darüber nicht abgeklungen, eher wird sie mangels gültiger Antworten immer wieder entfacht. Wie jüngst auf einer Tagung in Rom zum 9. September 1943, dem am meisten umstrittenen Ereignis innerhalb der italienischen Gesellschaft und besonders Parteienlandschaft. Der Historiker Michele Sarfatti zitierte ein Dokument, um festzustellen, daß sogar bis in ein entlegenes Südtiroler Bergdorf Gerüchte über das Schicksal der Juden gedrungen sind. Es handelt sich um den AdO-Bericht vom 5. Jänner 1943, der vom Ortsvertrauensmann St. Walburg im Ulten verfasst wurde: „In den Kreisen der Wahlitaliener (so wurden damals die Bleiber abschätzig genannt. Anm. d. A.) wird jetzt vielfach erzählt, die Leute im Reich werden nicht mehr menschlich behandelt, d. h. diejenigen, die nicht arischen Blutes sind. Juden, die z. B. von den besetzten nördlichen Ländern kommen und angeblich in Lagern untergebracht werden sollen, werden in die Züge hineingepfercht und abtransportiert. Irgendwo draußen, wenn der Zug in voller Fahrt ist, wird durch eine Öffnung Gas in die Waggons gelassen und müssen die Juden so jämmerlich zugrunde gehen. Desgleichen hört man auch erzählen, daß in Spitälern und Versorgungsheimen die Menschen ebenfalls auf die Seite gebracht werden. Dort wird allerdings menschlicher verfahren. Man gibt ihnen etwas in die Speisen und sie schlafen dann einfach ein. Man hätte für solche Fälle schon genügend Beispiele. Wenn arme kränkliche Volksgenossen ins Reich kommen, währt es meist nicht lange, dann kann man für sie das Zügenglöcklein läuten hören. Will man dann den Toten sehen, heißt es, der sei in eine Anstalt abtransportiert worden und sei wegen einer ansteckenden Krankheit verbrannt worden. Gegen ein kleines Entgeld könne man die Asche bekommen."

Im gleichen Jahr 1943 werden die verbliebenen Meraner Juden Richtung Auschwitz weggebracht. Natürlich kann dieser Bericht, und handelt es sich dabei auch um ein noch so isoliertes Schriftstück, nur Betroffenheit erzeugen, zeigt es doch zumindest das eine: spätestens im Jahr nach der Wannsee-Konferenz gab es kein lückenlosen Nichtwissen mehr. Dafür spricht dieses Zeugnis aus einem bescheidenen Dorf in einem Gebirgstal bei Meran.

Der in Meran einmarschierte: Alois Schintlholzer

Zum Zeitpunkt seines Einmarsches in Meran am 10. September 1943 an der Spitze seiner Leute war Schintlholzer 29 Jahre alt und SS-Obersturmführer.

Er wurde am 18. Dezember 1914 in Hötting bei Innsbruck geboren, als Sohn des Tapezierers Othmar Schintlholzer. Nach Besuch der Handelsfortbildungsschule wurde er kaufmännischer Angestellter. Als in den frühen 30-er Jahren die NS-Bewegung, die bis dahin in Österreich ein Schattendasein geführt hatte, regen Zulauf erhielt, war der junge Schintlholzer mit dabei. Er war gleichsam der Prototyp des NS-Aktivisten und, als die NSDAP und ihre Organisation 1933 in Österreich verboten wurden, des Illegalen. Er trat 1932 der Hitlerjugend und der SA bei und schloß sich Ende 1933 der SS an. Im Juli 1937 wurde Schintlholzer, der in Innsbruck ein bekannter Sportboxer war, wegen verbotener politischer Betätigung verhaftet und saß fünf Monate in Untersuchungshaft. In der Pogromnacht vom 9. auf 10. November 1938 in Innsbruck war Schintlholzer Anführer eines Rollkommandos, das beauftragt war, den Juden Karl Bauer in der Gänsbacherstraße zu ermorden. Beim Angriff des Rollkommandos, das von Schintlholzer angeführt wurde, wurde Bauer durch Schläge und Stiche schwer verwundet, aber nicht getötet. Bauer überlebte den Anschlag und emigrierte später in die USA. Schintlholzer behauptete in seinen Aussagen, einen Mordauftrag erhalten zu haben, ihn aber bewußt nicht ausgeführt zu haben.

Im August 1938 wurde er von der Deutschen Wehrmacht eingezogen, in der er als Kraftfahrer diente und zu Beginn des Jahres 1940 als Gefreiter abmusterte. Seit März 1940 der Waffen-SS angehörig, besuchte er die Kriegsschule in Bad Tölz, und wurde im April 1941 SS-Untersturmführer, im April 1942 SS-Obersturmführer, im November 1943 SS-Hauptsturmführer und im Jänner 1945 SS-Sturmbannführer.

Im Sommer 1943 wurde er der im Vorjahr gegründeten SS-Hochgebirgsschule in Neustift im Stubaital zugeteilt, an der SS-Männer für den Gebirgskrieg ausgebildet wurden. Von dort aus erfolgte der Einmarsch der Gruppe „Schintlholzer" im September 1943 über den Reschen nach Meran. Nach Einsatz in der SS-Freiwilligen-Gebirgsdivision „Prinz Eugen" am Balkan im Winter 1943/44 wurde Schintlholzer zum Leiter des Ausbildungslagers, der Neustifter SS-Hochgebirgsschule in Predazzo ernannt, („Gebirgsschule der Waffen-SS mit Höhenstützpunkten Rollepaß und Vigo di Fassa"), die in der dortigen Kaserne der Finanzwache untergebracht war.

Am 2. Juli 1944 trug sich Schintlholzer mit dem Hauptsturmführer Ludwig Menardi, dem Verwaltungsleiter der Hochgebirgsschule Predazzo, im Gästebuch von Schloß Tirol ein.

Wahrscheinlich geriet Schintlholzer in Sulden, wo er sich bei Kriegsende versteckt hielt, in Kriegsgefangenschaft, aus der er im September 1947 entlassen wurde. Zuletzt befand er sich im Lager Munster bei Lüneburg.

In der Folge tauchte Schintlholzer aus Furcht vor strafrechtlichen Folgen unter. Er dürfte sich nach Südtirol abgesetzt haben. Seit Ende 1957 lag gegen ihn wegen Beteiligung an der Innsbrucker Progromnacht ein Haftbefehl des Landesgerichts Innsbruck vor. Im April 1961 stellte sich Schintlholzer und wurde in Innsbruck in Haft genommen. Die Justiz leitete die Voruntersuchung wegen versuchten Mordes an Karl Bauer ein. Da dieser Tatbestand nicht zu erhärten war, wurde das Verfahren im März 1962 eingestellt und Schintlholzer aus der Untersuchungshaft entlassen.

1979 wurde Schintlholzer von einem Schwurgericht in Bologna in Abwesenheit zu lebenslanger Haft verurteilt. Das Gericht sah es erwiesen an, daß er für eine Vergeltungsaktion für Partisanenangriffe in Falcade in der Provinz Belluno verantwortlich sei, bei der am 22. August 1944 das Dorf niedergebrannt worden war, und es zu 44 Toten in der Zivilbevölkerung gekommen sein soll. Im Jahr darauf wurde dieses Urteil aufgehoben, weil für diesen Tatbestand ein Militärgericht allein zuständig ist. 1988 wurde tatsächlich vor einem Militärgericht in Verona in Schintlholzers Abwesenheit der Prozeß wegen Kriegsverbrechen eröffnet.

Inzwischen wurde ihm auch vorgeworfen, an der Brandschatzung des Ortes Caviola am 21. August 1944 und dort an der Tötung von Personen beteiligt gewesen sein. Ob Schintlholzer den Ausgang dieses Prozesses erlebt hat, ist ungewiss, er starb am 18. Juni 1989 in Innsbruck.

Ein Kuriosum am Ende: der von der Witwe verfaßten Traueranzeige in der Tiroler Tageszeitung („Seine Ehre heißt Treue" hieß es darin) folgte einige Tage später eine weitere Anzeige der Tochter, in der sie sich von dem Inhalt der vorangegangenen, distanzierte.

Meran – Lazarettstadt oder „offene Stadt"?

Seit der Haager Friedenskonferenz von 1899 gibt es den Begriff der „offenen Stadt", die nicht bombardiert werden darf. Dennoch kam es schon im 1. Weltkrieg zu Vorwürfen aller Beteiligten, daß „offene Städte" trotz allem angegriffen wurden.

Präsident Roosevelt forderte am 1. Tag des 2. Weltkrieges die kriegsführenden Mächte in einer Botschaft auf, von der Bombardierung der „open towns" Abstand zu nehmen. Auch Göring nahm am 9. September 1939 den Begriff auf, und berichtete, der Führer habe befohlen, keine offenen Städte anzugreifen. Obwohl dies im nachhinein wie Hohn klingt, es gab Fälle, in denen diese Erklärungen zu „offener Stadt" auch Erfolg hatten, die bekanntesten sind Paris und Brüssel, bei denen im Mai und Juni 1940 die Erklärung erfolgte. Dagegen versuchte die jugoslawische Regierung erfolglos, Belgrad, Zagreb und Laibach zu offenen Städten zu erklären.

Auch Manila wurde trotz amerikanischer Erklärung von den Japanern aus der Luft angegriffen. Eine ähnliche Situation ergab sich für Rom, das bereits am 14. August 1943, als die Alliierten das italienische Festland noch nicht betreten hatten, von der Badoglio-Regierung zur „offenen Stadt" erklärt wurde, was aber nicht beachtet wurde. Anfang Juni 1944 erneuerte das deutsche Oberkommando die Proklamation Roms zur „offenen Stadt". Während des Zurückweichens der deutschen Front in Italien war es überhaupt eine große Zahl von Städten, die man – mit wechselndem Erfolg – wegen ihrer Kulturdenkmäler durch ähnliche Maßnahmen wie im Falle Roms zu schützen suchte. Der deutsche Oberbefehlshaber in Italien, Generalfeldmarschall Kesselring erstrebte die Ausklammerung dieser Städte aus dem Kriegsgeschehen indem er sie bei Räumung von allen nicht sanitätsbedienteten Soldaten, bzw. unter Verzicht auf ihre militärische Benutzung oder Verteidigung zu Sanitätsstädten, sog. „offenen Städten" oder neutralisierten Städten erklärte und den Gegner durch Vermittlung des Vatikans davon unterrichtete.

Zu den Sanitätsstädten zählte neben Anagni, Assisi, Certosa di Pavia, Monte Cassino und Tivoli auch MERAN. Siena, Florenz, Venedig galten als „offene Städte" im engeren Sinn, Bologna, Vicenza, Rom, Ravenna und andere waren neutralisierte Städte. Florenz hatte Hitler am Ende eher zähneknirschend als offene Stadt freigegeben, wobei die einseitige Erklärung – dies muß hervorgehoben werden – allein schon nicht ausreicht. Im Fall von Rom führte etwa Lord Chancellor Simon am 29.08.1943 unter Berufung auf die einseitige italienische Erklärung, (die die erste überhaupt war, was Italien anging) aus, es sei unmöglich, eine solche Stadt von sämtlichen politischen und militärischen Einrichtungen zu räumen.

Das Problem für Meran ab Herbst 1943 waren weniger, die Einrichtungen der Partei. Immerhin hatte die Landesleitung der NSDAP für Italien ihren Sitz in Meran, und nicht am Gardasee. Es gab aber die Militärkommandantur Meran, und die stellte mit ihren Truppen ein Problem dar. Wenn die Passerstadt trotz allem grundsätzlich von Bombardierungen verschont blieb, so war dies einzig dem Status als Lazarettstadt zu verdanken, sowie der unbestrittenen Tatsache, daß vordergründig keine strategisch wichtigen Angriffsobjekte im Burggrafenamt vorhanden waren. In dem Schutze der Lazarettstadt konnten sich dann allerdings viele begeben, solche die Erholung suchten, wie ein Albert Speer oder solche, die anderes im Schilde führten.

Die Standortkommandantur Meran

Die Militärkommandantur Meran war für den Vinschgau und das Burggrafenamt (von der Reichsgrenze bis zum Stilfserjoch und von der Schweizer Grenze bis zum Jaufenpaß) zuständig. Sie stand unter der Leitung von Generalmajor Seuffert und hatte ihren Sitz in der Meraner *Forsterstr. 42*.

Diese Kommandantur sollte neben ihren territorialen Aufgaben:

1. eine Auffangorganisation für die Unterbringung von versprengten italienischen Soldaten aufbauen
2. aufgefangene Soldaten weiterleiten
3. Bandentätigkeit verhindern
4. für eine Offenhaltung der Marschstraßen sorgen
5. eine große Lazarettbasis, eine Heeresgasschutzschule und einen Aufstellungsraum von SS-Einheiten führen.

Unterstellt waren der Militärkommandantur Meran:

- die Platzkommandantur Meran unter dem Oberst Beinhoff (der zu Kriegsende als Verbindungsoffizier zum italienischen Befreiungskomitee und zu den alliierten Befehlshabern fungieren sollte) und die ihr unterstellten Sektionen:
  Meran Lazarettstadt mit Riffian und Partschins, Lana mit Burgstall und Lana Auffanglager, und St. Leonhard mit Moos und Moos Auffanglager.

- die Platzkommandantur Vinschgau-Ost unter Oberstleutnant Scherling mit Naturns, Latsch und Schlanders

- sowie die Platzkommandantur Vinschgau-West unter Major Boess mit Spondinig, Schluderns und Mals.

Bernhard Paul Karl Lüdecke – der Platzkommandant von Meran

Nach Südtirol wurde Lüdecke als bevollmächtigter Offizier der Wehrmacht für die Angelegenheiten der wehrpflichtigen Optanten in Bozen ab Herbst 1939 berufen; Platzkommandant in Meran war er 1944/45. Der Platzkommandantur waren unterstellt die Lazarettstadt Meran, die Kommandanturen Burgstall, Lana, Lana Auffanglager und Riffian.

Major Lüdecke war Volkswirt, geboren am 10. Juli 1896 in Berlin als Sohn eines Handwerkmeisters, verstarb am 30. November 1968 in Groß-Gerau, verheiratet mit Ottilie Clara geb. Hensel.

In Berlin wohnte er in der Bahnhofsstraße 11. Seine Aufnahme am 1. Mai 1937 in die NSDAP, erfolgte in der Ortsgruppe Buchschlag, Gau Hessen Nord.

Als Direktor der „Neuen Heimat" Gau Baden und Landesgeschäftsführer der Deutschen Baugemeinschaft wirkte er bis 1940;

Vor und nach dem Krieg wohnte Lüdecke in Groß-Gerau / Hessen.

Nach Auskunft der Stadt Groß-Gerau wurde Lüdecke am 20. Dezember 1926 zum ersten hauptamtlichen Bürgermeister der Kreisstadt Groß-Gerau gewählt und war bis 1935 im Amt. In seine Amtszeit fielen der Bau der kommunalen Wasserversorgung und Bemühungen zur Gewerbeförderung wie die „Gerauer Woche" seit 1927. Im Jahre 1950 wurde Lüdecke wiederum zum Bürgermeister gewählt. Der Bau eines neuen Stadthauses und die Mitinitiierung einer europäischen Städtepartnerschaft mit den Städten Brignoles, Tielt und Bruneck sind einige seiner Aktivitäten. Am 12. Jänner 1962 endete die Amtszeit Lüdeckes als Kreisstadtbürgermeister.

Es dürfte selten vorkommen, daß ein Bürgermeister der Vorkriegszeit nach dem Krieg wiedergewählt wurde.

Claretta Petacci in Meran

Am 12. September 1943 war der am 25. Juli vom König abgesetzte, verhaftete und zuletzt auf dem Gipfelhotel des Gran Sasso in den Abruzzen gefangen gehaltene Duce von deutschen Fallschirmjägern des Generals Student befreit worden. Das Gelingen dieser spektakulären Aktion wurde von der NS-Propaganda wahrheitswidrig SS-Offizier Otto Skorzeny anstatt der Wehrmacht zugeschrieben; auch die jüngste Hitlerbiographie von Ian Kershaw erliegt diesem Irrtum. Noch am Abend wurde Mussolini nach Wien ausgeflogen. Am nächsten Tag landete er in München, wo ihn seine Frau Rachele, die Kinder Anna Maria und Romano und 2 Enkel im Prinz-Carl-Palais erwarteten, wo er fast 6 Jahre nach seinem ersten Aufenthalt in München wieder untergebracht wurde. Das Palais wurde im September 1937 eigens für ihn anläßlich seines Staatsbesuches eingerichtet, nach seinem vermutlichen Wünschen, darunter ein faschistisch schwarzes Marmorbad, doch weder damals noch im September 1938, bei der Münchner Konferenz, oder am 18. Juni 1940, seinem letzten Münchenbesuch, schlief er darin.

Am nächsten Tag flog er ins Führerhauptquartier in Rastenburg / Ostpreußen, wo er Hitler für seine Befreiung dankte, kehrte aber noch am gleichen Tag nach München zurück. Inzwischen hatte der „Reichssender München" eine Aufnahmeanlage ins Prinz-Carl-Palais gestellt, mit der am Vormittag des 18. September eine Ansprache an das italienische Volk am Abend ausgestrahlt wurde; eine lange ernüchternde Rede, ohne das üblichen Pathos, mit einer veränderten Stimme, kaum war er zu erkennen.

Die Geliebte Mussolinis, Claretta Petacci, war am 17. September mit ihrer ebenfalls verhafteten Familie aus dem Gefängnis in Novara befreit worden, und entschied sich unverzüglich für eine Fahrt nach Meran, wo ihr Bruder Marcello eine Villa besaß. Als sie erfuhr, der Duce sei mit seinen engsten Mitarbeitern in München, schien es ihr klar, sie muß nach Meran, wo es nach München nur ein Katzensprung ist. Das Deutsche Kommando stattete sie mit Lebensmitteln und einem Wagen aus, mit dem allerdings nach einer Panne nur mit Müh und Not der Flugplatz von Ghedi angefahren werden konnte. Dort hörte eine aufgeregte Claretta im Radio die Stimme ihres geliebten „Ben". Mit einem zweiten, zur Verfügung gestellten Wagen fuhren sie eiligst weiter nach Meran, wo sie im Parkhotel einzogen. Marcello Petaccis Haus, der Schildhof in Obermais, den er erst vor kurzem erworben hatte, war von Deutschen besetzt, wurde aber später geräumt. Am folgenden Tag lud SS-General Sepp Dietrich die Petaccis zu einem Aperitif ein, ganz Kavalier, wie Clarettas Schwester Myriam bemerkte.

Als SS-General Karl Wolff in Meran eingetroffen war, trafen sich Vater Petacci und die beiden Töchter mit ihm im Parc-Hotel. Wie ein Halbgott, stellte Myriam fest, trat er auf und kam nach den Höflichkeitsbezeugungen auf den Punkt: die Reichsregierung erhoffe sich wegen ihres Einflusses auf den Duce einen wichtigen Dienst von Claretta. Die Verräter des 25. Juli – die im Gran Consiglio für die Absetzung Mussolinis gestimmt hatten, darunter der eigene Schwiegersohn – müssten exemplarisch bestraft werden, doch Ciano befinde sich in Bayern, wo ihm kein Prozeß gemacht werden kann. Nur der Duce könne dafür sorgen, daß sein Schwiegersohn nach Italien kommt. Doch Claretta lehnte jede Hilfe entrüstet ab, sie habe eine private Beziehung zu Mussolini und würde schon gar nicht gegen einen seiner Familienangehörigen etwas in die Wege leiten. Wolff sprang auf und verabschiedete sich kühl. Claretta bat ihn, einen Brief an Mussolini zu übergeben. Bei der Ankunft des Duce am 23. September 1943 in Forlì überreichte ihm, der durch Claretta Pataccis entschiedenes Verhalten wohl beeindruckte SS-General das Schreiben, welches Mussolini am 10. Oktober aus Gargnano beantwortete, wo er am Vortag in die Villa Feltrinelli eingezogen war. Seine Familie verblieb noch bis Anfang November in Schloß Hirschberg bei Weilheim.

Im milden Meraner Herbst erholten sich die Petaccis. Am Morgen des 28. Oktober hielt ein von Mussolini geschickter Wagen vor dem Schildhof, Claretta stieg ein und kehrte tags darauf am Abend ganz aufgelöst von dem Wiedertreffen mit Mussolini zurück. Ein müder, abgemagerter, aber ansonsten gesunder Duce hatte ihr von der Gefangenschaft erzählt, und hoffe, daß seine Frau in Bayern bleibe. Sein Kummer ist die Affäre mit Ciano, der seit 19. Oktober in Verona einsitze. Claretta war gegen den Willen ihrer Familie entschlossen, an den Gardasee zu ziehen. Einen Aufenthalt am anderen Ufer in Malcesine, wie von General Wolff vorgeschlagen, lehnten sie und ihre Mutter entrüstet ab, sie fanden schließlich die Villa Fiordaliso in Gardone, etwa 4 km vom Sitz Mussolinis entfernt, in dem sich allerdings auch japanische Diplomaten befanden. Doch dies half vielleicht zu einer Art Tarnung, Schwester Myriam trauerte dem Meraner Klima nach, die Weihnachtstage verbrachten die Petaccis in Meran.

Ehefrau Rachele, die am 3. November in die Villa Feltrinelli eingezogen war und die sofort das Verhältnis ausspionieren ließ, tauchte vor dem Eingangstor der Villa der Geliebten auf und versuchte sogar, das Tor zu überklettern, als man ihr nicht öffnete. Der Verbindungsmann Clarettas mit Mussolini, der Südtiroler Sonderführer Franz Spögler (der aus Lengmoss am Ritten stammte) ließ die erzürnte Ehefrau Mussolinis nach längerem Zaudern herein, es kam zu einer heftigen verbalen, angeblich sogar tätlichen Auseinandersetzung zwischen Rachele und der Geliebten ihres Mannes, die der Duce durch einen Anruf beendete. Nach diesem unvorhergesehenen Ereignis blieb nichts anderes übrig, als die Geliebte umzusiedeln. Von nun an wohnte sie – ungestört, aber einsam – in einer zum Vittoriale d'Annunzios gehörenden Villa Mirabella, wo sie den ganzen Tag über auf den Anruf von „Ben" – der eine Telefonleitung zum Haus hatte – wartete, und mit dem sie sich am Seeufer im Turm der Villa San Marco, einst Villa Ruhland, nächtlich traf.

Im Februar 1945 soll es zu einem Zwist gekommen sein, eine andere Frau war im Spiel, und Petacci ließ sich von Spögler nach Meran zum Schildhof fahren, ohne daß „Ben" etwas erfuhr, er sollte nicht wissen, wo sich Claretta aufhielt. Nach seiner Rückkehr, vier Tage später, berichtete Spögler aber dem Duce von ihrer Meraner Unterkunft, was diesen zu einer unverzüglichen Reise nach Meran bewegte. An einigen deutschen Kontrollen vorbei lotste Chauffeur Spögler dem trotz der deutschen Posten unerkannt gebliebenen, am Rücksitz des Wagens sitzenden Mussolini durch das abendliche Etschtal, bis sie kurz vor Mitternacht, am Schildhof eintrafen. Dort verblieb Mussolini im Wagen und wartete, daß Claretta zustieg.

Spögler unterhielt sich mit den Eltern im Haus, bis Claretta sich endlich vom Duce überzeugen läßt, mit ihm an den Gardasee zurückzukommen, und auf den Rücksitz zusteigt.

Es war dies das erste Mal, daß Mussolini sich entfernt hatte, ohne deutsche Kommandostellen zu unterrichten. Während seines dreitägigen Aufenthalts hatte Spögler den Ritten besucht, es entstand der – dann mit Petacci abgesprochene – Plan, Mussolini um den 20. April 1945 in ein Versteck auf dem Ritten zu bringen, auf den Jöcherhof im entlegenen Gißmann. Über Brescia, Tonale, Mendel, Sarntal, Wangen, Windlahn hätte Mussolini flüchten müssen, doch er lehnte entschieden ab.

Albert Speer auf Schloß Goyen

Speer sagte zum Hitler-Biographen Joachim Fest auf Schloß Korb bei Eppan, seine Abkehr von Hitler sei im Grunde bei der Begegnung mit ihm in Kleßheim bei Salzburg, im März 1944, auf der Fahrt in den Genesungsurlaub nach Südtirol erfolgt. Im Gespräch mit Hitler sei plötzlich der Schleier zerrissen, und er habe sich ertappt, ihm nur mit halbem Ohr zuzuhören.

An einem kritischen Höhepunkt des Weltkriegs zieht sich – was bislang nur am Rande betrachtet worden ist – der Rüstungsminister des Dritten Reiches auf eine abgelegene Burg bei Meran zurück, dies gleich für mehrere Wochen. Eigentlich wollte er sich in Bad Reichenhall oder in einem österreichischen Kurort von den Folgen seines physischen Zusammenbruchs erholen. Stattdessen gelangte er in die Umgebung von Meran.

Speer war Mitte Januar 1944 im Zustand völliger Erschöpfung in die Heilanstalt Hohenlychen in Brandenburg gebracht worden. Während seiner Lappland-Reise in den Weihnachtstagen hatte er stechenden Schmerz am linken Knie gespürt. Hitlers Begleitarzt Karl Brandt, mit dem Speer enger befreundet war, riet ihm eine längere Erholungszeit zu nehmen und sich das Knieleiden vom Spezialisten Prof. Karl Gebhardt behandeln zu lassen. Am 18. Jänner 1944 zog Speer in dessen Privatstation im SS Lazarett Hohenlychen ein. Das Knie wurde in Gips gelegt und strengste Bettruhe verordnet, an die sich Speer allerdings nicht hielt, sondern naheliegende Räume frei machen und seine Sekretärinnen kommen ließ. Nach kurzer Zeit verschlechterte sich sein Gesundheitszustand so rapide, daß Speer nach Hitlers Leibarzt Dr. Morell rief, der aber unabkömmlich war. So übernahm Prof. Friedrich Koch, ein Sauerbruch-Mitarbeiter, von der Berliner Charité die weitere Behandlung. Als über Nacht zum 12. Februar Speer einen völligen Zusammenbruch erlitt, traf Koch gerade ein und diagnostizierte Lungenembolie. Es kam zu Auseinandersetzungen zwischen Koch und Gebhardt über die Behandlungsmethode, wobei Koch, der mit Morell und dem Führerhauptquartier in Verbindung stand, sich geweigert haben soll, einen von Gebhardt vorgeschlagenen Eingriff vorzunehmen, da er das Leben des Patienten gefährdet hätte. Dies erinnerte später Speer an seinen französischen Ministerkollegen der Regierung Petain, der bei Kriegsende von ihm zu Gebhardt wegen einer Knieoperation empfohlen wurde und dann ausgerechnet einer Lungenembolie erlegen war. Am 13. Februar konnte Koch zwar eine zunehmende Erholung Speers feststellen, hielt aber das feuchte Klima in Hohenlychen für ungeeignet und empfahl einen Genesungsurlaub in südlichen Gefilden. Vorgeschlagen wurde Meran. Wieder kam es zu einem Zerwürfnis zwischen Gebhardt, dem Vertrauensmann Heinrich Himmlers, welch Letzterer Speer bei sich behalten wollte und Koch, dem es am Ende gelang, den invadenten Reichsführer SS umzustimmen, unter der Bedingung allerdings, daß der SS-Arzt seinen Patienten nach Meran begleite. Speer bat Gauleiter Franz Hofer am 19. Februar, ihm ein „größeres Objekt mit ug. 16 bis 20 Zimmern" ausfindig zu machen. Himmler beauftragte SS-Obergruppenführer Karl Wolff, den Erholungsort auf seine Sicherheit zu prüfen.

Die Wahl fiel auf Burg Goyen bei Schenna, die, malerisch am Rande der Naif-Schlucht gelegen, sich im Besitz der holländischen Familie van Heek befand (und bis heute befindet), die aber während des Krieges Meran nicht betreten durfte. Am 17. März traf Speer mit seiner Familie, der Sekretärin und Bediensteten in Goyen ein, die beiden Ärzte Koch und Gebhardt fuhren mit. Prof. Gebhardt bezog mit seinem Mitarbeiterstab selbst nicht in Goyen Quartier, sondern blieb in Meran. Dabei entspannte sich das Verhältnis zwischen ihm und seinem Patienten so, daß Gebhardt auf die tägliche Visite verzichtete und selbst das Leben im ruhigen Meran genoß, mit Südtirolern gesellschaftliche Kontakte pflegte und auch einmal junge, fesche Boznerinnen mit dem Kabrio nach Goyen bringen ließ. Die Befehle aber waren klar: „Außer der ärztlichen Verantwortung übertrage ich ihnen im Auftrag des Führers die Verantwortung für die Sicherheit des Reichsministers Speer", so der Auftrag Himmlers vom 20. März. Damit war nicht nur Konkurrenzarzt Koch aus dem Spiel, der am 20. April Meran verlassen mußte. Speer sah sich auf Goyen von einer 25-köpfigen SS-Wachmannschaft umgeben, die im Keller des Schlosses in zwei Räumen untergebracht war. Die Mannschaft wurde gleich einmal ausgetauscht, nachdem sie sich Frauen aus Meran geholt und mit Pistolenschüssen Weinfässer durchlöchert hatten, so daß der bekannt köstliche Goyener Weißwein ausfloß. Speer selbst war ständig von drei, vier SS-Männern umgeben, nur in der Stube des Hauses des Pächters Innerhofer unweit der Burg blieb er allein. Wie ernst die Bewachung verstanden wurde, zeigte sich an den drei MG-Stationen um das Schloß herum. Ein Knecht des nahen Schlosses Labers wäre beim Bewässern der Wiesen beinahe erschossen worden. Nachts war jede Tätigkeit lahmgelegt, da die Verdunkelung ernst genommen wurde und es beim kleinsten Lichtschein für die Bauernfamilie gefährlich werden konnte. Dutzende dicker Kabel führten vom Tal den Schloßweg hinauf, der mit roter Erde ausgewalzt war und aufwendig mit Besen von italienischen zwangsverpflichteten Arbeitern gekehrt wurde. Die Wachmannschaft blieb auch nach Speers Abreise auf Goyen, vielleicht wegen der Vorgänge in Schloß Labers, auf das Speer vom Balkon der Burg Goyen hinunter schauen konnte. Zahlreiche Besucher stellten sich in der Burg ein, die engsten Mitarbeiter des Ministers, auch Künstlerfreunde wie der kleinwüchsige Bildhauer Josef Thorak, Schöpfer der monumentalen Skulpturen an Speers Bauten, der mißtrauische Gestapo-Chef Kaltenbrunner, der vorgeblich die Sicherheitsmaßnahmen überprüfen wollte und hohe Militärs wie Generalfeldmarschall Milch, Inspekteur der Luftwaffe und Vertreter für Rüstungsaufgaben im Vierjahresplan. Speers Abwesenheit bot seinen Gegnern in Berlin in und außerhalb des Ministeriums Anlaß, ihren Einfluß zu verstärken und Zuständigkeiten an sich zu reißen. Goebbels notierte in seinem Tagebuch am 8. März: Es wäre schrecklich, wenn Speer etwas passierte. Wir können jetzt gar nicht auf ihn verzichten. Andererseits versuchte Göring, wenn auch vergeblich, einen größeren Einfluß auf die deutsche Industrie zu gewinnen. Doch dem Chef der Organisation Todt, Dorsch, den Speer in sein Ministerium übernommen hatte, gelang es, Speers Widerstand nun geschickt zu umgehen, und er stieß mit seinem lang gehegten Plan, den sog. Jägerbauten, riesigen Betonfabriken, unter denen die Jägerproduktion angekurbelt werden sollte, bei Hitler auf offene Türen. Die Luftwaffenbauten wurden durch Führerbefehl an Speers Nase vorbei, an die Organisation Todt und Dorsch übergeben. Am 12. April schrieb

Speer enttäuscht an Hitler, es beunruhige ihn, daß der Führer zum ersten Mal mit seinen Leistungen unzufrieden sei. Speer beschloß, um seine Position zu kämpfen, bekundete Rücktrittsabsichten und gewann in General Milch einen mehr als loyalen Verbündeten. Im Verein mit Bormann nutzen vor allem die Gauleiter Speers Krankheit für ihre Zwecke. Sie konnten mehrheitlich den nicht in der Partei groß gewordenen, mithin des Stallgeruchs entbehrenden Speer nicht leiden, zumal dieser es gewagt hatte, ihnen im Oktober 1943 mit Himmler zu drohen, falls sie nicht in ihren Gauen die zivile auf Rüstungsproduktion umstellen sollten. Den sich seinerzeit noch duckenden Gauleitern schien der Zeitpunkt gekommen, Hitlers Liebling ins Visier zu nehmen und mit ihm sein ganzes System der industriellen Selbstverwaltung, einer der letzten Freiräume im totalitären Staat. Mit dem ehrgeizigen Generalbevollmächtigten für den Arbeitseinsatz, Fritz Sauckel, mußte sich Speer schließlich auf eine Zusammenarbeit festlegen; auf einer Gauleitertagung im Sommer 1944 sollten die neuesten Rüstungsanstrengungen fortgeführt werden, samt Filmen über die Geheimwaffen Aggregat 4 und Fieseler 103 (V1 und V2) und den Strahljäger Me 262, dem von Willy Messerschmitt entwickelten ersten Düsenjäger der Welt. Am 20. April war der Leiter des Rohstoffamtes in seinem Ministerium, Hans Kehrl, der den Ruf eines wirtschaftlichen Krisenmanagers im Dritten Reich genoß, nach Bozen geflogen, um seinen Chef auf Goyen zu treffen. Fast gleichgültig, geistesabwesend, berichtete Kehrl, überflog Speer die mitgebrachten Berichte. Anscheinend waren die Auseinandersetzungen mit den Gauleitern und der Organisation Todt nicht spurlos an ihm vorbeigegangen. Am gleichen Tag, bei Hitlers vorletzter Geburtstagsfeier am Obersalzberg, redete General Milch auf den Führer ein, er möge doch nicht seinen besten Mitarbeiter wegen Intrigen von dessen Konkurrenten verlieren. Dem hartnäckigen Drängen des Generals gab Hitler nach, mit der denkwürdigen Botschaft: „Bestellen Sie Speer, daß ich ihn lieb habe". Dahinter verbirgt sich, so lächerlich dies auch klingen mag, wohl eine nüchterne Feststellung oder Ahnung, selbst bei einem so singulär engen Verhältnis des Führers zu seinem Architekten: ohne das Organisationstalent Speers und Karl Otto Saurs, dem Chef des technischen Amtes im Ministerium, war der Krieg kaum fortzuführen. Während Speers Krankheit trug Saur bei Hitler vor und spielte sich großsprecherisch in den Vordergrund. In Hitlers politischem Testament vom Mai 1945 wurde Saur, wohl aus Dank für seine Ergebenheit, zum Nachfolger Speers ernannte.

In der Nacht zum 21. April traf Milch mit Saur und Abteilungsleiter Fränk bei Speer in Goyen ein und übermittelte ihm Hitlers „Liebeserklärung", auf die Speer erregt mit dem Götz-Zitat antwortete. Erst nach vierstündiger Diskussion gab Speer nach, obwohl er eigentlich sein am 19. April verfaßtes Rücktrittsschreiben auf Drängen des Panzerexperten Walter Rohland („Panzer-Roland") schon widerrufen hatte. Gegen fünf Uhr früh entwarf der Minister – unter der Bedingung, daß ihm die Aufsicht über das Bauwesen wieder übertragen werde – ein Beauftragungsschreiben für den O.T.-Chef Dorsch zur Durchführung von sechs unterirdischen Baustellen, den „Pilz-Bauten". Die drei Friedensvermittler flogen im Morgengrauen mit dem Schreiben zurück nach Berchtesgaden, wo Hitler das Papier sofort unterzeichnete. Die O.T. blieb Speer somit weiter unterstellt, der heftige Angriff, hinter dem das feindliche

Trio Bormann, Himmler und Göring stand, war vorerst abgewehrt. Indes glaubte Speer plötzlich, zu voreilig gehandelt zu haben und flog am 24. April persönlich zum Obersalzberg. Gebhardt wollte das Ausbrechen aus der Erholung verhindern, wurde aber von Himmler umgestimmt, der Speer unbedingt vor dessen Begegnung mit Hitler sehen wollte. Nach dem Gespräch mit dem Reichsführer SS erhielt Speer einen sofortigen Termin bei Hitler, der ihm am Berghof zur völligen Überraschung wie einen ausländischen Staatsgast empfing, herausgeputzt war der Führer mit Schirmmütze und Handschuhen. Speers Vorschlag der Trennung von Kriegsproduktion und Bauwesen wurde sofort angenommen. Dorsch sollte zum Generalinspektor für das Bauwesen in Deutschland und den besetzten Gebieten ernannt werden, damit Speer sich von nun an vollkommen auf die Rüstung konzentrieren könne. Hitler lehnte zuvorkommend ab: er wolle Speer das Bauwesen allein anvertrauen und unbesehen allem zustimmen, was dieser für richtig halte. Sein gestörtes Verhältnis zu Hitler war – wie Speer selbst empfand – bereinigt und entkrampft, zumindest für die nächste Zeit. Göring, Himmler und Bormann waren ausgespielt. „Wieder in Meran erhielt ich in den folgenden zwei Wochen Briefe und Anrufe von Männern, mit denen ich monatelang nicht gesprochen hatte; meine Frau bekam Blumen von Leuten, die sie kaum kannte – und bei meinem nächsten Besuch auf dem Obersalzberg kurze Zeit später lud Bormann mich in sein Haus ein, in dem ich nie gewesen war, genau wie er nie in unserem war". Von seiner idyllischen Residenz in Burg Goyen aus konnte Speer somit ungeschmälert seine Stellung halten. Während die Rüstungsmaschinerie zu neuen Fieberkurven auflief, versäumte der Chef aller Rüstungsbetriebe nicht seinen gewohnten Plausch in der gemütlichen Stube des Pächters Innerhofer, der ihm Speck und Weißwein aus Eigenbauproduktion vorsetzte

Kein Wunder, daß Kehrl – der bis zum 22. April auf Goyen blieb – den Eindruck gewann, ein allzu entspannter Speer würde der Wiederaufnahme seiner Arbeit in Berlin kaum mit Begeisterung entgegensehen. Im April wurden, wie Kehrl schrieb, der Front erstmals über 4.000 Flugzeuge, davon 3.000 neue und 1.000 reparierte, zur Verfügung gestellt. Als Speer am 8. Mai 1944 endlich aus Goyen in die Reichshauptstadt zurückkehrte, war – wie er selbst erkannte - einige Tage später der Krieg technisch entschieden. Am 12. Mai 1944 griffen 935 Tagbomber der 8. US-Luftflotte Treibstoffwerke und Raffinerien im Zentrum und Osten Deutschlands an. Mehr als die Hälfte der Produktionskapazität des Reiches war zerstört.

Als in Nürnberg beim Kriegsverbrecherprozeß Speers Anwalt Dr. Hans Flächsner am 26. Juli 1946 das Schlußplädoyer hielt, zeichnete Speer, in Erwartung des vermutlichen Todesurteils, zerstreut eine Tiroler Burg auf ein Blatt. Als „Tiroler Reminiszenz" widmete er die Zeichnung seinem Anwalt, der mit seiner Verteidigungsstrategie, Speer als im Grunde unpolitischen Künstler und Architekten darzustellen, der in ein hohes Ministeramt gerutscht sei und dieses rein fachlich auszuüben versucht habe, wider aller Erwartungen, auch die seines eigenen Mandanten, durchgedrungen war. Wenn der Angeklagte im Augenblick intensivster Schicksalsergebenheit scheinbar gedankenlos eine Tiroler Burg zeichnete, mag dies eine Flucht in die Erinnerung an etwas glücklichere Tage in Südtirol gewesen sein.

Schweres Wasser

Am 12. Mai 1944 wurden die Leunawerke der IG Farben bei einem verheerenden Luftangriff zertrümmert. Rüstungsminister Speer war überzeugt, der technische Krieg sei entschieden, der Wendepunkt des Krieges erreicht. Er hatte die zerstörten Werke am Tage nach dem Angriff besichtigt. Anfang Juli hatten sie 75 % ihrer Produktion wieder erbracht, trotz weiterer Luftangriffe. Doch die Auswirkungen auf die Treibstoffproduktion blieben verheerend. Denn die Leunawerke waren das Zentrum der synthetischen Treibstoffproduktion in Deutschland.

Ein Teil der Anlagen von Leuna diente der Herstellung von „schwerem Wasser", das für die Gewinnung der Kernenergie benötigt wird. Wehrwirtschaftsführer Heinrich Bütefisch glaubte zu Unrecht, die Angriffe auf die Leunawerke gingen auf diese Produktionsapparate zurück, und teilte dies Prof. Harteck mit.

Der 1902 in Wien geborene Leiter des Instituts für physikalische Chemie in Hamburg Paul Harteck beschäftigte sich schon seit langem mit Atomphysik. Der Leipziger Physiker Karl Friedrich Bonhoeffer und er zeigten großes Interesse an der Herstellung von schwerem Wasser in Deutschland. Einzig das Kraftwerk in Vemork bei Rjukan in Norwegen stellte schweres Wasser her (es befand sich zwar in deutscher Hand, war aber im Februar 1943 einem Sabotageakt und im November 1943 einem Luftangriff zum Opfer gefallen). Aus diesem Grund verhandelten Harteck und Bonhoeffer schon am 30. Oktober 1941 mit den Leunawerken, um zu prüfen, auf welche Weise in Deutschland eine recht große Menge (das Zehnfache der Jahresproduktionsmöglichkeit eines ausländischen Werkes) von auf 100 % angereichertem Wasser hergestellt werden könnte.

Wenige Tage nach der verheerenden Bombardierung des norwegischen Kraftwerkes besichtigte eine Kommission deutscher Physiker und Techniker die Fabrik von Sinich und das Kraftwerk von Marling.

Die Wasserelektrolyse der Stickstoffanlage von Montecatini in Meran sollte auf ihre technische Eignung geprüft werden, etwa 0,8 bis 1 Jato schweres Wasser in 1 %iger Lösung zu gewinnen. Weiter sollte ein Bild gewonnen werden über den Umfang etwaiger notwendiger Umbauten für den gedachten Zweck.

Da die in Meran verwendeten Fauser-Zellen offene Zellen sind, geht außer dem Wasser, das wie oben dargestellt, mit dem Wasserstoff und Sauerstoff aus dem Bad verdampft, noch ein größerer Teil durch direkte Verdunstung in die Raumluft verloren. Es ergeben sich hierbei folgende Betriebsverhältnisse: Benötigt werden für 1 % Wasserstoff theoretisch etwa 0,8 kg Wasser. Verbraucht werden in Wirklichkeit etwa 1,5 kg Wasser, also je qm Wasserstoff 700 g mehr. Von diesen gehen nach den angestellten Versuchen etwa 300 g Wasser als Sättigungswasser mit dem Wasserstoff und Sauerstoff fort, etwa 40 g als Elektrolytnebel und der Rest von etwa 360 g verdunsten in die umgebende Atmosphäre.

Soll eine wirksame Anreichung an schwerem Wasser eintreten, muß die Verdunstung der letztgenannten 360 g Wasser verhindert werden. Dies sei Hauptproblem bei der Umstellung der Anlage. Alle anderen Maßnahmen sind mit geringen Mitteln und wenig Eisen durchzuführen. Die Besprechung drehte sich daher hauptsächlich über die Maßnahmen zur Verhinderung dieses Verdunstungsverlustes.

Verschiedene Lösungen wurden angesprochen, Direktor Orsoni der Montecatini nahm zum Beispiel zum Vorschlag, über den Zellen Dunsthauben anzubringen, eine ablehnende Halung ein, da im Sommer, wenn die Fenster zur Lüftung offen wären, die mit großer Geschwindigkeit eintretende Außenluft unter den Hauben durchblasen und ein geregeltes Absaugen der feuchten Luft illusorisch machen.
Am Ende des Berichts heißt es:
Falls das Projekt zur Durchführung kommt, würde sich empfehlen, einige der alten Gaskühler, die schlecht arbeiten – das Gas wird nicht richtig gekühlt – durch einen neue im Werk bereits ausprobierte Type zu ersetzen.

Das Projekt kam allerdings doch nicht zustande, die Produktion von schwerem Wasser in Sinich wäre von relativ geringem Ausmaß gewesen.
Wie wichtig man die Angelegenheit im Rahmen des – im Bericht nicht erwähnten – Atomprogramms ist, läßt sich aus dem Rang der teilnehmenden deutschen Wissenschaftler ablesen.
Die IG Farbenindustrie AG war vertreten durch das Vorstandsmitglied Heinrich Bütefisch, der für die synthetische Ölherstellung zuständig war. 1941 wurde er Leiter der Treibstoffproduktion im IG Bunawerk Auschwitz, das er aufgebaut hatte. 1948 wurde er deshalb zu 6 Jahren Gefängnis verurteilt, 1951 entlassen und nahm Industrieposten ein, so war er Aufsichtsrat der Ruhrchemie. Als er 1964 das Bundesverdienstkreuz erhielt, mußte er es nach öffentlichem Protest zurückgeben.
Ebenfalls anwesend war als einer der bedeutendsten Hochfrequenzphysikern seiner Zeit der Physikprofessor in Berlin – Charlottenburg Abraham Esau, Präsident der Physikalisch- Technischen Reichsanstalt seit 1941 und Bevollmächtigter für die Hochfrequenzforschung. Nach dem Kriege wurde er interniert, aber 1948 freigesprochen.
Fritz Ter Meer, ein weiterer IG-Farben-Manager, war ebenfalls im Auschwitzer Buna-Werk tätig gewesen, weshalb er 1948 in Nürnberg zu 7 Jahren Gefängnis verurteilt und vorzeitig freigelassen wurde.
Paul Harteck war Leiter des Instituts für Physikalische Chemie an der Universität Hamburg und ging 1951 an das Rensselaer Polytechnic Institute nach Troy (New York). Mit Bonhoeffer hatte er 1933 die „Grundlagen der Protochemie" herausgegeben.
Paul Harteck und Bonhoeffer (Bruder der beiden hingerichteten Widerstandskämpfer Klaus und Dietrich) entdeckten 1929 den Ortho- und Parawasserstoff. Ein weiterer wichtiger Besuchsteilnehmer in Sinich war der Leiter des Uranprojekts des Heeres-Waffenamtes, des Atomphysiker Kurt Diebner.
Als vor Kriegsende das Werk von Sinich am 4. April 1945 aus der Luft angegriffen wurde, mit verheerenden Folgen, geschah dies nicht wegen des nie zur Anwendung gekommenen Atomvorbereitungsprogramms sondern des Methanols, das dort hergestellt wurde.

Das Geheimnis um die Japaner

An einem Junitag 1944 – das genaue Datum läßt sich nicht feststellen, es war entweder der 6. oder 8. des Monats – ereignete sich auf der Staatsstraße Nr. 46 des Pasubio nahe der Ortschaft S. Antonio di Valli del Pasubio ein Zwischenfall, dem zur damaligen Zeit keine weitere große Bedeutung beizumessen wäre, denn es waren wieder einmal Partisanen, die ein Fahrzeug mit drei Fahrgästen, zwei Männern und einer Frau, blockierten und eine Personenkontrolle vornahmen. Auch daß dies tödlich für die festgehaltenen Personen ausging, wäre nicht so erwähnenswert, wenn es sich bei den beiden Männern nicht um japanische Diplomaten gehandelt hätte, Gesandte der Regierung des Kaiserreichs Mandschukuo, jenes unter dem Protektorat Japans befindlichen Satellitenstaates in der Mandschurei. In ihrer Begleitung befand sich eine Südtirolerin aus Meran, die allem Anschein nach als Dolmetscherin wirkte. Alle drei wurden entführt und dann anschließend umgebracht. Fest steht jedenfalls, daß es sich um Partisanen der Bataillone „Apolloni" und „Stella" handelte, die zur Brigata d'assalto Garibaldi „Ateo Garemi" gehörten. Eine später zugegebene Version des Vorfalls von Partisanenseite spricht von der überstürzten Vorgangsweise eines Patrouillenführers, der die Personen nach ein paar Stunden einfach erschießen ließ, eine andere, wahrheitsnähere Version berichtet von bis zu einer Woche sich hinziehenden Festnahme und von Verhören durch Attilio Andreetto (Kampfname „Sergio") und Nello Boscagli („Alberto" – „Spiaggia"), den Kommandeur bzw. politischen Kommissar der Brigade „Ateo Garemi". Am Ende wurden die drei Personen umgebracht. Vielleicht fürchteten die Partisanen einen deutschen Befreiungsversuch, doch auch dies sind nur Mutmaßungen. Tatsache ist, daß der Ehemann der getöteten Meranerin, ein Oberst der Alpini, die Spuren seiner Frau verfolgte und am 19. Juni in eine Falle der Partisanen geriet, die ihn gegen 22 Uhr desselben Tages als angeblichen Spion erschossen. Die Leichen der Opfer dieses Überfalls wurden Anfang Dezember 1944 in der Nähe von Staro in der Provinz Vicenza entdeckt, die Untersuchungen nahm der deutsche Sicherheitsdienst vor. Die Frau konnte als die 1903 in Mezzolombardo geborene Maria Clementi identifiziert werden, die mit dem am 19. Juni ermordeten Oberstleutnant Giovanni Giusto, Jahrgang 1893, verheiratet war, der in der Gegend von Cuneo geboren wurde und dem Battaglione Sciatori Monte Rosa des Alpinikorps angehörte. Die beiden Japaner sollen Angehörige der in Meran stationierten Militärmission gewesen sein, genauer gesagt, der Marinemission Japans, welche die Verbindungen zwischen der Japanischen Botschaft in Venedig und dem Außenministerium der Repubblica Sociale am Gardasee zu pflegen hatte und in deren Auftrag daher zahlreiche Fahrten nach Mailand, Venedig, an den Garda- und Comersee durchzuführen waren. Sitz dieser Anfang 1943 eingerichteten Marinemission war die Villa Burgund in der Manzonistraße. Eine Militärmission der Japaner befand sich hingegen im ebenfalls ruhigen Cortina d'Ampezzo

Am 8. Juni 1944 – das Datum konnte ermittelt werden – standen sich auf der Brennerstraße Nr. 12 zwischen Abetone und Pianosinatico plötzlich eine Partisanenpatrouille und ein Fiat 1500 mit Diplomatenkennzeichen gegenüber, in dem sich japanische Militärs befanden. Der Fahrer versuchte noch vergeblich, den am Straßenbelag gestreuten Nägeln auszuweichen. Es kam zu einer Schießerei, der der Konteradmiral und Marineattaché Toyo Mitunobu zum Opfer fiel, während Korvettenkapitän Yamanaka zwar verletzt wurde, aber fliehen konnte und schließlich von einer deutschen Patrouille gerettet wurde. Der Fahrer verließ mit erhobenen Händen sein Auto und wurde verhaftet. Die im Wagen vorgefundene Mappe mit Dokumenten wurde von den Partisanen später einem Agenten des OSS übergeben. Angeblich waren die Japaner zu einer deutsch-italienisch-japanischen Marinekonferenz in Meran unterwegs. Mitunobu und Yamanaka waren in der Tat Angehörige der Marinemission in Meran. Bei dem Fahrer handelte es sich um den in japanischen Diensten befindlichen, seit 1929 in Meran wohnhaften Amos De Marchi, der Glück hatte und nach einigen Wochen freigelassen wurde. Der Dienstwagen der Mission war eigentlich ein Chrysler, den er vor der Villa Burgund parkte, solange die Japaner dort Dienst hatten. Der Sohn des Fahrers erinnert sich noch heute an die beiden japanischen Militärs, die in der Villa ununterbrochen mit Kopfhörer am Funk saßen, um Nachrichten zu hören und zu vermitteln. Die Marinemission wirkte offensichtlich als Spionagezentrale.

Toyo Mitunobu hatte Ende 1943 ein Memorandum verfasst, in dem er seine persönliche Auffassung über den italienischen Verbündeten darlegte („Opinione personale sulla ricostruzione dell'Italia"). Seine Kritik an den Zuständen der italienischen Gesellschaft und an der Kriegsführung Italiens fiel vernichtend aus, von einer „sinceritá brutale spaventosa" laut Giovanni Dolfin. Der Hauptvorwurf aus strategischer Sicht, der dem italienischen Alliierten anzulasten sei, sei das Versäumnis, rechtzeitig – als die eigenen Kräfte noch überlegen waren – die Nachschubwege der Engländer im Mittelmeerraum abgeschnitten zu haben: „L'invio delle truppe italiane sul fronte dell'est, l'invio dell'aviazione italiana nella Francia settentrionale, l'avanzata dei sommergibili italiani nell'oceano Atlantico, sono per me cose incomprensibili dal punto di vista puramente strategico". Er verhehlt allerdings nicht seine Bewunderung für die selbstmörderischen Einzelaktionen der von Junio Valerio Borghese geführten Decima Mas, hier sieht er Gemeinsamkeiten mit der japanischen Mentalität.

Am 13. Juli 1943 hatte Yamanaka Schloß Tirol besucht und sich im Gästebuch in lateinischen Buchstaben als „Cap. di Corvetta della Marina Imp. del Nippon D. Yamanka" eingetragen; mit ihm verewigten sich drei Träger des Namens Mitunobu, wohl die Familienangehörigen des Admirals. Am 6. Juni 1944 trug sich im übrigen eine Maria Clementi aus Meran ein, kurz vor ihrem Tode im Partisanengebiet, falls es sich um dieselbe Person handelt. Auffallend ist, daß gerade zwei Tage später, am 8. Juni 1944 Japaner Schloß Tirol besuchen: Akira Okutu, Koichi Wakuta, ...

Es könnten sich die kurze Zeit später Ermordeten unter ihnen befinden.

Französisches Flüchtlingsdrama

Von allen Seiten waren Flüchtlinge in Meran eingetroffen und in seinem Hause hilfesuchend erschienen, berichtet Botschafter Rahn. Da kamen „Hunderte von kollaborationistischen Franzosen an mit Pferd und Karren, zu Fuß oder in schmutzüberzogenen Luxuswagen. Es war eine trostlose Prozession der Verzweiflung: Luchaire mit Frau, Töchtern und Enkelin, Bucard mit einer Hundertschaft seiner Francisten, Parteifreunde Doriots – alles in buntem Durcheinander. Wir halfen, so gut wir konnten, gaben ihnen Lebensmittel und etwas Geld und ließen sie weitergehen auf ihrer Wanderung, die überall im Tod zu enden schien". Jean Luchaire z.B. war der Propagandachef in Sigmaringen, wo die Regierung Pétain zuletzt residierte und wurde am 22. Feber 1946 hingerichtet. Doriot war der Führer des rechtsradikalen PPF (Parti Populaire Francais), einer sog. Collabo-Partei, welche die Regierung Laval als zu zögerlich ansah und die Eingliederung Frankreichs in das neue Europa nach dem Sieg des Nationalsozialismus propagierte.

„Diese Franzosen haben nicht gewußt, wohin sie flüchten sollen. So sind sie zu uns gekommen. Ich selbst war damals Kooperator in Naturns. Sie haben halt das Anliegen gehabt, sicher versteckt zu werden. Sie wurden ja von den Leuten der Regierung De Gaulle verfolgt. So sind sie zu uns in den Widum gekommen und haben den Pfarrer um Hilfe gebeten. Ich war im Gang und hörte ihren Anführer sagen: Ich mache sie zum Erzbischof von Paris, wenn sie uns helfen.

Wir haben ihnen geholfen und sie auf die Höfe hinauf dirigiert – alle auf den Sonnenberg hinauf. Nur einer, ein kleiner Araber, ist öfters heruntergekommen, um mit uns zu sprechen", so die Erinnerung des Laatscher Pfarrers Georg Tumler, damals Kooperator in Naturns.

Die letzten Tage von Vichy, der französischen Kollaborationsregierung seit 1940 mit Marschall Philippe Pétain als Staatspräsident an der Spitze und Pierre Laval als Ministerpräsident, spielen sich in der Kleinstadt Sigmaringen an der Donau ab. Von dort flüchteten Hunderte in Richtung Vorarlberg und Tirol, viele landeten in Südtirol. Einigen gelang es unterzutauchen, die meisten wurden gefangengenommen.

Am 6. Juni 1944 waren die alliierten Streitkräfte in der Normandie gelandet, am 25. August hatten die Deutschen Paris verlassen. Otto Abetz, der deutsche Botschafter in Paris, hatte den Befehl aus Berlin erhalten, die Regierung Pétain, auch gegen deren Willen, von Vichy aus nach Ostfrankreich zu bringen.

Am 20. August 1944 wurde Pétain unter Anwendung von Gewalt nach Belfort gebracht, wo sich Laval und andere prominente Kollaborateure bereits befanden. Der Marschall und sein Ministerpräsident betrachteten sich als Gefangene der deutschen Reichsregierung und weigerten sich, ohne ihren Rücktritt zu erklären, ihre Amtsgeschäfte fortzuführen. Im Hauptquartier von Reichsaußenminister Ribbentrop wurde sodann der „Französische Regierungsausschuß zur Wahrung der nationalen Interessen" unter Vorsitz von Fernand de Brinon eingesetzt und samt Marschall Pétain und seinem streikenden Kabinett in dem Renaissance-Schloß der Hohenzollern in der schwäbischen Residenzstadt Sigmaringen untergebracht.

Am 17. September 1944 zog man am Hauptportal des Schlosses, das die Hohenzollern räumen mußten, die Trikolore hoch. Von der neuen französischen Hauptstadt im oberen Donautal aus sollte die Rückeroberung Frankreichs mit Hilfe der verschiedenen Kollaborationsgruppen, die sich in Sigmaringen und der Umgebung versammelt hatten, betrieben werden. Einer der Anhänger war der Arzt Louis-Ferdinand Destouches, der unter dem Namen Céline zur französischen Literatur-Avantgarde gehörte. Célines Roman über Sigmaringen „D'un château à l'autre" (Von einem Schloß zum andern) erschien 1957 in Paris, zählt heute mit dem Gesamtwerk Célines zur Weltliteratur.

Neben der Kollaborationsregierung mußte die Kleinstadt an der Donau im Winter 1944/45 Hunderte von fliehenden Kollaborateuren beherbergen, die dem Pétain-Tross gefolgt waren. Céline spricht von 1142 Mitgliedern der französischen Kolonie, nach einer Aufstellung der NSDAP-Ortsgruppe vom 1. Januar 1945 wird ihre Zahl mit etwa 1600 angegeben. Jedenfalls wurde es eng in Sigmaringen, und Lebensmittel oder Heizmaterial waren knapp.

Im Schloß hoch über der Stadt ließ man es sich indes gutgehen. Die ruhenden Regierungsgeschäfte boten genug Raum für ausgiebige Mahlzeiten.

Die Regierungen ohne Volk und Land entwickelten jedenfalls rege diplomatische Aktivitäten untereinander. Aber auch der deutsche Botschafter aus Paris, Otto Abetz, bezog in Sigmaringen Quartier. Diese deutsche Auslandsvertretung auf deutschem Boden ist wohl ein Unikum in der Geschichte der internationalen Diplomatie.

Auf der Insel Mainau im Bodensee hatte sich mit Unterstützung von Reichsaußenminister von Ribbentrop eine mit Sigmaringen konkurrierende, radikale Gruppe eingenistet. Im Schloß des Prinzen Bernadotte war die Kommandozentrale von Jacques Doriot, der mit seinem PPF (Parti Populaire Francais) der eigentliche starke Mann in diesem zunehmend unwirklicher anmutenden deutsch-französischen Beziehungsgeflecht war. Bis 1934 war er eine der führenden Figuren der Kommunistischen Partei Frankreichs. 1936 gründet er mit dem PPF die Keimzelle des französischen Faschismus. Nach Tapferkeitsauszeichnungen im Ersten Weltkrieg kämpft er im Zweiten Weltkrieg als Franzose in der „Freiwilligenlegion" in deutscher Uniform gegen die Rote Armee.

Im Sommer 1944 war Doriot in Begleitung von etwa 5000 Anhängern nach Deutschland gekommen. Mit den „Salonfaschisten" in Sigmaringen wollte er nichts zu tun haben. Er beanspruchte ein eigenes Hauptquartier. So requirierte das Auswärtige Amt für ihn und seinen Stab die Insel Mainau. Doriots Glaube an den deutschen Endsieg war bis zum Schluss ungebrochen. Noch am 6. Januar 1945 gab er über sein in Konstanz erscheinendes Kampfblatt „Le Petit Parisien" die Gründung seines Befreiungskomitees bekannt, das ihn als neuen Führer der französischen Kollaboration legitimieren sollte.

Am 22. Februar 1945 wurde Doriot auf einer Autofahrt durch einen Luftangriff getötet. Seine Anhänger, die Francisten, fanden sich auf der Flucht mit den Pétain- und Laval-Gruppen wieder. Einer der wichtigsten Fluchtwege war die Route von Bregenz durch das Vorarlberg auf den Reschen und von dort in den Vinschgauer und Meraner Raum, andere wählten den Weg über den Brenner wie Francis Bout de l'An, ein führendes Mitglied der Pétain-Regierung, der nach dem Krieg in Südtirol untertauchte.

Als am 22. April 1945 die Panzer der französischen Armee in Sigmaringen eintrafen, waren die Kollaborateure schon längst geflohen, viele zu Fuß, die Koffer in den Händen. Laval war schon zuvor auf Druck der Deutschen in das Schloß der Stauffenbergs in Wülflingen eingezogen, von wo er seine Flucht antrat.

Als letzter verließ der greise Marschall Pètain das sinkende Schiff. Am Morgen des 21. April 1945, um vier Uhr in der Früh, wurde er in einer Nacht-und-Nebel-Aktion vom Schloß abgeholt und stand bald darauf an der Schweizer Grenze, mit Laval und zahlreichen anderen Vichy-Franzosen. Doch die Schweizer riegelten die Grenze vollkommen ab, ließen nur einen einzigen politischen Flüchtling einreisen: den Marschall Pétain mit seiner Frau.

Die wenigsten der Zurückgewiesenen und der Vichy-Flüchtlinge insgesamt konnten der Gefangenschaft und der Rache ihrer Landsleute entkommen. Dem Arbeitsminister Déat gelang die Flucht in einer Mönchskutte nach Italien, wo er zum katholischen Glauben konvertierte und unerkannt in einem Kloster bei Turin 1955 starb. Der bereits genannte Journalist Jean Luchaire, der für die Gleichschaltung der französischen Presse verantwortlich zeichnete und als Propagandachef in Sigmaringen den Radiosender „Ici la France" leitete, kam zwar bis in die Meraner Gegend, wurde aber verhaftet, später zum Tode verurteilt und am 22. Februar 1946 hingerichtet.

Der an der Schweizer Grenze abgewiesene Pierre Laval irrte mit Frau und einigen Begleitern im Vinschgauer Grenzgebiet herum. Botschafter Rahn ließ ihn suchen. „Wir waren nie sehr große Freunde gewesen, aber nun schien es mir doch eine Schande für Deutschland, einen Mann auf der Landstraße seinem Schicksal zu überlassen, der sich – aus welchen Gründen auch immer – zu einem politischen Bündnis mit uns bereitgefunden hatte. Was jetzt kam, war nicht mehr eine Frage der Politik, sondern einfach der menschlichen Ritterlichkeit". Nach 17 Stunden Suche wurde er aufgefunden und in erschöpftem Zustand nach Meran gebracht. Der Chef der Luftwaffe, General von Pohl, stellte ihm ein Flugzeug zur Verfügung, das ihn nach Spanien bringen sollte.

Hans Herzog aus Wien erlebte als Luftwaffenangehöriger die Flucht des französischen Ministerpräsidenten aus Bozen. „Da heißt es plötzlich geheimnisvoll, eine hohe Persönlichkeit soll weggebracht werden aus Bozen ins Ausland. Eine Besatzung muß noch zusammengestellt werden, die diese Leute mit dem Flugzeug rausfliegt. Und diese Aufgabe ist auf mich gefallen. Ich war Aufklärungsbeobachter. Ich habe dann einen Flugzeugführer gesucht und einen Funker und habe die Flugpläne ausgearbeitet. Es sollte von Bozen nach Barcelona gehen, in das neutrale Spanien. Und dann wurde uns der Name des geheimnisvollen Passagiers bekanntgegeben: Pierre Laval."

Laval bestand nicht nur darauf, seine Frau, sondern auch alle seine engsten Mitarbeiter mitzunehmen. Von der deutschen Besatzung mußte Hans Herzog zurückbleiben, da das Flugzeug mehr als überladen war. Der riskante, unangemeldete Nachtflug nach Barcelona gelang, Laval und seine Begleitung können in Spanien bleiben.

Im August 1945 wird Laval nach Frankreich ausgeliefert, zum Tode verurteilt und nach einem vergeblichen Selbstmordversuch im Oktober 1945 hingerichtet. Céline, dem Arzt und Schriftsteller, gelang die Flucht nach Dänemark. Viel später wird er seinen mittlerweile in Südtirol lebenden Freund Francis Bout de l'An besuchen, der u. a. auch eine Zeitlang bei einer Meraner Familie untergetaucht war.

Ein Bus mit 30-40 Franzosen aus Sigmaringen war kurz vor Eintreffen der amerikanischen Soldaten auf der Plauser Geraden mit einer Panne hängen geblieben. Die Flüchtlinge wandten sich an den Naturnser Pfarrer, er möge sie verstecken, da sie ansonsten von ihren Verfolgern erschossen würden. Pfarrer und Kooperator verteilten sie auf verschiedene Höfe am Naturnser Sonnenberg. Die meisten gehörten vermutlich der französischen Miliz an, der berüchtigten Truppe der Vichy-Regierung. Ob einer von ihnen ein Minister war oder gar Déat selbst? Tatsache ist, daß sie die von den amerikanischen Militärpolizisten durchgeführten Razzien am Sonnenberg überstanden, indem sie jedesmal nach Warnung in den Bergen verschwanden. Ein einziger, Paul Bert, fiel bei einer Razzia am 20. Juli 1945 in die Hände einer Patrouille amerikanischer und italienischer Soldaten am Partscheilberg. Als Beinamputierter konnte er nicht rechtzeitig fliehen, er wurde, vielleicht weil er Widerstand leistete, erschossen. Die Leiche lag tagelang in der Hitze des Sommers, bevor sie zu Tal gebracht wurde. Laut Sterbeverzeichnis stammte der Erschossene aus Lyon.

Mehr Glück hatte der in Latsch ab März 1946 versteckte René Tezier aus Perpignan, nachdem der zuvor in einem Heustadel am Tschögglberg untergetaucht war. Beim Mesner von Latsch, einem Dableiber, fand er eine Bleibe durch Vermittlung von Dr. Franz von Breitenberg, der ihn zuvor in der Burg Latsch untergebracht hatte. Der Franzose fand bei Hubert Pohl am Köfelgut eine Beschäftigung als Gärtner, doch sein künstlerisches Talent sprach sich bald herum. So malte er bald Urkunden und Diplome für Vereine, Stilleben und religiöse Wandgemälde. 1952 stellte er sich der französischen Polizei und wurde nach ca. 2 Jahren aus der Haft wieder entlassen. Seine Frau und der einzige Sohn folgten ihm im gleichen Jahr nach Frankreich nach. Noch heute hängen in Vinschger Häusern seine Bilder, als bleibende Erinnerung an einen Flüchtling, der – zum Tode verurteilt – hier überleben konnte. Ein anderer Vichy-Franzose, Francois Ballardier, wurde sogar Mitarbeiter der Zeitung „Der Standpunkt" in Meran. Bout de l'An blieb auch nach seiner Begnadigung in Südtirol und starb 1980 in Bozen, nachdem er sich mit Französischunterricht und Übersetzungen seinen Lebensunterhalt verdient hatte. Auch er war wie andere seiner Schicksalsgefährten von Südtiroler Familien lange versteckt gehalten.

Während die Vichy-Franzosen durch Vorarlberg Richtung Südtirol strömten, wurden noch auf Schloß Itter in Nordtirol die Mitglieder der letzten demokratisch gewählten Regierungen gefangengehalten, die 1940 von den Deutschen verhaftet worden sind: die Ex-Ministerpräsidenten Daladier und Reynaud, Ex-Staatspräsident Lebrun, General Weygand, eine Schwester de Gaulles u. a.. Am 5. Mai werden sie von den Amerikanern befreit. Der frühere sozialistische Ministerpräsident Leon Blum hingegen befand sich mit anderen Franzosen im Geiseltransport, der ins Pustertal ging, wo sie am 30. April 1945 in Niederdorf befreit und am Pragser Wildsee untergebracht wurden.

„Auf nach Meran" oder die Fluchtpläne des Duce

Die Suche nach einer Zuflucht, einer Bleibe für Mussolini gehört zu den Planspielen der letzten Kriegswochen. Daran beteiligten sich außer dem Betroffenen selbst die Deutschen, einige Generäle und Mitarbeiter des Duce und nicht zuletzt dessen Geliebte. Claretta Petacci hatte klare Ideen und versuchte sie in die Praxis auch umzusetzen; aber es gibt auch ganz fantasievolle Pläne, die einem Roman von Jules Verne entlehnt sein könnten. So erfährt der SD durch seinen Abhördienst, daß Innenminister Buffarini und Polizeichef Tamburini vorhaben, auf der Werft von Monfalcone ein U-Boot bauen zu lassen, das den Duce mit seinen getreuesten Mitarbeitern nach Patagonien oder Grönland, vielleicht auch nach Südafrika bringen könnte. Das war im April 1944, einige Tage vor der Begegnung Hitler – Mussolini in Schloß Kleßheim vor Salzburg. Als Buffarini am Telefon mit dem Duce noch erwähnt, daß auch die „Signora", die Petacci ist gemeint, von dem Plan begeistert ist, ärgert sich Mussolini vor allem darüber, daß seine Geliebte eingeweiht wurde, – „jetzt mischt sie sich auch noch ein" – und läßt die Sache sofort abblasen.

Die eigenen Planvorstellungen der Petacci in den letzten Kriegswochen sind konkreter, und romantischer zugleich. Ihr deutscher Beschützer, der Südtiroler Sonderführer Franz Spögler hatte den entlegenen Jöcherhof in Gißmann am Ritten vorgeschlagen. In diesem vergessenen Weiler, der selbst bei der napoleonischen Grenzziehung seinerzeit vergessen wurde, sei es ohne weiteres möglich, das bevorstehende Kriegsende zu überstehen. Später könnte er sich den Alliierten immer noch stellen, meinte die Petacci zum Duce. Doch dieser will auch davon nichts wissen.

Bereits im Hochsommer 1944 waren deutsche Stellen bis zum Feldmarschall Kesselring eingeschaltet, der Umzug des Duce wird zum Dauerthema. Gauleiter Hofer behauptete in einem Telefongespräch mit Botschafter Rahn am 26. September 1944, er habe erst vor kurzem von all den Plänen gehört. Er wisse nur, daß der Duce keine Anforderungen stelle, sondern bereit sei, „heim ins Reich" zu gehen und er, Hofer, wollte dies auch vertreten. Für die Masse von mehreren Hunderten, ja Tausenden von Mitarbeitern stelle er sich den fränkischen Raum vor. Einig waren sich Gauleiter und Botschafter, daß die Zahl des auserwählten Stabes klein zu halten sei, die Zahl 200 nicht übersteigen sollte.

Nach Rahns Aussicht müsse man dem Duce und dem Vorkommando des Stabs zunächst einmal einen Raum irgendwo jenseits der Alpen einräumen, von wo sie die im Land verbliebenen Leute betreuen können. Er würde dem Duce seinen Fieseler Storch jedenfalls leihweise zur Verfügung stellen, damit dieser nicht das Gefühl habe, man sei nicht bestrebt, ihm zu helfen. Nur ein konkreter Vorschlag könne hier weiterbringen.

Doch später im Herbst hat sich die Lage immerhin so geändert, daß General Luigi Russo am 3. November 1944 im Auftrag des Duce bei Gauleiter Hofer über eine Verlegung seines Amtssitzes vorsprach. Der Duce bat, so der General, als Gast in der Operationszone Alpenvorland Aufenthalt nehmen zu dürfen. Er werde seinen jetzigen Sitz allerdings erst verlassen, wenn der letzte deutsche Panzer aus Oberitalien abziehe. Im Übrigen fügte General Russo hinzu, werde die Verlegung des Hauptquartiers des Duce von Botschafter Rahn und General Wolff vordringlich betrieben (was natürlich nicht ganz stimmt, wie wir wissen). Auf jeden Fall würde der Duce lieber nach Norden in die Operationszone Alpenvorland zurückweichen, als sein Hauptquartier bei seinen Landsleuten in Udine oder anderswo aufzuschlagen. Der Duce würde gerne in Sterzing oder Sand in Taufers – gemeint wohl Burg Taufers – sich aufhalten. Hofer, der Mussolini gar nicht in seinem Bereich wünschte, lehnte Sterzing mangels Gebäuden ab, ging auf Sand in Taufers gar nicht ein und schlug im Gegenzug das luftschutzmäßig sichere Gossensaß vor.

Im Laufe der Unterredung gab der Gauleiter General Russo offen zu verstehen, daß es für ihn als Obersten Kommissar nicht gut tragbar wäre, wenn der Duce innerhalb der Operationszone Alpenvorland Aufenthalt nehmen müßte, da er, um die Bevölkerung ruhig zu halten, eine Politik des Opportunismus treibe und somit allen Strömungen des Gebietes (Volksdeutsche, die für Deutschland optierten; Volksdeutsche, die für Italien optierten; Trentiner, die teils zu Italien, teils zu Österreich wollen; Sozialdemokraten, Faschisten, usw.) Rechnung tragen müsse. General Russo bestellte die Botschaft des Duce an den Obersten Kommissar, daß ihm der Duce im Falle seines Aufenthaltes in der Operationszone Alpenvorland sich in keiner Weise in die Belange der Politik des Obersten Kommissars einmischen und ihm in keiner Weise in den Ausführungen seiner Aufgaben hinderlich sein wolle und ihm außerdem noch zusätzlich zu dem vollen Vertrauen, das der Führer dem Obersten Kommissar entgegenbringt, auch das seine entgegenbringen wolle.

Als persönliches Anliegen brachte am Ende der Unterredung General Russo den Wunsch vor, daß ihm der Oberste Kommissar zur Abstellung von wertvollen Büromaschinen geeignete Räume zur Verfügung stellen möge. Hofer bat General Russo um die Bekanntgabe des notwendigen Lagerraumes und um die Höhen- und Breitenmaße der abzustellenden Maschinen und sagte dem General zu, eventuell in der Gegend von Meran die geeigneten Räume ausfindig machen und zur Verfügung stellen zu wollen.

Bei der nächsten Aussprache mit Hofer am 15. November 1944 berichtete General Russo, daß der Duce mit dem Gang der Verhandlungen sehr zufrieden sei und übermittelte dessen herzlichsten Dank für die Bereitwilligkeit des Obersten Kommissars, ihm gegebenfalls in Gossensaß Aufenthalt zu gewähren. Er erachte seine Mission in dieser Angelegenheit nunmehr für beendet und sei der Ansicht, daß alles weitere „höhergestellte Persönlichkeiten" wie Botschafter Rahn und SS-Obergruppenführer Wolff regeln werden.

General Russo bat noch einen Mitarbeiter Hofers, den Obersten Kommissar, streng vertraulich zu fragen, ob er bereit wäre, eine hohe Ehrung der italienisch-republikanischen Regierung entgegen zunehmen. Er deutete daraufhin, daß diese hohe Ehrung wahrscheinlich die Verleihung des Ordens „Aquila Romana" sein würde.

Zugleich wiederholte der Abgesandte des Duce die bereits am 3. November vorgebrachte Bitte, in Meran einen Abstellraum für Büromaschinen zu erhalten und knüpfte ganz nebenbei die Bitte an, daß ihm in Meran in Erweiterung seiner jetzigen Dienststelle zwei bis drei Räume zur Verfügung gestellt würden, damit er von Zeit zu Zeit sich dort einen oder zwei Tage aufhalten könne. Diese Dienststelle würde zur Ablage von wichtigen Dokumenten und als Verbindungsstelle zu seinen Dienstquellen in der Republica Sociale eingerichtet werden. Hofer entgegnete, daß er in nächster Zeit aus Meran alle Dienststellen abziehen werde, die nur den leisesten Anschein einer getarnten Militärdienststelle haben könnten, um den Feindmächten keinerlei Vorwand zu geben, daß die Bestimmungen der Genfer Konvention, Meran als Lazarettstadt zu betrachten, irgendwie verletzt werden könnten. Er, als Gauleiter, mache ganz persönlich den Gegenvorschlag, diese Dienststelle in St. Anton zu errichten. General Russo erwiderte, daß er ihm äußerst dankbar für seine liebenswürdige Zuvorkommenheit wäre, in St. Anton eine Dienststelle errichten zu dürfen, jedoch dieselbe nur im Falle einer Verlegung des Hauptquartiers des Duce in die Provinz Bozen beanspruchen würde, ansonsten er die Bitte aufrecht halten möchte, ihm in Meran soviel Raum zur Verfügung zu stellen, daß er, wenn er vorübergehend in Meran sein sollte, dort auch arbeiten könne.

General Russo meldete dem Obersten Kommissar, daß am 22. November die Familien des Ministers Alessandro Pavolini, des Unterstaatssekretärs Francesco Barracu und seine eigene mit 4 bis 5 PKW nach Zürs übersiedeln würden. Er bat ihn zu genehmigen, daß sein Mitarbeiter Dr. Ravanelli bei der Durchfahrt dieser Familien in Meran einen kleinen Imbiss vorbereiten dürfte. Gauleiter Hofer gab seine Genehmigung und erklärte, daß dies ohne weiters geschehen könne.

Nur auf Verlangen des als Botschafter in Berlin abberufenen, seit 19. März 1945 in Salò als Staatssekretär des Äußeren amtierenden Filippo Anfuso hatte der Duce am 14. April 1945 den Vorsitz über eine deutsch-italienische Sitzung zum „ridotto in Valtellina" übernommen. Der Duce kam entgegen seiner Gewohnheit zu spät zur Sitzung, und gab Anfuso gleich zu verstehen, daß das Rückzugsgebiet sinnlos sei: „Ma è una puttanata questa storia del ridotto." Wolff, Rahn, die Generäle Vietinghoff und Kesselring-Nachfolger Tennsfeld vertraten die deutsche Seite. Gegen den von Pavolini vorgetragenen Plan, 20.000 faschistische Soldaten, sowie Maschinen für den Bau von Unterständen und Stellungen ins Valtellina zu bringen, sprach sich auch Marschall Graziani aus: die italienische Truppen müßten an der gotischen Linie bleiben, sie könnten nicht versetzt werden. Vietinghoff und Wolff meinten, man hätte die Stellungen im Valtellina schon viel früher vorbereiten müssen, jetzt sei alles zu spät. Ohne Ergebnis ging man auseinander. Es blieb die Ungewißheit über die einzuschlagende Route und ebenso über das Ziel: Valtellina, Meran, alles noch immer offen.

Mussolini Temperament hielt dem nicht mehr stand. Plötzlich verlegte er, ohne die deutsche Seite zu fragen, seinen Sitz nach Mailand. Am 18. April abends verließ er hastig mit seiner Wagenkolonne den Gardasee. Der Moment war günstig, General Wolff in Berlin. Die beiden für seine Bewachung abgestellten Deutschen – sie werden die beiden letzten sein – Kriminalinspektor Otto Kisnat und SS-Untersturmführer Fritz Birzer, wurden überrumpelt, letzterer als Führer des Begleitkommandos von der 700 Mann starken Flak-Abteilung „Reichsführer SS", das zum Schutz des westlichen Gardaseeufers bestimmt war. Mussolini erklärte dem verdutzten Kisnat, er werde eine Ausflug von ein paar Tagen nach Mailand unternehmen, doch das viele Gepäck machte seinen Bewacher mehr als stutzig.

Um 16 Uhr verließ Mussolini zum letzten Mal die Villa delle Orsoline, in der sein Privat- und sein politisches Sekretariat untergebracht waren und stieg in seinen Alfa 2500, gefolgt von der SS-Eskorte und verschiedenen Ministern. Im Garten der Villa Feltrinelli ein letzter Gruß der zurückbleibenden Familie, der er verschwieg, daß er endgültig abreise. Selbst Claretta Petacci wußte es nicht, organisierte aber telefonisch mit ihrer in Meran weilenden Mutter ein Familientreffen in Mailand. General Wolff hatte die Petaccis mit falschen Diplomatenpässen für die Flucht nach Spanien versorgt. Wolff besuchte am gleichen Abend zum letzten Mal Hitler in Berlin, ohne zu wissen, ob dieser ihn – wegen seiner geheimen Kontakte mit den Alliierten – nicht gleich erschießen lassen werde. Doch das Gespräch auf der Terrasse des Bunkers verlief freundlich. Inzwischen verließ nach 18 Uhr die Wagenkolonne des Duce über Salò den Gardasee Richtung Mailand.

Gegen 21 Uhr erreichten Mussolini und sein Gefolge die Präfektur in Mailand, wo sie sich einrichteten. In den drei Tagen seines Mailand-Aufenthaltes spielte der Duce zum letzten Mal die Rolle des umjubelten Diktators vor einer Menge begeisterter Unentwegter im Hof der Präfektur, sogar Reden von der Loggia hielt er. Und nahm, wenngleich widerwillig, Kontakte zu Kardinal Ildefonso Schuster auf, der unbedingt den Frieden durch eine Aussprache zwischen dem Partisanenkomitee CLNAI und den Vertretern von Salò, allen voran Mussolini, erzwingen wollte. Nichts fürchtete der Erzbischof von Mailand mehr als einen Aufstand in der Stadt und in der Folge einen Bürgerkrieg, eine blutige Abrechnungsszenerie. Beim Gespräch am 25. April im Palais des Erzbischofs nahm Mussolini das Kapitulationsangebot zur Kenntnis, wollte noch angeblich eine Stunde darüber nachdenken und verabschiedete sich.

Stattdessen wird er nicht mehr zurückkommen, und auch Mailand verlassen. Dies hat er bereits am Abend des 23. April gegenüber Kisnat gebeichtet, der ihn gefragt hatte, wann er denn an den Gardasee zurückkehre: Überhaupt nicht, war seine Antwort. Am 20. April traf er seine Geliebte wieder. Sie erklärte, bei ihm bleiben zu wollen, und nicht den Eltern nach Spanien zu folgen. Als Botschafter Rahn am gleichen Tag den Duce besuchte, vertiefte sich dieser gerade in Gedichten von Mörike, besonders in den „Gesang zu Zweien in der Nacht". Sie plauderten eher unverbindlich, Rahn schwieg über die Verhandlungen Wolffs mit den Alliierten, Mussolini über seine Fluchtpläne.

Denn schon bevor der Duce am 25. April 1945 um 20 Uhr mit seinem Gefolge Mailand verließ und in Como um 22 Uhr eintraf, war er längst bereit, die letzten verbliebenen Chancen zu nutzen, wie sie sich noch boten: villeicht sogar den Durchbruch über die Schweizer Grenze oder das Veltlin, wie es von Pavolini schon längst ins Auge gefaßt war, als vorübergehende bis dauerhafte Bleibe, vielleicht von dort über Sondrio und das Stilfser Joch nach Meran. Die deutsche Seite war naturgemäß der Meinung – General Wolff bestätigte das nach dem Krieg – er hätte am Gardasee bleiben sollen und von dort aus Bozen oder Meran in der Stunde X erreichen können. Botschafter Rahn selbst war entschieden gegen das Veltlin, nicht zuletzt wegen der verlockenden Nähe zur rettenden Schweiz. Mussolini sollte jedenfalls in seiner, Rahns, Nähe bleiben. Nachdem Rahn mit seiner Botschaft von Fasano am Gardasee endgültig nach Meran übersiedelt war, am 26. April, war dies ohnehin gegenstandslos geworden.

Hätte Mussolini von der Präfektur in Mailand aus in das Veltlin den direkten Weg über Lecco, wo sich weiter nördlich die Truppen Grazianis befanden, genommen und nicht über Como, so wäre er ohne weiteres durchgekommen. Auch von Menaggio wäre er bis an die Schweizer Grenze gekommen, die zufällige Beobachtung von ein paar Partisanen nahe der Straße bewog seine Vorhut zur Umkehr. Lieber schloß er sich einer deutschen Flakabteilung unter Leutnant Fallmeyer ein, die ebenfalls über das Veltlin nach Südtirol strebte. Mit Birzer und Kisnats Leuten waren es nun ungefähr 40 deutsche Fahrzeuge, dazu noch 12 italienische.

Die Fahrt von Mailand führte den Duce somit ausgerechnet an die Gestade des Comersees, er haßte Seen, diese „Zwitter aus Flüssen und Meer", die ihm Melancholie bereiteten. Dabei verbrachte er die letzten 600 Tage seines Lebens nur an Seeufern, und nun war er am Comer See, wo es, wie so häufig, aus vollen Kübeln goß.

Kriminalinspektor Otto Kisnat, sein Leibwächter der letzten Tage, war vorübergehend an den Gardasee zurückgekehrt, um Dokumente in den Büros sicherzustellen. 2 Tage lang suchte er dann frenetisch den ihm anvertrauten Duce und fand ihn schließlich im Golf Hotel in Grandola, wo er von diesem mit offenen Armen empfangen wurde, was ihm jeden Anflug von Vorwurf im Halse stecken ließ. Kisnat fuhr mit dem Duce sofort in die Kaserne von Menaggio zurück, wo er sich schlaftrunken auf ein Feldbett warf. Nach zwei Stunden wurde er brüsk geweckt: Pavolini sei in Como, um 10 gepanzerte Fahrzeuge samt Mannschaft abzuholen; ob diese ausreichten, wollte der Duce wissen. Kisnat bejahte und schlief weiter. Gegen 2 Uhr früh erneutes Wecken. Pavolini war eingetroffen, aufgeregt, leichenblaß – mit nur 2 Fahrzeugen, und 12 Mann von der alten Garde. Das Heer der Republik von Salò hatte sich in Nichts aufgelöst, warum sollte der kümmerliche Rest das sichere Como verlassen und sich in Partisanennester begeben? Der Duce hatte begriffen. Stets war er einsam gewesen – so sagte er leise – wenn es darum ging, wichtige Entscheidungen zu treffen. Nun gab es nur mehr den einen Weg einzuschlagen: der Achse bis zum bitteren Ende zu folgen. Er wandte sich an Kisnat: „Um 5 Uhr starten wir, hoffentlich erreichen wir Meran noch am gleichen Tag." Während sich Kisnat seinem Fahrzeug näherte, wurde er von zwei Zivilisten, Dr. Luigi Gatti, und dem Polizeihauptmann Nudi in gebrochenem Deutsch angesprochen. Sie zeigten ihm zwei braune Lederkoffer, die „nach Meran" mitzunehmen seien. Kisnat lehnte ab, der Wagen sei schon übervoll beladen. Sein Sohn und Chauffeur Waldemar lud die schweren Koffer dann doch auf den Wagen. Sie enthielten den „Reservefonds" der Repubblica Sociale: 66 kg Gold und ausländische Banknoten, darunter 1.150 englische Goldpfund und 147.000 Schweizer Franken. Die Koffer gelangten nicht bis Meran. Waldemar Kisnat warf sie zwei Tage später in den Comer See, um den Partisanen keine Vorwand zu geben. Am 27. April 1945 startete die Wagenkolonne des Duce gegen 5,30 Uhr. Sie erreichten nicht Meran, sondern nur den nächsten Ort, Musso, wo der Duce, als deutscher Soldat getarnt, verhaftete wurde.

Zwei Tage später wird er mit Claretta Petacci, die ihm nicht von der Seite wich, nahe dem Bauernhaus in Mezzegra erschossen, wo sie die letzte Nacht gemeinsam verbracht hatten, vermutlich vom Partisanenführer Walter Audisio. Die Mutmaßungen über die Umstände und Urheber der Ermordung des Duce haben bis heute kein Ende gefunden.

Ungarns Außenminister.
Der Kronschatz

Vom 2. März 1942 bis zum 21. Juli 1944 ist Baron Gabor Kemény aus Budapest in dem Melderegister der Gemeinde Meran für die „popolazione fluttuante" eingetragen, mit Adresse Via Cadorna 2. Sein Zielort wird als unbekannt angegeben, doch am 3. Mai 1945 scheint er wieder im Register auf, mit seiner Ehefrau Elisabeth von Fuchs, und dem gemeinsamen Sohn Peter, alle mit Herkunft Budapest!

Die Schwester Caterina Kemény scheint im März 1942 im Register auf, mit der Adresse Via dei Caduti fascisti 20 (ehemals Christomannosstraße). Soweit die nüchternen Angaben des Einwohnermelderegisters. Ungarische Staatsangehörige waren nicht wenige in Meran. Das Anwesen, das Petacci erwarb, befand sich im Besitz zweier ungarischer adeliger Damen.

Was auffällt, ist die Abreise um den 20. Juli 1944 des Barons Kemény nach Budapest, elf Tage zuvor – am 9. Juli – war ein junger Schwede mit Diplomatenpaß und finanzieller Unterstützung aus Amerika in der ungarischen Hauptstadt eingetroffen, Raoul Wallenberg, Sprößling einer bekannten Industriellenfamilie. Deutsche Truppen hatten im Sommer 1944 die Stadt besetzt, das Regime des Reichswesers und Diktators Admiral Horthy hielt sich gerade noch auf schwachen Füßen, die Massendeportationen der ungarischen Juden, sie waren 800.000 an der Zahl, hatten gerade begonnen, zum Sondereinsatzkommando zählte Adolf Eichmann, der Ungarn schon in Aktionszonen aufteilte, doch die Ausführung der Deportationen oblag dem ungarischen Innenminister. Auf Ersuchen des Papstes Pius XII., Roosevelts, des schwedischen Königs, des Präsident des Roten Kreuzes und eigener Vertrauensleute beschloß Horthy, die Deportationen zu verhindern. Neutrale Länder wie Schweden, Spanien und die Schweiz schalteten sich zur Rettung der Juden ein. Wallenberg traf am 1. August mit Horthy zusammen und baute seine Hilfsaktion auf, bevor Eichmanns für Ende August vorgesehene Pläne, die Deportationen fortzusetzen, aufgingen. 4.500 Juden – so war mit Horthy vereinbart – sollten schwedische Schutzpässe erhalten, vom Tragen des Davidsterns befreit und in eigenen Schutzhäusern untergebracht werden.

Die Lage spitzte sich zu, als sich am 23. August Rumänien der Roten Armee ergab und Horthy, um die Deutschen versöhnlich zu stimmen, eine neue Regierung bildete und Lager für Juden außerhalb der Hauptstadt plante. Bis Ende September konnte Wallenberg 2.700 von den Ungarn genehmigte Schutzpässe ausgeben, am 15. Oktober 1944, als Horthy nach Geheimverhandlungen mit der Sowjetunion den Waffenstillstand mit den Alliierten bekanntgab, schien die Gefahr für Budapests Juden gebannt.

Das Gegenteil zeichnete sich ab. Die SS entführte Horthys Sohn, Miklos, er selbst wurde am 17. Oktober, nachdem er es abgelehnt hatte, den Pfeilkreuzführer Szálasi zum Ministerpräsidenten zu ernennen, von den Deutschen nach Bayern gebracht. In Schloß Hirschberg bei Weilheim, wo im Vorjahr Mussolini wohnte, stand Horthy unter Bewachung. Die radikale nationalistische, dem Nationalsozialismus ergebende, judenfeindliche Pfeilkreuzlerbewegung putschte und übernahm mit Ferenc Szàlasi die Macht. Eichmann langte in Budapest ein, alte Juden sollten nun übersiedelt werden, auch die zuvor ausgenommenen, doch die neutralen Gesandtschaften protestierten.

Am 21. Oktober suchte Wallenberg den neuen Außenminister auf, es war Gabor von Kemény, die einzige positive Erscheinung in der Regierung: Kemény war mit seinem Besucher einverstanden, daß die Inhaber der schwedischen Pässe, falls Schweden normale diplomatische Beziehungen zur Regierung unterhalte, sämtlich vom Ausgehverbot und vom Judensterntragen befreit seien, womit 4.500 geschützte Juden konnten Ungarn verlassen könnten. Der deutsche Gesandte und Reichsbevollmächtigte, Edmund Veesenmayer war einverstanden, wurde aber von Reichsaußenminister von Ribbentrop angewiesen, den Ungarn nicht in die Arme zu fallen, sondern es liege „sehr in unserem Interesse", wenn die Ungarn auf das schärfste gegen die Juden vorgehen. Die Lage war verzweifelt, Übergriffe durch Pfeilkreuzlerbanden auf Juden häuften sich, portugiesische und andere Schutzpässe, mit Ausnahme vorerst der schwedischen, wurden nicht mehr anerkannt.

Wallenberg erhielt in diesem schwierigen Moment die Hilfe Elisabeth Keménys, geborene von Fuchs, die er bei einem Empfang kennenlernte, den sie als Ehefrau des Ministers gab. Die gebürtige Südtirolerin teilte die politischen Überzeugungen ihres Mannes nicht, wie sie überhaupt überrascht war, als er im Oktober 1944 Außenminister wurde, die junge Baronin wußte gar nicht, daß er prominenter Pfeilkreuzler war. Ihr Mann glaubte, nur die Pfeilkreuzler seien eine letzte Bastion gegen den Kommunismus. Als sie eines Tages entsetzt die Züge von Juden, auch Kindern und Greisen erblickte, die vor ihrer Tür zur Zwangsarbeit getrieben wurden, was sie von dem Polizisten erfuhr, der ihr Haus bewachte, rief sie sofort ihren Mann an. Nun wurde sie selbst bei der Rettung einzelner Juden tätig: wenn sie von ihnen entsprechende Unterlagen erhielt, fuhr sie sogleich mit dem Dienstauto ihre Mannes zum Bevollmächtigten des Reiches, Edmund Veesenmayer, und ließ sich Einreisevisa einstempeln, was diesen verärgerte.

Am 29. Oktober 1944 rief Wallenberg bei ihr an. Das Kabinett habe am gleichen Abend vor, die Schutzpässe für ungültig zu erklären. Vor der Kabinettsitzung wirkte Elisabeth auf ihren Mann ein, er müsse, als jüngster und erster Minister nach Szalasi, unbedingt gegen die Abschaffung der Schutzpässe stimmen. Als der Minister

Fremdenbuch Stadt Meran:
Eintrag Familie Kemény (Stadtarchiv Meran).

Der ungarische Außenminister Kemény mit jungen ungarischen Milizionären in Bozen, Mai 1945 (National Archives, Washington D.C.).

entgegnete, er habe doch alle gegen sich, erklärte Frau Kemény, die schwanger war, sie werde ihn verlassen und nach Meran ziehen, sein Kind werde er nicht wiedersehen. In den Spätnachrichten hörte sie dann, daß sämtliche ausländische Pässe und Schutzbriefe anerkannt und die Inhaber der Schutzbriefe arbeitsdienstfrei seien. Wallenberg schickte ihr einen Blumenstrauß.

Das Problem war, daß Schweden die Pfeilkreuzlerregierung nicht anerkannt hatte. Bei normalen diplomatischen Beziehungen, beklagte Kemény sich mehrfach bei Wallenberg, könne eine viel höhere Zahl von Juden gerettet werden. Der Vatikan, Spanien und die Türkei hätten die neue ungarische Regierung anerkannt, mit der Schweiz gebe es eine Vereinbarung. Wallenberg bemühte sich trotz allem fieberhaft, von Ende November an, über Hunderte von Mitarbeitern Schutzpässe in Lager und Judenhäuser zu schmuggeln, Gelder zu verteilen, und die Freilassung geschützter Juden zu verlangen.

Hochschwanger verließ Elisabeth Kemény am 4. Dezember Budapest, das vom sowjetischen Heer schon eingekesselt war. Sie traf sich noch einmal mit Wallenberg, der ihr berichtete, er habe mit der sowjetischen Botschafterin in Schweden, Alexandra Kollontaj gesprochen, sie werde jederzeit, falls nötig, für sie und das Kind sorgen. Doch die Frau des Außenministers lehnte jede Hilfe ab. Fraglich ist, wann Wallenberg mit Kollontaj gesprochen hat, denn eine Fahrt nach Stockholm scheint in seinem Kalender nicht auf, und er hätte dann sicher seine Mutter besucht. Statt dessen schrieb er einen Brief an seine Mutter am 8. Dezember 1944 (auf Deutsch, da die Sekretärin schwedisch nicht beherrschte): „Die Lage ist aufregend und abenteuerlich, meine Arbeitsüberlastung fast unmenschlich, Banditen lungern in der Stadt herum, prügeln, foltern und erschießen Leute ... Wir hören hier das Kanonendonnern der sich nähernden Russen Tag und Nacht. Die diplomatische Tätigkeit ist seit Ankunft von Szàlasi sehr lebhaft geworden. Ich vertrete fast allein die Gesandtschaft bei den Regierungsstellen. Ich war bis jetzt ungefähr 10 x beim Außenminister, 2 x beim Stellvertretenden Ministerpräsidenten, 2 x beim Innenminister, 1 x beim Versorgungsminister, 1 x beim Finanzminister etc.

Mit der Frau vom Außenminister war ich ziemlich gut befreundet. Leider ist sie jetzt weggereist nach Meran."

Die Abreise der Baronin Kemény traf ihn sehr, wußte er doch, daß sie ihm im entscheidenden Augenblick geholfen hatte. Drohungen hatte er ihr gegenüber nie geltend gemacht, wie es der eine oder andere Autor früher auf Grund von Gerüchten angenommen hatte und dies wurde auch von Baronin Kemény energisch bestritten.

Sie sahen sich nie wieder. Wallenberg konnte den Vernichtungsfeldzug Eichmanns nicht aufhalten, die angeordneten Todesmärsche von Budapest an die Grenze nach Hegyeshalom waren von unbeschreiblicher Grausamkeit. Wallenberg rettete so viele Menschen als möglich, holte sie mit Schutzpässen und anderen Vorwänden aus den abfahrenden Zügen und aus den Transporten heraus. Am 9. Dezember forderte Kemény die Vertretungen der neutralen Staaten auf, auch Schwedens, nach Sopron umzuziehen. Das wäre das Ende der Hilfsaktionen gewesen. Wallenberg traf sogar noch Eichmann, und warnte ihn, vergeblich, vor der vollständigen Auslöschung der ungarischen Juden. Eichmann floh am 23. Dezember vor den anrückenden Russen.

Wallenberg, der wohl bis zu 100.000 Juden gerettet hatte, wurde selbst zum Opfer. Als am 13. Jänner 1945 die ersten sowjetischen Soldaten in die Nähe seines Gebäudes kamen, stellte er sich als Bevollmächtigter Schwedens vor, der Schutzmacht für die russischen Kriegsgefangenen, und bat um ein Gespräch mit einem Vorgesetzten. Am 16. Jänner wurden die Juden im Internationalen Ghetto befreit, am nächsten Tag kamen Wallenberg und sein Chauffeur Vilmos Langfelder in sowjetischen Gewahrsam. Im Februar 1945 informierte die Botschafterin in Stockholm, Alexandra Kollontaj, die Mutter Wallenbergs, ihr Sohn befinde sich in der Sowjetunion in Sicherheit. Bis heute ist Wallenbergs Schicksal, nach Jahrzehnten der Proteste und Nachforschungen nicht vollkommen geklärt. Mehrfach soll er lebend in sowjetischen Gefängnissen und Lagern gesehen worden sein. Selbst der Zusammenbruch der Sowjetunion führte zu keiner entscheidenden Öffnung der Archive.

Heute weiß man Näheres auf Grund des Berichts der schwedisch-russischen Wallenberg-Kommission vom Jahre 2000. Demnach ist am 6. Februar 1945 Wallenberg in die Lubjanka eingeliefert worden. Eine Zusammenarbeit mit den Sowjets hat Wallenberg bei den Verhören beharrlich abgelehnt. Spionage gegen die Sowjetunion wurde ihm vorgehalten, was er offenbar nicht ernst nahm. Doch es schien ungewöhnlich, selbst in Stalins Regime, daß ein Diplomat einfach hingerichtet wird. Wallenberg mußte also in Isolationshaft bleiben und versteckt werden. Laut einem Dokument des Gefängnisarztes, ist Wallenberg am 17. Juli 1947 in der Moskauer Lubjanka gestorben, allerdings, wie anzunehmen, nicht eines natürlichen Todes, er wurde offensichtlich vergiftet.

Baronin Elisabeth Kemény kam selbst später auf den Gedanken, daß Wallenberg, der ihr, da war sie sicher, die Wahrheit gesagt hatte, vielleicht doch in Stockholm im Oktober bis Dezember 1944 die Botschafterin Kollontaj getroffen hat, ohne, was erstaunlich ist, seine Mutter aufzusuchen. Vielleicht mußte der Besuch geheim bleiben. Es ist nicht auszuschließen, daß Wallenberg sowjetische Interessen vertrat, mit den Sowjets jedenfalls engere Kontakte hatte. Er ging ja auch bei der Invasion in Budapest ohne Zögern auf das sowjetische Kommando zu. Vielleicht ist er als Geheimnisträger gefangen und schließlich getötet worden. Es bleibt letztlich noch offen.

Raouls Bruder Jacob beispielsweise hatte sich mit dem Widerstandsvertreter Carl Goerdeler angefreundet, vor dessen Hinrichtung wollte Heinrich Himmler diese Kontakte nutzen, und lud vergeblich Jacob Wallenberg nach Berlin ein. Der Name Wallenberg war für die Sowjets von Belang, da es hier um den von Himmler angestrebten Separatfrieden mit den Alliierten ging.

Kemény war seiner Frau nach Meran gefolgt, in den Weihnachtstagen mußte Wallenberg mit dem für ihn amtierenden Außenminister Voczköndy verhandeln, ein fanatischer Pfeilkreuzler, der im Gegensatz zu Kemény gegen Wallenbergs Ideen enschieden auftrat.

Mit 17. März 1945 datiert eine „Bevollmächtigung des kgl. ungarischen Minister des Äußeren Dr. Gabor Baron von Kemény" mit der er Jan von Harten, von der Gruppe Wendig, ermächtigt „ alle, dem ungarischen Staate gehörige Schätze und Werte, Waren und Gegenstände, wie den Kronschatz (Hlg. Stephanskrone, Königsmantel, Hlg. Rechte, usw.), den Staatsschatz (Edelsteine, edle Metalle: Gold, Platine, Silber usw.), die Kunstschätze (Bildgalerie, Bibliothek, Archiv, usw.) und alle Lebensmittel (Textilwaren, Leder, Nährmittel usw.) die sich im Besitz der kgl. ungarischen Regierung im Deutschen Reich befinden oder sich befinden werden, unter dem Schutz des Komitès des Internationalen Roten Kreuzes zu stellen, und alles zu tun, die genannten Gegenstände der ungarischen Nation zu sicher und zu schützen …"

„Solange dieses aufgezählte Staatseigentum nach Ungarn nicht zurückerstattet ist, ist der Bevollmächtigte verpflichtet dem klg. ungarischen Minister des Aeussern Dr. Gabor Baron von Kemény jederzeit und auf seinen Wunsch ihn zu unterrichten, wie auch die Liste der in Schutz genommenen Gegenstände protokollarisch ihm zu übergeben."

Es ist ein merkwürdiges Dokument, da der ungarische Kronschatz in der Burg von Budapest in der Zwischenzeit bereits behoben wurde, von den beiden eigens dazu ermächtigten Personen, und von Budapest nach Gran (Esztergom) gebracht wurde. Am Ende wurde er von den Amerikanern aus dem Versteck am Mondsee, wo er vergraben war, geborgen und nach Washington verbracht und erst 1978 Ungarn ausgehändigt.

Ein bitteres Ende fand Außenminister Kemény: Befand er sich Anfang Mai 1945 noch sicher in Meran, wurde er beim Einmarsch von den Amerikanern verhaftet und nach Ungarn ausgeliefert, wo er in einem Kriegsverbrecherprozeß gegen Ferenc Szàlasi und dessen Regierung mit den anderen Ministern der Pfeilkreuzlerregierung zum Tode verurteilt und hingerichtet wurde.

Der „Raketengeneral"

In einem Straßenatlas, den der SS-Obergruppenführer Dr. Hans Kammler benützt hat, hat er im Herbst 1944 verschiedene Örtlichkeiten im Reich mit einer Stahlfeder so markiert, daß die Unterstreichungen erst mit starker Vergrößerung sichtbar sind. Auf diese Weise hat er auch den Namen Tirol auf der Karte mit dem Meraner Becken samt dem Kartensymbol des Schlosses unterstrichen.

Wer Kammler war, und welche Funktion er zu dieser Zeit innehatte, läßt sich aus der Tagebucheintragung von Joseph Goebbels vom 24. September 1944 erahnen:

„Obergruppenführer Kammler berichtet mir über den Einsatz von A4. Kammler hat diesen Einsatz jetzt unter seine Regie genommen, und es ist ihm auch gelungen, die Dinge soweit vorzutreiben, daß er bereits seit 14 Tagen schießt. An dem Einsatz dieser neuen Waffe kann man wiederum feststellen, daß es immer nur die Einzelpersönlichkeit ist, die wirklich Einmaliges und Großes leistet. Solange die A4-Frage in den Händen der Bürokratie der Wehrmacht lag, konnte nichts Rechtes daraus werden. Kammler macht einen sehr frischen und aktiven Eindruck. Er lädt mich ein, möglichst bald einmal eine seiner Abschußstellen im Westen zu besuchen, um mir einen unmittelbaren Eindruck zu verschaffen." Zur Erklärung: A4 war die Entwicklungsbezeichnung für die V2, die erste Flüssiggroßrakete der Welt, die von der Heeresversuchsanstalt in Peenemünde entwickelt wurde.

Der 1901 in Stettin geborene Kammler war nach Architekturstudium in Danzig und München und Promotion zum Dr.-Ing. an der TH Hannover in den Preußischen Staatsdienst eingetreten und 1933-36 Abteilungsleiter für Wohnbau und Siedlung im Gau Groß-Berlin, ab 1936 Referent für Bauangelegenheiten im Reichsluftfahrtministerium und im April 1940 Baudirektor der Luftwaffe geworden. Eine erfolgreiche, steile, aber auch nicht ungewöhnliche Beamten- und Parteikarriere – bis dahin. Doch seit dem 21. August 1943 ist er führend am Ausbau der unterirdischen Fertigungsstätten für das A4-Raketenprogramm beteiligt Es folgt ein atemberaubender Aufstieg in die Schaltzentrale der Rüstung: am 4. März 1944 Beauftragung mit der Durchführung der unterirdischen Großbaumaßnahmen zur Sicherstellung der Jägerfertigung; am 6. August 1944 Beauftragung durch Heinrich Himmler, mit der Herbeiführung der Einsatzfähigkeit der A4-Rakete; am 31. Jänner 1945 befiehlt Hitler die Übertragung der Gesamtverantwortung für die V 1- und die V 2-Fertigung an Kammler; schließlich wird er Leiter des „Sonderstabes Kammler" in der Endphase des Krieges, in atemberaubender Abfolge somit eine Übernahme zahlreicher Zuständigkeiten der Luftrüstung und der Rüstungsfertigungsverlagerung bei Entgegennahme unmittelbarer Weisungen Speers und Hitlers.

Speer schildert ihn in seinen „Erinnerungen": „Zwei andere Mitarbeiter Himmlers umgab die Kälte, die ihr Chef ausstrahlte: sowohl Heydrich als auch Kammler waren blond, blauäugig, mit langem Schädel, immer korrekt gekleidet und gut erzogen; beide waren jederzeit zu unerwarteten Entschlüssen fähig, die sie mit seltener Hartnäckigkeit gegen alle Widerstände durchzusetzen wußten. Mit Kammler hatte Himmler eine bezeichnende Wahl getroffen. Denn trotz aller ideologischen Verranntheit legte er in Personalfragen keinen Wert auf alte Parteizugehörigkeit; ihm war wesentlicher, einen Mann mit Energie, schneller Auffassungsgabe und Übereifer gefunden zu haben.

Mir gefiel damals die sachliche Kühle Kammlers, der in vielen Aufgaben mein Partner, seiner gedachten Stellung nach mein Konkurrent und seinem Werdegang sowie seiner Arbeitsweise nach in manchem mein Spiegelbild war: auch er kam aus gutbürgerlicher Familie, hatte eine abgeschlossene Hochschulbildung, war durch seine Tätigkeit im Baufach entdeckt worden und hatte eine schnelle Karriere auf Gebieten gemacht, die im Grunde nicht in sein Fach gehörten."

Kammler wurde zur Schlüsselfigur für die Herstellung der sog. "Wunderwaffe". Ihm unterstand Peenemünde mit Wernher von Braun und den anderen Raketenbauern. Bis heute kennt allenfalls die Fachliteratur den „Raketengeneral", den die überlebenden Zwangsarbeiter der Raketenproduktion im Lager bei Buchenwald Dora – Mittelbau und verschiedenen Konzentrationslagern allerdings in Erinnerung haben. Schon im Dezember 1943 lobte Rüstungsminister Speer Kammler nach einer Besichtigung der unterirdischen Anlagen des Lagers Mittelbau, wo die Häftlinge unter unerträglichen Bedingungen schuften mußten: er habe „in einer Zeit von nur zwei Monaten eine unterirdische Fabrik errichtet, die ihresgleichen in Europa kein annäherndes Beispiel hat und darüber hinaus selbst für amerikanische Begriffe unübertroffen dasteht."

Doch welcher Zusammenhang besteht mit Kammlers Eintragung zu Schloß Tirol im Autoatlas? In den Besucherbüchern des Schlosses findet sich sein Name nicht. War er, der damals von einer Raketenstellung zur anderen fuhr, jemals in Südtirol gewesen?

Eine Spur führt in die Nähe von Schenna.

Im Herbst 1944 wurde in der Verdinser Masul das Bergwerk wieder eröffnet, wo Beryllium (Be) abgebaut wurde. Der zuständige Ingenieur Thine weihte den für das Bergwerk Verantwortlichen Alois Trenkwalder erst im April 1945 ein, wofür es verwendet werden sollte: für die deutsche Wunderwaffe war Beryllium notwendig. Bevor allerdings die erste Berylliumlieferung an ihren Bestimmungsort Frankfurt am Main ankam, war die dort stehende Aufbereitungsanlage für Beryllium bereits von den Amerikanern besetzt. Das Bergwerk in der Masul war ein kriegswichtiger Betrieb, der rund 30 Zwangsarbeiter, vorwiegend Italiener aus dem Bergamaskischen, beschäftigt hatte.

Die Hoffnung auf einen Endsieg des Dritten Reiches hat der forsch und schneidig auftretende Technokrat Kammler allem Anschein nach nie verloren. Schon wurde er als möglicher Nachfolger Speers, dessen Stern im Sinken war, gehandelt, zumal er mit Himmlers Hilfe direkten Zugang zu Hitler gewann und noch am 27. März von diesem persönlich den Auftrag erhielt, als Generalbevollmächtigter des Führers für Strahlflugzeuge die Fertigung des „Messerschmitt – Strahljägers" Me 262, des ersten funktionsfähigen Düsenjägers der Welt, zu übernehmen: vielleicht die letzte „Wunderwaffe", die das Schicksal des Dritten Reiches wenden sollte. Nur ein rücksichtsloser SS-Führer, der härteste Maßnahmen in der Luftrüstung ergriff, konnte wohl nach Hitlers und Himmlers Ansicht diese erhoffte

Wende herbeiführen. Noch im April 1945 inspizierte Kammler im Eiltempo bayerische Rüstungswerke, um die Verlagerung der Strahltriebwerksproduktion in die sog. Alpenfestung zu organisieren. Wenige Tage vor der Besetzung Münchens ergingen diesbezügliche Verlagerungsbefehle an die Bayerischen Motorenwerke. Als München von Alliierten besetzt wurde, hielt Kammler sich in der Nähe der unterirdischen Rüstungsfabrik im österreichischen Ebensee auf. Dort und bei Salzburg fanden Ende April/Anfang Mai 1945 letzte Rüstungskonferenzen statt. Von Ebensee aus eilte Kammler zu den letzten noch in deutscher Hand verbliebenen Flugzeugwerken nach Prag. Die Böhmenreise sollte seine letzte sein.

Zwar entging er am 5. Mai unversehrt dem Prager Aufstand, während sein Fahrer schwer verletzt wurde. Nach dem Waffenstillstand hat er Prag verlassen und ist 50 km südlich einem amerikanischen Vorkommando begegnet, mit dem der über eine Kapitulationsvereinbarung verhandelt haben soll, ohne dabei seine eminente Rolle in der Raketenrüstung zu enthüllen. Am 9. oder 10. Mai hat Kammler anscheinend nach Augenzeugen tödliches Gift genommen.

Es verbleibt das Rätsel der Bleistift-Markierung von Tirol. Eine ähnliche Markierung findet sich im Atlas bei dem Ort Maxsein nahe Koblenz und bei Rennerod im Westerwald. Im ersten Fall handelt es sich um einen Stab von Kammlers V2 – Truppen, für den zweiten gibt es so wenig eine Erklärung wie für Tirol.

Kammler war verantwortlich für den Tod von Tausenden KZ-Zwangsarbeitern bei den Rüstungsprojekten der SS. Am 8. September 1944 flogen die ersten V 2-Raketen nach England. Insgesamt wurden 3.000 V 2 abgeschossen. Durch seinen offensichtlichen Selbstmord entging der Raketengeneral den Prozessen der Nachkriegszeit und geriet völlig in Vergessenheit. Noch 1963 wurde ein Ermittlungsverfahren in Köln gegen ihn eröffnet und wegen Tod des Beschuldigten eingestellt. Bis heute ist der Name des „Technokraten der Vernichtung", wie er in einer Studie über die SS genannt wird, praktisch unbekannt.

Sein Ende ist ungeklärt – ebenso wie seine Eintragung mit Bleistift auf der Karte mit Schloß Tirol.

Schloß Labers und das Kriegsende 1945 in Meran

Schloß Labers – die Geldfälscherzentrale

Vor 15 Jahren wurden auf Schloß Labers bei Meran Mauern aufgebrochen, ein Fernsehteam der RAI war anwesend. Im Rahmen einer populären Sendung wollte man den Gerüchten über Nazigeheimnisse im Schloß sozusagen live in Direktsendung nachgehen und Beweise vor Ort erbringen. Die Spannung war groß. Hinter den aufgebrochenen Mauern wurde allerdings, außer zwei Spielkarten und einigen Tierknochen, nichts gefunden. Die Enttäuschung war groß, hatten doch Zeitzeugen in der Sendung Sensationelles enthüllt. Ein Professor der Meraner Jüdischen Gemeinde hatte nach seiner Aussage vor Jahren im nahen Valentinskirchlein in der Orgel falsche Pfundnoten gefunden, ein italienischer Graf behauptete, er hätte während der Besetzung von Labers durch die SS einmal dort Eingang gefunden und in einem offenen Schrank Bündel von sicher gefälschten italienischen Geldscheinen gefunden.

Der Spitzenspion des Dritten Reiches „Cicero" wurde in Istanbul, wie man weiß, mit falschen englischen Pfundnoten von seinen deutschen Auftraggebern entschädigt. Die Frage ist, ob diese Pfundnoten aus dem geheimnisumwitterten Labers kamen und dieses Schloß Ausgangs- und Mittelpunkt der angeblich größten Geldfälscheraktion der Geschichte war, mit der man die englische Geldwirtschaft lahmlegen wollte.

Als der ehemalige Außenminister und Schwiegersohn Mussolinis, Galeazzo Graf Ciano, sich nach dem Sturz Mussolinis gezwungenermaßen am Starnberger See aufhielt und dabei von SS-Offizier Wilhelm Höttl als seinem offiziellen Begleiter beschattet wurde, fragte er diesen plötzlich, ob Höttl ihm die Vertretung für die Pfundverteilung in Südamerika überlassen könne. Und Cianos Ehegattin, die Tochter Mussolinis, Edda Ciano, hatte, als sie in diesen Wochen sich um die Freilassung ihres Mannes aus der deutschen Internierung bemühte, sogar bei ihrem Gespräch mit Adolf Hitler sich angeboten, in der Pfundsache behilflich zu sein. Hitlers Gesicht soll sich, gelinde gesagt, verfinstert haben.

Wilhelm Höttl, ein gebürtiger Wiener, war seit 1938 im Reichssicherheitshauptamt (RSHA) in Berlin tätig und wurde nach seinen Angaben Anfang 1940 in die geplante Geldfälschungsaktion einbezogen. Englische Pfundnoten sollten hergestellt werden, da die Pfunde einen hohen Kurs erreichten, während der französische Franc an Wert verlor und der Dollar schon deshalb nicht in Frage kam, weil mit den USA (noch) kein Kriegszustand herrschte.

Schloß Labers (Sixt, Bozen).

Kriegsende in Meran – Generäle, Ganoven, Geheimdienste

Meran war nicht erst nach der deutschen Besetzung im September 1943 bis Kriegsende Aufenthaltsort und Zuflucht von Generälen, Ganoven, Geheimdienstlern und Geldfälschern. Die Burgen rund um Meran, in Obermais und Schenna, standen neben Villen und Ansitzen als Refugium zur Verfügung. In der den holländischen Eigentümern von Heek damals unzugänglichen Burg Goyen hielt sich Rüstungsminister Albert Speer im Frühjahr 1944 zur Genesung auf. Der wichtigste, gleichzeitig geheimste Ort aber war das darunter gelegene Schloß Rametz. Dort wirkte ein Friedrich Schwend mit seinen Leuten, ein Schwabe, 1906 in Böcklingen/Heilbronn geboren. Ab 1934 bereiste er als Kaufmann Europa, Asien, Nord- und Südamerika. Die sowjetische „Neue Ökonomische Politik" (NEP) der 20er-Jahre, welche private Unternehmungen wieder zuließ, lockte ihn in die UdSSR, wo er sich zu einem brennenden Antikommunisten entwickelte. Insofern ist es nicht erstaunlich, daß er für längere Zeit Berater und Wirtschaftsbevollmächtigter des weißrussischen Generals Semjonow wurde und dessen Waffeneinkäufe in Europa besorgte (so Shraga Elam in „Hitlers Fälscher").

Als einstiges Mitglied der rechtsradikalen Schwarzen Reichswehr schrieb er für den General ein Memorandum, worin er die Grundsätze einer Partisanenkriegsführung formulierte.

Am 1. Februar 1932 wurde er Mitglied der NSDAP. Nach Hitlers Machtergreifung verfaßte er mehrere Papiere, in denen er vor der neuen Politik der Selbstver-

Schloß Rametz, Obermais bei Meran (Sixt, Bozen).

sorgungswirtschaft warnte und für eine internationalistische Offenheit plädierte. Göring, der den deutschen Großunternehmen nahe stand, zeigte sich offen gegenüber diesen Überlegungen.

Als die Gestapo sich wegen seiner Anschauungen für Schwend zu interessieren begann, zog er nach New York, wo er seine Funktion als Vermögensverwalter der Getreidehandelsfirma Bunge & Born fortsetzte. Die Mitbesitzerin dieser Firma, Charlotte Bunge, war die Tante von Schwends erster Frau, einer Baronin Gemmingen und erteilte dem angeheirateten Neffen eine Generalvollmacht, womit Schwend über ein großes Vermögen verfügen konnte. Während des Abessinienkrieges organisierte er riesige Getreidelieferungen nach Italien.

Noch vor dem Krieg kehrte er nach Europa zurück, ließ sich aber aus Angst vor der Gestapo wegen der Devisengeschäfte im adriatischen Abbazia nieder. Die Gestapo konnte ihn jedoch 1941 unter einem Spionageverdacht verhaften und nach Deutschland ausliefern lassen. Aus dieser Notsituation rettete ihn der SD-Geheimdienstler Willy Gröbl, der im Unternehmen Berhard eingespannt war. Schwend hatte er in Italien einmal kennen gelernt und sah ihn als geeignete Person für den internationalen Vertrieb der im KZ Sachsenhausen gefertigten Pfundnoten an.

So wurde Schwend 1942 für das Geldfälscher-Unternehmen „Bernhard" gewonnen, wobei er am Umsatz der gefälschten Pfundnoten beteiligt werden sollte. Er hatte vor, eine Zentralstelle zu schaffen, von der aus generalstabsmäßig Filialen in aller Welt gegründet werden sollten.

Fremdenbuch: Einträge Schwend und van Harten (Stadtarchiv Meran).

Unternehmen „Bernhard" in Meran

Zum Sitz der Zentrale erkor Friedrich Schwend Schloß Labers, das unweit von Meran inmitten von Wein- und Obstgärten liegt. Wilhelm Höttl stellte eine Wachmannschaft zur Verfügung und kreierte dafür eine spezielle Dienststelle mit dem Namen „Sonderstab – Generalkommando III: Germanisches Dienstkorps".

Schwend wurde als Einkäufer des Korps deklariert, erhielt den Grad eines SS-Majors und den Decknamen Dr. Wendig. Auf diesen Namen besaß er eine ganze Palette von Personaldokumenten diverser Nationen. Zu dieser Sammlung von Originaldokumenten gehörten gegen Kriegsende auch Ausweise der Partisanen; so konnte er sich auch in Zeiten, als sich die Fronten ständig änderten, frei bewegen.

In Triest gründete er die „Saxonia", die Waren aller Art – hauptsächlich auf dem Schwarzmarkt – ein- und weiterverkaufte. Beim Einkauf wurde mit Falschgeld bezahlt, während die Firma beim Verkauf echte Devisen erhielt. Das Geld selbst wurde natürlich nicht in Meran hergestellt, sondern im KZ Sachsenhausen von einer Gruppe spezialisierter Häftlinge, wie Graveure, Ziseleure und Papierexperten. Bei Kriegsende wurden auch falsche 100-Dollarnoten noch produziert, die aber nicht mehr in den Umlauf gelangten.

Schwends Agenten, die „Chefverkäufer" oder auch „Chefeinkäufer", sollten als seriöse, geachtete Persönlichkeiten wirken. Zu den wichtigen „Chefeinkäufern" gehörten zwei Brüderpaare, die Schwend in Abbazia kennen gelernt hatte: Rudolf und Oskar Blaschke und die Schweizer Alfred und Franz Manser. Hinzu kamen die Bankiergeschwister Arthur und Carlo Lovioz und andere seltsame Gestalten. Eine zentrale Rolle spielte aber Jaac van Harten (oder van Hardten), dessen wahrer Name Julian Lewis Yaacov Levy gewesen sein soll. Er war der geschickteste aller Verkäufer, und angeblich jüdischer Abstammung. Kisten mit Pfundnoten wurden bei Kriegsende auch in Schloß Rametz, in der Nähe von Labers gelegen, untergebracht.

Schloß Rametz mit Landwirtschaft wurde vor dem 2. Weltkrieg vom Vater des gebürtigen Italieners Alberto Crastan gekauft. Dieser war ab 1939 Schweizer Konsularvertreter, soll als Kurier für die Gruppe Schwend in der Schweiz tätig gewesen sein und mußte nach dem Krieg wegen seiner Beziehungen zu der Leitung des Geldfälscherunternehmens länger in Haft verweilen, berief sich aber stets darauf, von dem Auftrag der Bewohner von Schloß Labers nichts gewußt zu haben. Er habe vielmehr geglaubt, daß van Harten ein Vertreter des Internationalen Roten Keuzes gewesen sei, dessen Legitimation allerdings gefälscht war.

Überlebenskünstler nach dem Krieg

Als SS-General Wolff sich im April 1945 mit den Alliierten in geheimen Waffenstillstandsverhandlungen befand, erhielt er einen Anruf von einem Herrn Schwend. Dieser begehrte, ihn dringend zu sprechen, behauptete, er wüßte von seinen Verhandlungen in der Schweiz, und es liege in Wolffs Interesse, ihn zu empfangen. Schwend besuchte Wolff in Begleitung Dr. Gyslings. Gysling war 15 Jahre Generalkonsul in Los Angeles und nunmehr ein enger Mitarbeiter Schwends in Rametz geworden. Schwend und Gysling erklärten General Wolff, sie wüßten von seinen Verhandlungen, nannten auch einige wesentliche Punkte. Schwend verlangte von Wolff, er solle ihn und Gysling in die Aktion einschalten, denn sie sähen jetzt ein, daß sie auf die falsche Karte gesetzt hatten: Sie seien beide bisher Mitarbeiter von SD-Chef Kaltenbrunner gewesen und wollten sich distanzieren. Sollte aber Wolff ablehnen, würden sie Kaltenbrunner informieren. Zwei richtige Gangster-Figuren, welche General Wolff unter gefährlichen Druck setzten, meinte Oberst Waibel, der Schweizer Vermittler bei den Verhandlungen um den Waffenstillstand.

Wolff erklärte sich im Prinzip einverstanden, worauf Gysling mitteilte, er fahre in die Schweiz und werde die Herren, die sich dort mit der Aktion befassen, aufsuchen. Dies hatte ihm Wolff ausdrücklich verboten; er benötige keine Hilfe und werde bei nächster Gelegenheit selbst ihren Fall zur Sprache bringen. Daraus wurde natürlich nichts.

Schwend aber, der unter verschiedenen Namen agierte, gelang es immerhin, Beziehungen zu Partisanen anzuknüpfen, hatte Schloß Rametz vor Kriegsende dem SS-General Felix Steiner als Hauptquartier überlassen, bewegte sich frei in Italien und Österreich, versteckte eine Großteil seiner Beute im Tiroler Kaunertal, und trug bald eine US-Offizieruniform. Schließlich wanderte er unter falschem Namen nach Südamerika aus und betätigte sich in Lima, der Hauptstadt Perus, vorwiegend als Waffenhändler, in engem Kontakt zu Klaus Barbie, dem ehemaligen Gestapochef von Lyon.

Auch Wilhelm Höttl überstand den Krieg ohne Schaden. Als Zeuge in Nürnberg berichtete der ehemalige Geheimdienstoffizier über das RSHA, ließ sich vorübergehend von der US-Abwehrstelle C I C anwerben und gründete – nach dem Erfolg seines Buches „Die geheime Front" (1950) über die Aktionen des deutschen Geheimdienstes – eine Höhere Schule in Bad Aussee. Der mysteriöse van Harten wanderte nach Israel aus, wo er 1973 starb. Willy Gröbl starb dagegen noch im Krieg bei einer Partisanenattacke. Das Unternehmen Bernhard wird aber noch lange die Geschichtsforschung beschäftigen, da noch vieles ungeklärt ist. Zu Aufsehen kam es auf jeden Fall, als man im Toplitzsee bei Aussee mehrmals bei Tauchunternehmen angebliches Nazi-Gold suchte und lediglich Kisten mit gefälschten Pfundnoten herausfischte.

Ein mysteriöser Selbstmord

Am 26. April 1945 erschien in Meran ein einäugiger Mann im Haus des deutschen Botschafters Rahn und gab sich als ehemaliger Gesandter in Budapest zu erkennen. Vielleicht ist ihm Rahn auch schon einmal begegnet, wenn auch wohl nicht in Budapest. Er wies ihm jedenfalls das Gastzimmer zu, wo er sich bald darauf erschoß. Dietrich von Jagow – so hieß der überraschend aufgetauchte Gast – war von 1941 bis zum 31. März 1944 Gesandter in Budapest gewesen, verließ die ungarische Hauptstadt am 31. Mai und ging als Führer eines Volkssturm-Bataillons an die schlesische Front. Rahn kam dagegen erst im Oktober 1944 nach Budapest, um im Rahmen der Aktion „Panzerfaust" den unfreiwilligen Rücktritt des Reichsverwesers Admiral von Horthy herbeizuführen, der nach Bayern ausreisen mußte und dort im Schloß Hirschberg interniert wurde.

Am 20. Januar 1945 erlitt Jagow schwerste Kopfverletzungen, verlor ein Auge, lag bis März im Lazarett von Leipzig, wurde dann ins Lazarett nach Konstanz verlegt, wo er näher bei seiner im Bodenseegebiet weilenden Familie war. Von dort gelangte er nach Meran. Die Gründe für die Fahrt zu Rahn liegen im Dunkeln. Ist er als Kurier nach Meran gekommen? Welchen Auftrag erfüllte er dann?

Rahns Erklärung, von Jagow sei an Deutschlands und seinem eigenen Schicksal verzweifelt, läßt Fragezeichen offen. Nach Auffassung des Sohnes sei der Verstorbene gottgläubig gewesen, und daher einem Selbstmord grundsätzlich abgeneigt.

Bis zu welchem Grad die Verzweiflung reichte, könnte der Lebenslauf Auskunft geben. Dietrich von Jagow war nämlich kein durchschnittlicher Gesandter aus der Masse des diplomatischen Mittelbaues, keine vorsichtig agierende Diplomatennatur, aber auch kein Angepaßter im Auswärtigen Amt eines herrischen von Ribbentrop. Er entstammte einer der ältesten Brandenburger Adelsfamilien, die schon 1268 urkundlich erwähnt ist, und hatte es bis zum Generalsrang eines SA-Obergruppenführer gebracht.

Als Sohn eines königlich preußischen Obersten 1892 in Frankfurt/Oder geboren, wuchs er in einem konservativen Umfeld auf, von seiner Mutter erbte er nach Aussage seines Sohnes eine Geradlinigkeit, die sich wie ein roter Faden durch seine politische und Parteikarriere zog und die sich gegen die Weimarer Demokratie richtete. Den 1. Weltkrieg hatte er als Marineoffizier und Kommandant eines Minensuchbootes beendet, weigerte sich aber dann, den Eid auf die neue Republik zu leisten und trat aus der Reichswehr aus. Da hatte er sich bereits der Brigade Ehrhardt angeschlossen, einem mehrere Tausend Mann starken Freikorps, das mit Billigung und sogar im Auftrag der Reichsregierung – wie andere damals entstandene Freikorps – gegen kommunistische Aufständische in Mitteldeutschland, gegen die Räterepublik in München (1919) und gegen polnische Freischärler in Oberschlesien (1919/21) kämpfte. Dietrich von Jagows erster nachweisbarer Einsatz innerhalb der Brigade Ehrhardt erfolgte beim sog. Kapp-Putsch gegen die Reichsregierung in Berlin. Die Hauptträdelsführer kamen vor Gericht, unter ihnen der als Innenminister vorgesehene Traugott von Jagow, ein entfernter Verwandter, während Dietrich von Jagow wohl unter die im August 1920 von der Reichsregierung erlassenen Amnestie fiel. Im September 1920 wurde die Brigade Ehrhardt aufgelöst, der Freikorpsführer Hermann Ehrhardt flüchtete, tauchte 1923 vorübergehend auch in Tirol unter, gründete die Organisation Consul und lebte mit falschem ungarischem Paß in München, wo er Hitler kennenlernte, zu dem er sich aber nicht hingezogen fühlte. Dagegen trat Dietrich von Jagow schon im Herbst 1920 der NSDAP bei, gehörte aber auch zur Führungsspitze der rechtsradikalen Organisation Consul.

Die Organisation Consul (O.C.) und die NSDAP verbanden völkisch-nationale und antirepublikanische Gesinnung und ausgeprägter Antisemitismus. In einem Lagebericht der Stuttgarter Polizei aus dem Jahre 1930 wurde festgehalten, daß sich von Jagow anläßlich einer NSDAP-Versammlung in Cannstatt stark ausfällig über Juden geäußert habe. Die neue Partei der NSDAP gab ihm das Gefühl, die Weimarer Republik und ihre Demokraten wirksam bekämpfen zu können.

Den ersten Auftrag erhielt Dietrich von Jagow schon im Januar 1922, Adolf Hitler sandte ihn als Inspekteur der SA nach Württemberg, wo er auch die O.C. im Auftrag Hitlers aufbauen sollte. Da in Tübingen zahlreiche Ehrhardt-Anhänger unter den Universitätsstudenten waren, ließ sich Dietrich von Jagow am 24. Januar 1922 hier nieder.

Nachdem der Reichstag im Zuge der Ermittlungen über die Hintergründe der Ermordung des Zentrumspolitikers Matthias Erzberger und des Reichsaußenministers Walther Rathenau am 21. Juli 1922 ein *Gesetz zum Schutze der Republik* verabschiedet hatte, geriet die O. C. aufgrund ihrer Verstrickung in die Morde in die Schußlinie. Dietrich von Jagow wagte es dennoch, in Tübingen seine rechtsradikale Gesinnung zu demonstrieren, indem er durch das Tragen von Trauerflor die Rathenaumörder ehrte, woraufhin die Polizei seine Wohnung durchsuchte.

Mittlerweile änderte die O. C. ihren Namen und firmierte von 1923 bis 1928 als Wiking-Bund. Im Mai 1923 organisierte von Jagow unter seinem Pseudonym „Degen" eine geheime nächtliche Versammlung seiner Gefolgsleute in einem Steinbruch und verkündete die Parole: „Die Brigade Ehrhardt ist tot, es lebe der Wikingbund!"

Ein halbes Jahr später scharte er eine kleine Wehrtruppe aus Angehörigen des Tübinger Wikingbundes um sich. Mit ihnen wollte er nach München marschieren, um am Sturz der bayrischen Regierung mitzuwirken. Seit dem Scheitern des *Kapp-Putsches* hatten die Mitglieder der *Brigade Ehrhardt* bzw. O. C. bzw. Wiking Bund nur den einen Gedanken, die Weimarer Demokratie zu stürzen. München sollte das Fanal für den Marsch auf Berlin bilden. Mit etwa 50 Tübinger Freischärlern begann von Jagow im November 1922 seinen Marsch auf die bayrische Hauptstadt. Der Putschversuch nach dem Vorbild von Mussolinis Marsch auf Rom vom Vorjahr endete für Hitler mit einem Fiasko. Doch auch die Männer von Jagows setzten schon während ihres Anmarsches ihr Reisegeld in Alkohol um und kehrten unverrichteter Dinge wieder nach Hause zurück. Aus der NSDAP trat von Jagow im Jahre 1923 vorläufig aus.

In den darauffolgenden Jahren zog er sich weitgehend aus der Öffentlichkeit zurück, heiratete und soll ein vorbildliches Familienleben geführt haben. Laut

Aussage einiger Kinder – insgesamt werden es sieben am Ende sein – ist der Alltag von Religiosität und bescheidener Lebenshaltung geprägt. Der pflichtbewußte Ehemann und der ebenso pflichtbewußte, kompromißlose Nationalsozialist scheinen die zwei Seelen in der Brust von Jagows zu sein.

Mit dem Durchbruch der NSDAP zur Massenpartei im Jahre 1929 schlug Dietrich von Jagows Stunde. Da Adolf Hitler nach seiner Haftentlassung nur solche Anhänger duldete, die sich seiner autoritären Führung widerspruchslos unterwarfen, kann von Jagows Aufstieg durch seine schrankenlose Hingabe an den „Führer" verstanden werden. Neben seiner Tätigkeit für die Partei arbeitete Dietrich von Jagow weiterhin aktiv in der SA. Im April 1930 wurde er zum Brigadeführer ernannt. Im Zuge der Vergrößerung der einzelnen SA-Einheiten entstand die Gruppe Südwest, mit deren Führung er am 10. September 1931 beauftragt wurde. Sie hatte ihren Sitz in Stuttgart und zählte im Herbst 1931 immerhin über 17.000 Mitglieder, eine gewaltige Steigerung gegenüber dem Frühjahr, als lediglich etwa 12.000 Mitglieder registriert waren. Der enorme Aufschwung war das Ergebnis einer von Jagow mitgetragenen Werbeschlacht. So war z.B. am 24. Juni 1931 im *Führer* ein von ihm unterzeichneter Aufruf erschienen: „Ihr, die ihr keine Feiglinge seid, die ihr deutsche Männer sein wollt, an euch wendet sich die SA. Herein in die SA! Es lebe der deutsche Freiheitskampf! Es lebe die Mannestat! Es lebe das deutsche Volk! Es lebe Adolf Hitler". Nach der Machtergreifung Hitlers wurde von Jagow am 8. März 1933 zum Reichskommissar für die württembergische Polizei ernannt.

In seinem neuen Amt ließ er gleich aufhorchen. So wurde die Stuttgarter Bevölkerung zum Boykott jüdischer Geschäfte aufgerufen. Darüber hinaus ließ er in nur einer Nacht 200 Mitglieder der kommunistischen Partei verhaften, verfolgte die sozialdemokratische und kommunistische Presse: Redaktionen und Verlagsgebäude wurden besetzt, Gelder beschlagnahmt, Vermögen eingezogen und das *Reichsbanner Schwarz-Rot-Gold* ebenso wie die *Eiserne Front* verboten. Besonders scharf gingen von Jagows Hilfstruppen gegen die KPD und ihre Organisationen vor. Für die Unterbringung der politischen Häftlinge schuf er das Konzentrationslager Heuberg, wo nach nur 9 Monaten schon 15.000 Häftlinge unter schlimmsten Bedingungen fristeten. Jagow selbst verließ noch im selben Jahr Württemberg, wurde SA-Obergruppenführer (das war das höchste SA-Amt) mit Sitz in Frankfurt. Vom Röhm-Putsch 1934 war er nicht berührt. Er scheint eher ein Widersacher oder zumindest Kritiker des SA-Chefs gewesen zu sein. Das kam ihm nun zugute. Schon Ende Juli 1934 wurde er von Adolf Hitler mit der Führung der neu gegründeten SA-Gruppe Berlin-Brandenburg beauftragt. Seine Rede zum Dienstantritt am 26. Juli 1934 läßt erkennen, daß er Hitlers Forderung nach Entpolitisierung und Machteingrenzung der SA erfüllen wird.

Reichspropagandaminister Goebbels schätzte ihn, wie aus seinen Tagebüchern hervorgeht, als „prima Offizier" und „alten, echten Nazi".

Ganz im Sinne Hitlers sorgte er nun dafür, daß in seiner SA-Gruppe Disziplin und Gehorsam gegenüber dem Diktator gewahrt blieben.

Seinen Kontakt zur Marine hatte der SA-Führer auch in der Zeit seiner Parteitätigkeit nicht verloren. Zwischen 1935 und 1938 absolvierte er mehrere militärische

Fortbildungslehrgänge. Auf dem Panzerschiff *Admiral Graf Spee* wurde er zum Wach- und später zum Nachrichtenoffizier ausgebildet.

Nach Ausbruch des 2. Weltkrieges war er bis Ende Mai 1940 Kommandant auf dem Minenschiff „Tannenberg", fuhr „gegen England" und besuchte auf Heimaturlaub mehrmals Goebbels in Berlin. Zeitweise war er Flottillenchef.

Im Juli 1941 wurde von Jagow recht unerwartet und gegen seinen Willen in den diplomatischen Dienst übernommen. Die Verwendung im diplomatischen Dienst empfand er als weniger reizvoll gegenüber einer Tätigkeit bei einem Oberkommando. Schließlich fügte er sich jedoch dem Befehl Hitlers, „dem er blind mit Leib und Seele ergeben war", wie Unterstaatssekretär Andor Hencke festhielt. Am 3. Juli 1941 erhielt er die von Adolf Hitler persönlich unterzeichnete Anstellungsurkunde „zum Gesandten 1. Klasse in Budapest" mit konsularischen Befugnissen für Ungarn. In den Jahren 1940/41 hatte der südosteuropäische Raum spätestens seit dem deutschen Einmarsch in Jugoslawien an Bedeutung gewonnen. Hitler begegnete Berufsdiplomaten grundsätzlich mit Skepsis und Mißtrauen, da er sie für Befangene der Mentalität des Gastlandes hielt. Daher besetzte er die diplomatischen Vertretungen, besonders im genannten Raum, mit ergebenen Parteimitgliedern, wobei besonders Unterstaatssekretär Martin Luther vom Auswärtigen Amt als SA-Angehöriger bestrebt war, die Ernennung von SS-Leuten zu Botschaftern zu verhindern und Leute aus seinen eigenen Reihen bevorzugte, wie eben einen von Jagow. Dieser übernahm Ende Juli 1941 seine Geschäfte in der Gesandtschaft in Budapest. Im Zentrum seiner Tätigkeit stand die Umsiedlung Volksdeutscher aus Ungarn und die Werbung volksdeutscher Freiwilliger für die Waffen-SS. Daneben war er für die Einholung einschlägiger Informationen aus dem ungarischen Raum über alliierte Invasionsabsichten verantwortlich. Diesem Auftrag kam er offenbar besonders eifrig nach. Ein weiterer Schwerpunkt war die Registrierung der in Ungarn lebenden Juden, wobei es ihm zufiel, über solche Vorschläge mit dem ungarischen Ministerpräsidenten Miklós Kállay, der dem deutschen Ansinnen widerstrebend gegenüberstand, zu verhandeln. Kállay vertrat den Standpunkt, die Lösung der Judenfrage sei eine rein innerungarische Angelegenheit. Von Jagows Standpunkt hingegen, „die Beseitigung des jüdischen Gefahrenherdes" wäre von internationalem Interesse, überzeugte ihn keineswegs. Reichsverweser Horthy, zu dem von Jagow im übrigen ein gutes Einvernehmen fand, gelang es, die deutschen Forderungen vorerst abzuwehren, jedenfalls solange von Jagow im Amt war. Bis zur deutschen Besetzung Ungarns am 19. März 1944 vermochten sie somit den Deutschen eine scheinbare Form der Zusammenarbeit anzudienen und gleichzeitig die jüdische Bevölkerung zu schützen. Selbst jüdische Flüchtlinge aus Polen, Jugoslawien und der Slowakei fanden bis März 1944 Zuflucht in Ungarn. Die Lage änderte sich dann schlagartig und auf tragische Weise für sie durch den Putsch der Pfeilkreuzler.

Von Jagows Tätigkeit in Budapest endete am 31. März 1944 mit der deutschen Besetzung des Landes. Die SS begann mit der systematischen Verhaftung und Deportation der jüdischen Bevölkerung, während von Jagow zur kommissarischen Beschäftigung ins Auswärtige Amt einberufen wurde. Am 31. Mai verließ er die ungarische Hauptstadt und meldete sich am 1. Juni zum Dienstantritt in Berlin, während seine Familie vorübergehend in den Warthegau zog.

Danach verlieren sich die Spuren von Jagows. Über seine Tätigkeit in der Reichshauptstadt ist nichts bekannt. Seit Ende 1944 oder Anfang 1945 kämpfte der mittlerweile 52jährige noch als Bataillonsführer des Volkssturm-Bataillons 35 in Schlesien. Am 20. Januar 1945 erlitt er schwerste Kopfverletzungen und verlor ein Auge. Als seine Familie im März 1945 in Berlin eintraf, erfuhr sie, daß er immer noch im Lazarett in Leipzig liege. Da jedoch die sowjetischen Streitkräfte immer näher gegen Berlin vorrückten, floh die Familie an den Bodensee. Noch im gleichen Monat traf auch Dietrich von Jagow im Lazarett in Konstanz ein. Kaum genesen, schickte man ihn als Kurier nach Meran. Physisch und psychisch soll von Jagow in jenen Tagen völlig ausgezehrt gewesen sein, dennoch erfüllte er diesen nicht mehr näher zu bezeichnenden Auftrag. Vier Tage bevor Adolf Hitler Selbstmord beging, erschoß sich Dietrich von Jagow in Meran. Ein Bekannter soll ihn kurze Zeit vor seinem Tod erschöpft und nervlich vollkommen am Ende angetroffen haben.

Mehrere Quellen belegen den Tod von Jagows in Meran; vom Freitod erfahren wir in erster Linie aus den Erinnerungen Rahns. Das Rentenansuchen der Witwe an das Auswärtige Amt wurde mit Hinweis auf den Freitod vom 26. April abgelehnt. Wäre er im Sinne des Art. 131 Grundgesetz am 08. Mai 1945 noch im öffentlichen Dienst gestanden, hätte die Witwe Ansprüche geltend machen können.

Laut Auskunft der Deutschen Dienststelle für die Benachrichtigung der nächsten Angehörigen von Wehrmachtsgefallenen in Berlin ist von Jagow am 26. April „im Kriegslazarett 700 Meran infolge Verwundung verstorben".

Das Grab des SA-Gruppenführers Dietrich von Jagow, genannt „Degen", befindet sich im Soldatenfriedhof in Meran. Die Rätsel über seinen Freitod hat er mit ins Grab genommen.

Der unbekannte deutsche Soldat

Am Pertica-Paß auf 1.500 m Höhe in der Nähe von Giazza wurde am 17. August 1959 unter einem großen Felsen ein Denkmal errichtet, auf dem u.a. geschrieben steht „Al sacerdote di Dio – Don Domenico Mercante e all'ignato soldato tedesco – fucilati il 27-4-1945. Alla memoria del soldato tedesco che con cristiana fratellanza sacrificò la vita insieme a Don Domenico Mercante".

Auf Grund zahlreicher Zeugenaussagen und Nachforschungen, vor allem eines Pfarrers, konnte das Geschehen an diesem Tag, dem 27. April 1945, aus vielen Details allmählich in seiner Dramatik zusammengefügt werden.

Es sind die letzten Tage des Zweiten Weltkrieges. Am 28. April wird Benito Mussolini von kommunistischen Partisanen in deutscher Uniform festgenommen.

Die militärische Entwicklung hatte ein atemberaubendes Tempo angenommen. Die wochenlangen Verhandlungen zwischen SS-General Wolff und dem US-Geheimdienst in der Schweiz sollten, während Wolff sein Hauptquartier vom Gardasee nach Bozen verlegte, zu einer vorzeitigen Einstellung der Kämpfe an der Südfront führen, ohne jede Absprache mit Berlin, mit dem nur mehr sinnlose Durchhaltebefehle gebenden Hitler. Geplant war als Termin der 27. oder 28. April, ist dann aber um einen Tag verschoben worden. Der Rückzug der deutschen Truppen hatte aber schon begonnen, die Parole lautete nun „Heimwärts".

Der herrliche Sommertag, den die Morgenstunden des 27. April im Illasital ankündigten, in den Lessinischen Alpen, dem zimbrischen Gebiet mit dem letzten Ort dieser alten Sprache Giazza oder Ljetzan: Dieser Tag hat nämlich einen dieser vielen verlustreichen Zusammenstöße zwischen zurückflutenden Deutschen und Partisanen aus dem Hinterhalt mit sich gebracht, und zwar jenen Vorfall, der in seiner beinahe rätselhaften Tragik zu einer der singulären Episoden am Ende des Zweiten Weltkrieges zählt.

An diesem 27. April 1945 marschierte eine schwer bewaffnete, ca. hundertköpfige, zusammen gewürfelte Einheit von Fallschirmjägern und SS-Männern durch das Tal Richtung Giazza, um den Pertica-Paß zu erreichen und von dort ins Etschtal nach Ala hinunterzustoßen. Gegen 7 Uhr früh erreichten sie Giazza, wo ihnen eine Partisanenformation auflauerte.

Kurz zuvor hatten sie einen deutschen Soldaten aufgegriffen, der allein mit seinem Fahrrad ebenfalls Richtung Heimat unterwegs war. Er hatte sich am Vortag von seiner Truppe in der Nähe von Verona, von Heimweh und Sehnsucht nach seiner Familie getrieben, entfernt, heimlich wie viele andere auch. Es galt, schnell nach Hause zu gelangen. Der Krieg konnte nur mehr wenige Tage und Stunden dauern.

Sein Fahrrad hatte der deutsche Soldat einem Ortsbewohner von Giazza überlassen.

Der Pfarrer von Giazza, Don Domenico Mercante, ein Sohn seines Heimatortes, wo er 1899 geboren wurde, versuchte jene Gruppe von ortsansässigen Partisanen zu warnen, die erst wenige Tage zuvor, von einem Partisanenführer angeleitet, sich Gewehre umgehängt hatte, die meisten blutjung. Gleichzeitig ging der ausgezeichnet deutsch sprechende Pfarrer zusammen mit einem Brigadier der Forstwache den Deutschen entgegen, die ihnen bereits von anderen, zuvor das Dorf durchmarschierenden Deutschen als besonders gefährlich angekündigt wurden. Der Pfarrer und der Forstbrigadier wurden von den beiden Offizieren der deutschen Einheit gezwungen, vor ihnen herumzumarschieren, um so einen Angriff zu verhindern. Am Friedhof des Ortes angelangt, tauchte ein Partisanenanführer auf, befahl ihnen, die Waffen niederzulegen, ansonsten das Feuer eröffnet werde. Eine Maschinengewehrsalve streckte ihn nieder, aus dem Wald eröffneten die Partisanen das Feuer, das aber zu schwach war und niemanden traf. Nun wurde der Pfarrer verdächtigt, mit den Partisanen unter einer Decke zu stecken; er wurde aufgefordert, mit ihnen zu ziehen, wobei sie ihm versprachen, ihn nach Erreichen des Passes freizulassen. Dem Forstbrigardier und zwei weiteren Gefangenen gelang bei der nächsten Schießerei die Flucht, der Pfarrer aber wurde strengstens überwacht und mußte mit ihnen trotz der Zusage den langen Weg über den Paß bis nach Ala marschieren, das gegen 5 Uhr nachmittags erreicht wurde. An einer Kreuzung hielten sie an, und suchten das Ortskommando, das sich allerdings schon im Zustand der Auflösung befand. Dem Kommandanten der Einheit, der den Pfarrer als Partisanen vorstellte, wurde bedeutet, er könne nach Gutdünken verfahren. Als der Befehl zum Weitermarsch kam, wurde der Priester vor einem Bombentrichter aufgestellt, ihm das willkürliche Todesurteil verkündet und der gar nicht zur Einheit gehörende Soldat aufgefordert, an der Erschießung sich zu beteiligen. Doch dieser lehnte ab: es sei Mord, hier werde ein Unschuldiger erschossen. Ein mit Holzgas betriebener Lastwagen humpelte von Ala herauf und gab gerade in der Kreuzung seinen Motor auf. Ein Mann am Steuer, seine Frau, die gut deutsch verstand, saß neben ihm. Sie sahen die Szene. Ob er Katholik sei, wurde der Soldat gefragt. Er bejahte dies und verweigerte noch einmal den Befehl. Dann seine letzten Worte, die auf der Gedenktafel stehen: „Ja, ich bin Katholik und habe Frau und vier Kinder, aber lieber sterbe ich, als auf einen Priester zu schießen." Nachdem zuerst der Pfarrer erschossen wurde, riß man dem Soldaten die Grade ab, nahm ihm die Papiere weg, er soll noch einmal gerufen haben „ich habe 4 Kinder", als ihn die Maschinengewehrsalve niedermähte.

Wenige Tage später, am 3. Mai, verließen die deutschen Truppen Ala. Die beiden Leichname kamen aus dem Trichter in die Leichenhalle des Krankenhauses. Des Ortspfarrers Überreste wurden nach Giazza gebracht, während der deutsche Soldat im Friedhof von Ala beigesetzt wurde. 1956 wurde der immer noch unbekannte Tote in den Soldatenfriedhof von Meran überführt. In Ala war er unter großer Teilnahme der Bevölkerung beigesetzt worden, man fand an seinem Körper nichts außer seinem Rosenkranz, das Foto einer Frau, und ein Kreuz an einer Kette unter dem Hemd. Eine Identifizierung schien aussichtslos, der Wunsch der Bevölkerung von Ljetzan, ihn zusammen mit Don Mercante beizusetzen, wurde nicht erfüllt.

Als die Bozner „Dolomiten" einen Artikel über den Vorfall veröffentlichten, glaubte die Frau des vermißten Leonhard Dallasega aus Proveis, nicht zuletzt auf Grund seiner letzten Worte, es müßte sich um ihren Mann handeln, dessen Schicksal sie und ihr Schwiegervater schon seit Kriegsende nachgegangen waren. Dennoch war trotz aller Zeugen ein Name nicht zu erfahren. Der Nachfolger des erschossenen Pfarrers, Don Ermino Furlani, gab nach vergeblichen eigenen Nachforschungen die Suche nach Monsignore Luigi Fraccari aus S. Ambrogio di Valpolicella weiter. Dieser hatte 1944 in Berlin als geistlicher Betreuer italienischer Arbeiter gewirkt. Er wandte sich an Ministerien, das Deutsche Rote Kreuz, die Deutsche Kriegsgräberfürsorge und andere Stellen, alles vergeblich. Doch er gab nicht nach und fügte Mosaik auf Mosaik aus Zeugenaussagen und Daten zusammen, die Größe, blonde Haare, süddeutsche Mundart, verheiratet, vier Kinder, erhielt Hilfe von einer deutschen Illustrierten, mitentscheidend war die schriftliche Erklärung des Totengräbers von Ala.

Es handelte sich tatsächlich um den Deutschnonsberger Leonhard Dallasega, am 15. Oktober 1913 geboren, aus einer Bergbauernfamilie in Proveis stammend. Von Juni 1933 bis Ende 1935 leistete er als Alpino seinen Wehrdienst ab, am 1. August 1936 wurde er zum Abessinienfeldzug einberufen, wo er bald an Typhus erkrankte und daher entlassen wurde. 1939 optierte er für Deutschland, wurde 1943 im Frühjahr eingezogen, kam zur Waffen SS nach Münsingen und von dort nach Caldiero bei Verona, wo er als Koch und als Postbote diente, für letzteren Auftrag erhielt er wohl sein Fahrrad. Er war beliebt, verteilte Brote an die Buben in der Nachbarschaft und betete als einziger in der Truppe täglich seinen Rosenkranz.

Ein freundlicher, stets hilfsbereiter Kamerad, nicht weiter auffallend. Am 26. April war er plötzlich verschwunden, die alliierte Gefangenschaft stand bevor und das Heimatdorf so nahe, warum nun noch länger warten? Vom Tode seiner Zwillinge nach kaum 2 Wochen hatte er noch nichts erfahren.
Doch der Weg in die Heimat, der scheinbar rettende, brachte ihm wie vielen anderen den Tod, wenn auch keinen gewöhnlichen.

Besonderheit des Partisanenkrieges und -gebietes ist es, daß sich Zivil- und Militärleben ineinander mischen, die Grenzen fließend werden, sich Liebende finden und Hassende begegnen, persönliche Racheakte und Fehden ausgetragen werden, Feinde miteinander Handel betreiben, um im nächsten Augenblick sich wieder erbarmungslos zu verfolgen, es Absprachen über Hoheitszonen geben kann wie es auch kein spezielles Kampfgebiet mehr gibt, der Kampf spielt sich überall ab, in Kellern und Almhütten, im Schlafzimmer, überall lauert der Tod.

Der brave Soldat Finck und seine „Fieberkurve"

Es waren die letzten Tage des Krieges. Der Ortsgruppenleiter der NSDAP von Meran packte seine Koffer in Eile und verstaute sein Büro in herumstehende Kisten, als von zwei hilfsbereiten Personen gestützt, ein Soldat auf zwei Krücken hereinhumpelte und rief „Bitte eintreten zu dürfen!". Und nach einer kleinen Pause: „In die Partei." Er war wohl der letzte Antragssteller Deutschlands.

Aber die Aufnahmeformulare waren schon alle verpackt. Der schwitzende Goldfasan fühlte sich veralbert. „Sie sehen doch, das geht jetzt nicht mehr!" schrie er. „Danke", sagte der Soldat, „das wollte ich nur wissen."

„Was für ein schöner Tag!", erinnerte er sich später. Der durch einen Treppensturz in Rom verletzte Soldat, der aus einem römischen Lazarett nach Meran gelangte, war der Schauspieler und Kabarettist Werner Finck, 1902 in Görlitz geboren und 1978 in München gestorben. Ein Römer, berichtet er, „ein sehr fein frisierter Patriot alten Schlages" tippte ihm auf den Arm und fragte: „Tunis?" Finck wehrte bescheiden ab und antwortete: „Treppe". Der Römer wußte nicht, wo nun Treppe lag. Trotzdem sagte er bewundernd „Bene, bene". Finck antwortete: „Arme, Arme", womit die Unterhaltung am Ende war.

Fincks damaliger Eindruck aus Meran:

„Die Disziplin ließ überall empfindlich zu wünschen übrig. Und komisch: Die am zackigsten waren, ließen sich jetzt am auffälligsten gehen. So wie Brettspieler, die erkennen, daß die Partie verloren ist, in ihrer Wut das ganze Brett umschmeißen. Jetzt war's die Partie der Partei. Die Nachrichten von der totalen Auflösung jagten sich."

Am 3. Mai 1945 humpelte Finck an seinen Krücken mühsam durch die Halle des Hotels, in dem das Lazarett untergebracht war. Da kam ein Landser fröhlich auf ihn zu und sagte: „Mensch, schmeiß die Dinger weg, der Krieg ist aus!"

„So hatten sich die Gerüchte der endgültigen Niederlage schon zur unzweifelhaften Gewißheit verdichtet."

„Ich bin also erstmal auf Schreibstube gegangen und habe gefragt, ob noch was wäre. Und erst als man mir sagte, nein, es hätte sich erledigt, gab ich mich dem wohlverdienten Zusammenbruch hin."

Während seiner Internierung in Meran gründete er „Die Fieberkurve", eine Lazarettzeitung für versehrte deutsche Kriegsgefangene:

„Mein Mitarbeiter zur Rechten war Rudolf Heizler, Duzfreund von Franz Josef Strauß – der zu meiner Linken war Martin Morlock, und kein Freund von Franz Josef Strauß. Ich selbst bildete, wie immer, die Mitte zwischen den Extremen."

Da saßen sie nun, als relativ freie Männer unter amerikanischer Oberaufsicht in Meran, „bewegungsfähig bis auf mein Ischias", so Finck.

Der – bei Kriegsende als Feldunterarzt in Italien eingesetzte – Journalist und Schriftsteller Martin Morlock schrieb ab 1952 für das von Erich Kästner gegründete literarische Kabarett „Die kleine Freiheit" und die „Lach- und Schießgesellschaft" in München, verfaßte eigene Fernsehserien und war Fernsehkritiker der „Süddeutschen Zeitung" und des „Spiegel".

Ein paar Gedanken seien der „Fieberkurve" aus dem August 1945 entnommen:

Heil, Heil, Heil!
Ironie des Schicksals, daß gerade in diesem Lande am wenigstens heil geblieben ist.

Das blinde Vertrauen
Ein Volk, ein Reich, ein Irrtum.
Ein europäisches Problem
Was einer dauernden Befriedigung Europas am meisten im Wege steht, ist der engstirnige deutsche Nationalismus. Man verstopfe rücksichtslos seine Quellen: den Chauvinismus einiger seiner Nachbarn.

Auflösung ist keine Lösung
Ich sehe Deutschland nicht als ein ganz kaputtes, sondern als ein kaputtes Ganzes.
Seine Aufgabe kann nicht in seiner Aufgabe bestehen. Die vereinigten Zonen der Vereinigten Staaten und Großbritanniens mögen zwar eine Lösung sein, aber leider mehr eine des Westens vom Osten. Ex occidente luxus.

Ein KZ-Mörder versteckt sich

„Da hat er sich halt richtig austoben können, dieser arrogante Bursche", erinnert sich ein Schenner, der ihn noch aus der Vorkriegszeit in Schenna kannte, über Anton Malloth, einen der Aufseher in der *Kleinen Festung* in Theresienstadt in der Nähe von Leitmeritz, wo er von 1940 bis 1945, zuletzt im Rang eines SS-Oberscharführers, im Einsatz war. Am 5. Mai 1945 hatte sich Malloth aus Theresienstadt abgesetzt. Kurz darauf fahndete man bereits nach ihm wegen seiner im Gestapo-Gefängnis begangenen Greueltaten, allerdings nicht die US-Amerikaner, in deren Fahndungsliste „Wanted" er nicht aufscheint. Es war die tschechische Justiz, die neben dem Lagerleiter Jöckel auch Malloth den Prozeß machen wollte. Er versteckte sich zunächst in seinem Heimatdorf Schenna, wo ihn offensichtlich niemand suchte. 1912 in Innsbruck als unehelicher Sohn einer Näherin geboren, war Malloth in Schenna aufgewachsen. Seine Mutter hatte ihn in seiner frühesten Kindheit dorthin zu Pflegeeltern gegeben. Seine Zieheltern hatten in Schenna Landwirtschaft und einen Gasthof. Malloth wurde italienischer Staatsbürger, lernte das Fleischhauerhandwerk, diente als Obergefreiter in der italienischen Armee und arbeitete als Barmixer in Meran.

Im Herbst 1939 optierte Malloth für Deutschland. Damit entging er dem Wehrdienst in Italien, zu dem er zwischenzeitlich eingezogen worden war. Bei der deutschen Musterung bekundete Malloth, Polizist werden zu wollen. Am 12. Februar 1940 erhielt er die deutsche Einbürgerungsurkunde. Nach einer kurzen Ausbildung zum Schutzpolizisten in Innsbruck meldete er sich „als Freiwilliger zum Dienst in den Kolonien" und kam nach Prag. In seiner „Dienstlichen Beurteilung" durch die Gestapo-Leitstelle Prag wird festgehalten: „Seine Leistung, Führung und charakterliche Veranlagung lassen ihn für den Kolonialdienst geeignet erscheinen." Am 20. Juni 1940 trat Malloth seinen Dienst als Aufseher im Gefängnis *Kleine Festung* an und nahm sich in Theresienstadt auch eine Wohnung. Anfang 1942 heiratete er Luise Riemelmoser, die ein Kind von ihm erwartete. Er wurde durch die SS buchstäblich vor den Traualtar geschleppt, nachdem er bereits von einer anderen Frau ein uneheliches Kind hatte. Nach dem Zusammenbruch im Mai 1945 war Malloth ständig auf der Flucht, konnte zunächst bei den Schwiegereltern in Wörgl unterschlupfen und arbeitete zeitweise in einem Lebensmittelgeschäft. 1948 wurde er festgenommen, kam in Abschiebehaft. Die tschechische Justiz verlangte von Österreich seine Auslieferung. Am 19. August 1948 wurde Malloth in Innsbruck von einem Richter vernommen. „Ich habe niemals der NSDAP angehört. Als Gefängniswärter in Theresienstadt trug ich die Uniform des SD, war aber nicht Mitglied der SS oder der Waffen-SS". Der Richter glaubte offensichtlich dieser falschen Behauptung und ließ ihn trotz des Auslieferungsantrags der Tschechoslowakei frei. Die offizielle Begründung war, daß die angeforderten Prozeßunterlagen aus der Tschechoslowakei nicht rechtzeitig eingetroffen seien. Als nur einen Monat später, am 24. September 1948, ein außerordentliches Volksgericht den Prozeß in Litomerice (Leitmeritz) gegen Malloth eröffnete, war der frühere Gestapo-Aufseher längst verschwunden. Wegen „unmenschlicher Bestrafungen und Quälereien" verurteilte ihn das tschechoslowakische Gericht in Abwesenheit zum Tode durch den Strang. Anton Malloth lebte derweil mit Frau und Kind wieder in Südtirol. Nach Angaben von Augenzeugen – mittlerweile auch gerichtlich festgestellt – hatte Malloth als Aufseher jüdische Häftlinge auf brutalste Weise getötet. Obwohl nach ihm weiterhin international gefahndet wurde, bekam er am 1. März 1952 die italienische Staatsbürgerschaft. Nachdem ihm diese 1956 wieder aberkannt wurde, wurde er in Mailand beim bundesdeutschen Generalkonsulat vorstellig und ließ sich „Heimatpapiere" ausstellen. In Deutschland wurde erst 1964 von der Zentralen Stelle der Landesjustizverwaltung für NS-Verbrechen in Ludwigsburg ein Ermittlungsverfahren gegen das Wachpersonal der *Kleinen Festung* in Theresienstadt eingeleitet. Anton Malloth gehörte zu den Beschuldigten. Die Ermittler kamen in ihrem Abschlussbericht vom 18. Juni 1970 zwar zu der Einschätzung, daß Malloth „als Aufseher in der Kleinen Festung an Folterungen und an der Ermordung zahlreicher Häftlinge teilgenommen" habe, erklärten ihn allerdings für tot, obwohl er bekanntlich am 24. September 1948 nur in Abwesenheit verurteilt worden war. Auch hatte der angeblich Tote einen Paß beantragt, der ihm am 14. Februar 1968 in Mailand ausgestellt wurde. Als Wohnort schien sogar seine tatsächliche Adresse in Meran, Petrarcastraße 30, auf. Es mußte erst Simon Wiesenthal auf den Plan treten, damit sich etwas bewegte. Immerhin befand sich Anton Malloth seit 1958 auf der Fahndungsliste der UN-Kommission für Kriegsverbrechen (UNWCC). Ab Mai 1958 wurde Malloth in Österreich sogar steckbrieflich gesucht. „Der staatenlose Anton Malloth", heißt es in der Akte, „ist ca. 175 bis 180 cm groß, muskulös, hat regelmäßige Züge, ovales Gesicht, gesunde Zähne, dunkle Augen und dunkle Haare, und ist bartlos." 1970 eröffnete die Dortmunder Staatsanwaltschaft ein Ermittlungsverfahren gegen Anton Malloth und andere Aufseher des Wachpersonals der *Kleinen Festung* in Theresienstadt. Die tschechischen Behörden schickten Unterlagen. Die italienische Justiz verschloß sich. Ein Auslieferungsverfahren wurde 1972 mit der Begründung abgelehnt, Malloth sei bereits 1965 aus Italien ausgewiesen worden. Derweil verlängerte Malloth in Mailand in aller Ruhe auf dem deutschen Konsulat seinen deutschen Paß. Wiesenthal ließ sich nicht entmutigen. Am 8. Mai 1973 legte er den deutschen Ermittlern die Informationen zu Malloth vor: „Der Genannte ist Inhaber eines deutschen Passes Nr. 1201625, ausgestellt vom Generalkonsulat in Mailand mit dem Datum vom 12. Feber 1968, gültig bis zum 12. Feber 1973 (vermutlich wieder verlängert). Die italienische Regierung hat ihn als unerwünscht erklärt, aber von Zeit zu Zeit taucht er in Italien auf, wird verhaftet, verhört, ausgewiesen und dann kommt er wieder. Seine Frau und Tochter leben nämlich in Meran". Eine „Meldeamtliche Bescheinigung" der Stadtgemeinde Meran, ausgestellt am 6. April 1973, also einen Monat zuvor, bestätigte: Anton Malloth ist in Meran gemeldet, wohnhaft in der Petrarcastraße 30. Wiesenthal verschaffte sich zusätzlich Belege für Malloths Aufenthaltsort. 1983 überwies er periodisch an Anton Malloth postlagernd nach Meran kleine Geldbeträge. Sie wurden von Malloth selbst abgeholt. Wiesenthal dämmerte nicht erst jetzt, daß Malloth von den deutschen wie von italienischen Behörden gedeckt wurde. „Im Fall Malloth war das eine abgesprochene Sache. Als ich dann die Staatsanwaltschaft in Ludwigsburg endlich davon überzeugen konnte, daß Malloth in Meran lebt, haben sie ein Rechtshilfeersuchen an die italienischen Behörden geschickt. Das einzige, was die italienische Polizei getan hat, war, in die Wohnung nach Meran zu gehen. Dort fragten sie Frau Malloth, ob ihr Mann da sei. Luise Malloth antwortete: „Nein". Damit hat sich die italienische Polizei dann begnügt. Diese Episode hat sich im Laufe der Jahre mehrmals wiederholt." Im Februar 1988 gelangte der Fall Malloth durch Senator Marco Boato von den Grünen vor das italienische Parlament. Dies hatte Folgen. Am 5. August 1988 rief beim Dortmunder Staatsanwalt Klaus Schacht sein Bozner Kollege Cuno Tarfusser an und teilte ihm mit, daß Malloth bei seiner Familie in Meran entdeckt worden sei. Der Gesuchte würde sich illegal in Südtirol aufhalten, erklärte Tarfusser, und weil man bei ihm einen abgelaufenen deutschen Paß gefunden habe, solle er nun nach Deutschland abgeschoben werden. Oberstaatsanwalt Schacht erklärte Tarfusser, daß kein Haftbefehl gegen Malloth vorliege und auch nicht beantragt werden könne, da ein dringender Tatverdacht nicht bestehe. Doch Tarfusser ließ nicht locker und veranlaßte am 10. August 1988 die Abschiebung Malloths nach Deutschland. Der 76jährige wurde von Verona nach München ausgeflogen. Doch Malloth blieb in Deutschland unangetastet. Schacht wies lediglich die bayerische Grenzpolizei an, Malloth bei der Ankunft zu fragen, „wo er Wohnsitz nehmen wolle". Da trat der jüdische Journalist und deutsche Staatsbürger Peter Finkelgruen auf die Bühne des Geschehens. Er hatte als Korrespondent für die „Deutsche Welle" in Israel gearbeitet, kam 1988 nach Deutschland zurück und erfuhr von der Auslieferung Malloths, von dem er mutmaßte, der Mörder seines Großvaters gewesen zu sein. Er zeigte ihn 1989 wegen Mordes an, wollte Auskunft über das steckengebliebene Verfahren. Entsetzt über die Nachricht, daß sogar die genaue Adresse von Malloth bekannt gewesen war, wurde für Finkelgruen die Einsicht in die Akten zum Schlüsselerlebnis. Während ein international gesuchter Mörder – so Finkelgruen – ungeniert im sonnigen Südtirol leben konnte, taten die Behörden so, als wüßten sie von nichts. Die Dortmunder Staatsanwaltschaft – fand der Journalist heraus – hatte bereits in den 70er Jahren gegen mehrere Aufseher der *Kleinen Festung* Theresienstadt ermittelt. Bei der Akte, die sich Finkelgruen hatte beschaffen können, handelte es sich um die Einstellungsverfügung des Dortmunder Ermittlungsverfahrens vom 23. April 1979. Insgesamt wurden – stellte Finkelgruen fest – durch die Zeugenaussagen mehr als 700 Fälle von Tötungen dokumentiert. Auch zum Tod seines Großvaters fand er Neues. Zweimal war der in Prag wohnhafte Josef Kleger vernommen worden, der selbst in dem Gestapo-Gefängnis inhaftiert gewesen war. Er habe, so Kleger, selbst gesehen, wie Anton Malloth 1942 einen Juden erschlug. Am 25. Juni 1999 schrieb Finkelgruen einen Brief an sämtliche Abgeordnete des Bundestages, um sie auf die Tatsache aufmerksam zu machen, daß Anton Malloth sich in Deutschland befinde und als Hausbesitzer in Meran von der Stadt München seit 1989 Sozialhilfe beziehe. Ganze 20 Abgeordnete meldeten sich auf den Brief. Überraschend kam dagegen Bewegung in den Fall, als sich plötzlich ein alter Mann bei der Staatsanwaltschaft in Prag meldete, der im September 1943 Zeuge eines Mordes gewesen sei. Als dem Münchener Staatsanwalt Konstantin Kuchenbauer das Aussageprotokoll aus Prag zugeleitet wurde, reiste er unverzüglich nach Tschechien. In Prag erhielt er jede Unterstützung. Die Zeugen waren schon einmal befragt worden, und zwar vom Dortmunder Oberstaatsanwalt Klaus Schacht, der ihnen nicht glauben wollte. Kuchenbauer schaffte es, das Vertrauen der Zeugen zu gewinnen. Sie erzählten ihm ausführlich ihre Leidensgeschichte. Diese Zeugenaussagen reichten Kuchenbauer, um in München umgehend einen Haftbefehl gegen Anton Malloth zu beantragen. Am 25. Mai 2000 wurde Malloth schließlich mit dieser Begründung verhaftet: „Nach dem Ergebnis der nunmehr abgeschlossenen Ermittlungen besteht gegen Malloth der hinreichende Verdacht des versuchten Mordes und des vollendeten Mordes in drei Fällen". Noch am gleichen Tag fuhr der bayerische Staatsanwalt nach Meran, wo bei Malloths Tochter eine Hausdurchsuchung stattfand. Anschließend arbeitete er eine umfassende Anklage aus. Am 15. Dezember 2000 erhob die Staatsanwaltschaft München Anklage beim Schwurgericht. Der Prozeß begann am 23. April 2001 und wurde in Tschechien begrüßt.

Der Einblick in den KZ-Alltag und in die Untaten des Aufsehers waren erschütternd. So wurde die Aussage eines anderen Aufsehers vor 30 Jahren, die in Stasi-Akten gefunden wurde, vor Gericht verlesen. Der Mann war Ende der Sechziger Jahre in der DDR zum Tode verurteilt und hingerichtet worden.

An den „schönen Toni" hatte sich der Aufseher als einen „brutalen, hinterhältigen und sehr grausamen Menschen" erinnert. Malloth sei geprägt gewesen von einem „starken Hass auf Juden". So soll er Mitglied der Wachmannschaft gewesen sein, die 80 Häftlinge zu Tode prügelte sowie dem Verhör beigewohnt haben, das mit dem Tod eines tschechischen Redakteurs endete. Malloth habe sich auch an so genannten „Sonderbehandlungen" beteiligt, der Erschießung von Inhaftierten.

Schon zuvor hat ein LKA-Beamter das Gericht mit grausamen Details aus dem Alltag der Kleinen Festung Theresienstadt erschüttert. Der Beamte, der Zeitzeugen im In- und Ausland befragt hat, berichtete von der Aussage eines Zeitzeugen, der 1943 beobachtete, wie Malloth einen Gefangenen ermordete. Malloth habe sein Opfer erst niedergeschlagen und dann mit mindestens zwei Schüssen getötet. Während der Feldarbeit habe der Häftling einen Blumenkohl gestohlen. Sobald der „schöne Toni" erschien, sei unter den Gefangenen Panik ausgebrochen. Jeder habe gewußt: Jetzt gibt es wieder Schläge.

Auch Augenzeugen traten auf, wie der Wiener Richard L. Als 16-Jähriger war er im Spätsommer 1944 in die Kleine Festung Theresienstadt eingeliefert worden. „Es gab eine Zeit, wo meine Seele an Brutalität nichts mehr aufnehmen konnte", sagte der ehemalige jüdische Häftling am vierten Prozeßtag. Schon kurz nach seiner Einlieferung war er von Anton Malloth schwer mißhandelt worden. Grund: Er hatte sich seinen Judenstern von der Kleidung gerissen. Ansonsten habe ihn der Angeklagte in Ruhe gelassen, weil er nicht für ihn zuständig gewesen sei. Doch Richard L. sah und hörte, wie sich Malloth gegenüber anderen Häftlingen aufführte: „Er hat sich sehr schlimm benommen. So kann nur ein Teufel reagieren." So wurde ihm von einem Gespräch zwischen Malloth und einem anderen Aufseher berichtet. Darin habe der Angeklagte gestanden, einen Häftling erschlagen zu haben. Richard L. kannte auch die Geschichte von der geplanten Hinrichtung eines Vaters durch seinen Sohn. Weil sich der Sohn weigerte, mußte er durch den

Strang sterben. Der Vater war derjenige, der die Bank wegstoßen mußte. Ihn lernte Richard L. später noch persönlich kennen. „Er wurde verrückt, war unansprechbar", erzählte er.

Malloth hatte diese Aussagen und das gesamte Verfahren ohne sichtbare Regung im Rollstuhl sitzend verfolgt. Er wurde zu lebenslanger Freiheitsstrafe verurteilt.

Der Tod der Gerda Bormann – Ehefrau oder Witwe?

Die Kindergärtnerin Gerda Buch, Tochter des „Obersten Parteirichters" Hans Walter Buch, stand im Alter von 20 Jahren, als sie am 2. September 1929 in München-Solln den neun Jahre älteren Landwirt Martin Bormann standesamtlich und dann in evangelischer Trauung heiratete. Trauzeugen waren der Brautvater und Adolf Hitler, dessen Sekretär der Bräutigam war. Zehn Kinder entsprossen dieser Ehe, Martin, der älteste, am 19. April 1930 geboren, hatte zwei Taufpaten, Ilse Heß, Frau von Rudolf Heß (evangelisch) und Adolf Hitler (katholisch).

Martin Bormann wurde 1933 Stabsleiter im Amt des Führerstellvertreters Heß (bis 1941) und Reichsleiter. Seit 1938 im persönlichen Stab Hitlers, und seit 1939 im Führerhauptquartier war er einer der eifrigsten, skrupellosesten Ratgeber. Nach dem Flug von Rudolf Heß nach England wurde Bormann im Mai 1941 Leiter der Partei-Kanzlei, Reichsminister und Mitglied des Ministerrats für die Reichsverteidigung.

Bormann blieb bis zum Ende in der Nähe Hitlers und brach Anfang Mai 1945 aus dem Führerbunker aus. Seitdem er verschollen war, häuften sich die Geschichten über eine angeblich geglückte Flucht bis nach Südamerika bis zu dem, inzwischen nach Jahrzehnten gerichtlich festgestellten Tod.

Familie Bormann wohnte nacheinander in Grünwald vor München, Icking im Isartal und um 1933 in Pullach bei München, wo von 1939 an die Pustertalerin Paula Pallhuber als Wirtschafterin in der Villa Bormann wirkte.

Sohn Martin kam zur Erziehung in die Reichsschule der NSDAP Feldafing am Starnberger See, die Ende April 1945 aufgelöst wurde. Die Klassen der Jahrgänge 1929-31 sollten als Volkssturmeinheit an die Südfront, die Fahrt endete in Steinach am Brenner, im „Hotel Post", der Waffenstillstand war verkündet worden. Am 30. April wurden die Kinder entlassen, sie sollten sich nach Haus durchschlagen.

Mutter Gerda war nach dem Fliegerangriff auf den Obersalzberg mit ihren anderen Kindern am 25. April mit einem Bus nach Südtirol gefahren, am Hotel Post vorbei, was Sohn Martin erst am nächsten oder übernächsten Tag erfuhr. Er bekam keinen Marschbefehl nach Südtirol, sondern einen nach Salzburg, landete am Obersalzberg, wo sich alles auflöste, und erhielt vom Sekretär seines Vaters die Nachricht, die Familie Bormann sei unter einem anderen Namen in Wolkenstein untergebracht.

Martin stieß in Salzburg bis zum Gauleiter Scheel vor, der ihm einen Marschbefehl ausstellte für die Landwirtschaftsschule St. Johann in Pongau, denn nach Südtirol könne er nicht durchkommen. Martin begab sich in den nächsten Monaten auf den verschlungenen Weg von Unterschlupf zu Unterschlupf. Seine Mutter sollte er nie wieder sehen.

In Wolkenstein war Gerda Bormann mit ihren Kindern, der Frau ihres Bruders Hermann mit derem kleinen Sohn und der Frau des Gauleiters Hanke von Breslau und mit Kindern aus dem Rheinland (die mit „Kinderlandverschickung" auf dem Obersalzberg gelandet waren) in einem Haus untergekommen, das zu klein wurde, weshalb sie in ein größeres übersiedeln konnten.

Auch Frau Himmler hatte in Wolkenstein Zuflucht gefunden mit ihrer Tochter und wurde dann von den Alliierten festgenommen.

Mit ihrer Familie „Bergmann", wie sie nun hieß, konnte Gerda Bormann nicht lange verweilen, sie erkrankte, in Bozen stellte man Gebärmutterhalskrebs fest, doch eine Operation wurde ihr verweigert. Ihre Identität war offenbar geworden. Paula Pallhuber versorgte nach wie vor als Haushälterin die Familie, während Gerda Bormann wieder Anfang Oktober in das Bozner Krankenhaus eingewiesen wurde. Sie blieb interniert und wurde vergeblich Verhören der amerikanischen Besatzer nach dem Verbleib ihres Mannes unterzogen. Schließlich wurde sie in das Lazarett für Kriegsgefangene im Meraner Hof gebracht.

Der evangelische Lazarettpfarrer und sein katholischer Kollege Schmitz besuchten mit ihrem Dienstwagen manchmal die Kinder in Gröden und Pfarrer Schmitz gelang es sogar, einige Kinder in das Lazarett zu bringen, und die Tür mit der Aufschrift „Eintritt verboten" zu öffnen, sodaß Paula, Eike (wie die frühere „Ilse", seit dem Englandflug von Heß hieß) und Gerhard die Mutter besuchen durften.

Der katholische Seelsorger Theo Schmitz betreute Frau Bormann bis zu ihrem Tode am 23. April 1946 und versprach, sich um die Kinder zu kümmern und telegrafierte die Todesnachricht nach Gröden.

Sohn Martin sollte erst ein Jahr später durch einen Zeitungsartikel von ihrem Tod erfahren. Paula Pallhuber ließ die beiden jüngsten Kinder bei einer Nachbarin und setzte sich mit den anderen sechs in den Zug nach Meran, wo sie an der Beerdigung teilnehmen konnten, bei der es weder Kränze noch Reden gab.

Die Tote wurde auf dem städtischen Friedhof begraben, später wurde im Soldatenfriedhof von Meran ein bereits geschlossenes Grab aufgeschaufelt und Gerda Bormann mit einem deutschen Soldaten in einem Doppelgrab untergebracht.

Militärpfarrer Theo Schmitz versuchte die Kinder zur Pflege unterzubringen, was ihm auch gelang:

- Eike kam zum Arzt Dr. Kiener in Bruneck,
- Irma zum Holzkaufmann Hellweger nach St. Lorenzen,
- Gerhard und Eva-Maria zu Baronin Giovanelli in Bozen.
- Paula Pallhuber nahm Gerda und Friedrich Hartmut zu ihren Eltern nach Hause in Percha im Pustertal.
- Ebenfalls im Pustertal, bei dem Bauern Mutschlechner in St. Lorenzen, fand Heinrich eine Unterkunft.
- Der zweijährige Joseph Volker wurde bei dem Bauern Bellenzier in Luns bei Bruneck untergebracht.

Pfarrer Theo Schmitz ließ es bei der Vermittlung von Pflegestellen nicht bewenden. Er verfolgte das Schicksal der Töchter und Söhne des Reichsleiters Bormann weiter.